불경 바로보기 요전④

明峰 正譯・雲藏 풀이

五分解 金剛經

바른 한글 금강경

오늘의문학사

회 향 게

회향하노라, 이 무아인 경전을 해석함에 있어서
성현의 뜻 깊은 진리에 오직 수순했을 뿐이라.
차고 궁한 것이 떨어진 푸른 하늘에 봄 우뢰가 진동하니
마르고 칩거한 것들이 이로 좇아 깨이고 또한 윤택하리라.

廻 向 偈

廻向이라, 解釋斯經 無我印
冥心聖志 唯隨順이라
寒窮碧落에 春雷震
枯蟄이 從茲로 醒且潤이라.

<明峰 說示>

바른 한글 금강경

우리말 독송용·오분해 금강경

김대현 편저

서 문(序文)

東國大學校 總長 宋 錫 球

서언(序言)의 사설 등은 모두 접어 놓기로 하고 이 경의 장정(裝幀) 표제를 먼저 살펴 보자면, 불경 바로 보기 요전 (4) 명봉 정역(明峰 正譯), 운장(雲藏) 풀이, <오분해 금강경 (五分解 金剛經)> '바른 한글 금강경'이라 되어 있어 불법을 바로 보기 노력을 한다는 뜻이 있고, 우리말 독송용으로도 사용할 수가 있도록 많은 노력을 한 단면 등을 엿볼 수가 있었다.

금강경 하면 동양의 큰 조사(祖師) 스님 다섯 분의 해의 에다 소명태자(昭明太子)의 32분(分) 분단도 응용한 오가해 금강경(五家解 金剛經)이 한 판도로 자리가 굳어져 있는데 <오분해 금강경>이란 부제를 보고 놀라지 않을 수 없었다. 이에 과목 및 과판 등 전반적으로 한 번 살펴본 바 한마디 로 요약해서 말하자면 계신(戒身), 정신(定身), 혜신(慧身), 해탈신(解脫身), 해탈지견신(解脫知見身)의 오분법신(五分法 身) 수증(修證) 점차를 드러낸 것이다.

근간(根幹)은 계학(戒學), 정학(定學), 혜학(慧學)의 삼학과 정관(靜觀 사마타), 환관(幻觀 삼마제), 적관(寂觀 선나)의 삼관 방편으로 법신여래(法身如來)를 나툰 것이다.

삼관(三觀)과의 분제(分齊)와 은기(隱寄)한 육위(六位 : 十信, 十住, 十行, 十廻向, 十地, 佛地) 등 수증 점차 등도 제시가 되고 있다. 그러하니 부처님이 말씀하신 본 뜻을 잘 드러낸 것 같아 보인다. '오가해 금강경'과 이 '오분해 금강경'을 놓고, 어느 것이 더 잘 되어 있는가는 앞으로의 여러 학자님들의 연구과제이지만, 누구고 읽어보면 대개의 요지는 알 수가 있도록 풀이가 잘 되어 있는 이 소중한 금강경을 환희심을 내어 독송하기를 권하는 것으로 이만 각필(擱筆)한다.

권 발 문(勸發文)

七宝寺 祖室 姜 昔 珠

 이 '오분해 금강경(五分解 金剛經)' 원고를 한 번 살펴본 바, 과목부터가 간결하고 명료하다. 곧 경문(經文)을 총설(總說)과 별설(別設)과 유통(流通)으로 나누고— 별설 중에는 인문(因門)과 과지(果地)로 나누었다.

 요지를 살펴 보자면 총설에서는 계신(戒身)·정신(定身)·혜신(慧身)·해탈신(解脫身)·해탈지견신(解脫知見身)의 오분법신(五分法身) 수증(修證)을 제시하고, 이하 별설(別說) 등은 오분법신(五分法身) 수증의 광설(廣說)로 질서가 정연하게 잘 짜여져 있는 본의(本意)를 드러내어 밝힌 것으로 보인다. 곧 인문(因門·上卷)은 오분신(五分身) 중의 전사분(前四分)이고 과지(果地·下卷)는 불과(佛果)의 해탈지견신인데 삼덕(三德)을 두 번이나 자세하게 밝혀 놓았다.

 그리고, '우리말 독송용'으로도 유의하여 엮어 놓았으니, 이 좋은 복독경인 금강경을 수지독송하고 크게 발심하여 모두 성취할 것을 다만 권발 합장한다.

 그런데, 32분(分) 분단으로 된 '오가해 금강경(五家解 金剛

經)'이 고래로 완전히 자리하고 있으니, 누가 이 '오분해 금
강경'을 펼쳐 보기나 할까요? 하고 명봉역(明峰譯)의, 이 금
강경을 풀이한 운장(雲藏)법사가 염려하여 몇 분 더 추천하
는 권발사로 하였으면 하기에 부처님 일이니 동의하기로 하
였다. 함께 권발을 하여 주시는 분들.

<스님>
東國大學 正覺院 院長 李法山
佛敎텔레비전 會長 釋性愚
靈山律院 院長 釋哲牛
法輪宗 前 宗正 釋錦岩
總持宗 前 宗正 田和宗
大田金剛般若院 院長 性宰 徹幻
法住寺 大禪師 月隱

<학자님>
佛敎法輪會 會長 朴完一
全北大 哲學科 敎授 姜建基
忠南大 哲學科 敎授 李平來
東國大 佛敎學科 敎授 全海住
東國大 佛敎學科 敎授 金容彪
東國大 佛敎學科 敎授 朴京俊
中道佛敎文人協會 會長 史在東

추 천 사

東國大學校 社會敎育院 院長 權 寄 悰

「금강반야바라밀다」경은 6백부 반야경의 한 부분에 속합니다. 이 6백부의 방대한 반야부 경전은 어느 한 시대에 성립된 것이 아니라 긴 기간에 걸쳐 편찬되어진 것입니다. 그중에서도 『도행반야경』이 가장 먼저 성립된 초기 반야로 학계는 이해하고 있습니다.

그리고 이 『금강반야경』도 초기 반야적 성격을 띠고 있는 반야부 경전 중의 하나입니다. 따라서 「금강경」은 초기 대승불교사상의 중요한 위치에 놓이고 있습니다. 특히 중국불교에 와서 선법(禪法)에 큰 영향을 주었으며, 한국불교에서도 중요한 경전으로 읽혀졌고, 또 한국불교사상에 큰 영향을 미쳤습니다.

이같은 경을 한국 근세의 강백이신 명봉화상(明峰和尙)이 강의하신 것을 운장 김대현(雲藏 金大炫)선생께서 가필하여 한 권의 책으로 상재(上梓)한 것입니다. 그 편찬의 내용은 일반적 시각을 넘어 독특한 견해를 제시했으며, 친절한 주석을 가하여 읽는 이로 하여금 많은 편리를 주도록 하였습니다.

16

비록 상례에서 벗어난 견해가 없지는 않지만 그것이 이 책의 특징이 될 수 있을 것입니다. 불자는 물론 불교사상을 이해코자 하는 많은 분들께 일독을 권합니다.

「하늘이 와서 쉬나니
강물이 어이 자리오.」

The River

The blue descends and rests in the heart of river,
Will the river remain still at peace?

<詩「江」雲藏. 英譯·金容材>

자 서(自序)

이 금강경은 계신·정신·혜신·해탈신·해탈지견신의 오 분신(五分)을 근간(根幹)으로 하고 정관인 사마타와 환관인 삼마제와 적관인 선나의 삼관(三觀)으로 방편을 하여 아뇩 다라삼먁삼보리 곧 해탈법신(解脫法身)의 수증을 부촉(付囑) 하심이다, 라는 뜻을 명봉스님은 금강반야바라밀경 소고(小 考)에서 말씀을 했듯이 실로 금강경 전체의 내용이 오분법 신 수증 점차의 법서임을 분명히 밝히시었다.

명봉스님은 언제고 늘 이 금강경을 수지독송하라, 암송하 라, 오분법신 성취의 찬가요, 진연기(眞緣起) 바라밀이다. 아 침마다 오분향례와 이 오분법신 성취의 복덕경을 외우라고 거듭 제자들에게 당부하던 간절한 말씀은 잊을 수가 없다.

이 오분해(五分解) 금강경을 주해해온 경위를 먼저 잠깐 살펴보자면 '정역 주석 금강경(正譯 註釋 金剛經)'이라 제호 한 명봉 조응준 역저(譯著) 동성(東星·圓鏡) 고광수 조역 (高光洙 助譯)본이 병오년(丙午年·서기 1966년) 가을에 간 행(刊行·67쪽) 되었으며, 그 다음은 '생활불교총서 제2집 경전편·금강경'이라 제호(題號)하고, 편집인 김운장 곧 필 자가 간행(1973년 122쪽) 하였다.

이 두 권의 금강경 역본은 명봉스님 생존 당시에 간행된 것이니, 곧 전자를 교과서로 하여 필자가 다시 수강하면서 더 보충(補充)해서 후자를 간행한 것이었다.

다시금 후자를 가지고 또한 수강을 한 노트를 놓고, 스님의 교시대로 누구고 알 수 있게 쉽게 의역하여 널리 펴라고 한 간곡한 뜻에는 가히 미칠 길 없어 30여년 간의 긴 세월을 두고 조심스레 총정리를 한 것이다. 그러나 아직도 스승님이 제시한 풀이의 깊은 뜻, 이 참으로 심심미묘한 철리를 어이 다 밝혀내리요, 미흡(未洽)하지만 지성심 하나로 이번에 '바른 한글 금강경'이라 감히 제호를 하고, 우리말 독송용으로도 겸용할 수 있도록 하여 간행하기에 이르렀으니, 말하자면 전자는 동성(東星)스님의 조역본이고, 이 경은 운장(雲藏)의 조역본이라 할 수가 있다.

"육백부 반야경의 진수(眞髓)인 이 금강경의 본의(本義)인 오분법신 수증 점차 등을 바르게 밝혀보지 못하고, 또한 32분으로 분단한 '금강경 오가해(金剛經 五家解)'가 출간된 이후 고래(古來)로 널리 자리잡고 있으니, 이 일을 어찌할꼬?" 명봉스님은 노년에 더욱 슬퍼하였다.

스님은 구순(九旬)을 바라보는 노환 병석에서도 여러 제자들에게 강의하면서 "소소명명(昭昭明明)한 불법을 바르게 보는 눈을 뜨라" 함(喊)을 치기도 하고, "오분법신 수행 등을 열 세 번이나 권발(勸發)한 이 경의 간곡한 부처님 부촉의 은혜를 억만분의 일이라도 갚으려고 노력들을 해야 한다" 하시고, 이 "오분법신 성취를 드러낸 '오분해 금강경(五分解 金剛經)'을 뉘가 펼꼬? 오호 통재(痛哉) 통재라!" 하면서 우생들을 바라보던 스승님의 모습은 영 지워지지 않는다. 비재(菲才) 천식의 필자도 80이 넘으니 조급해져서 쉽게 풀이를 한다는 것에 흠집이 있지 않을까? 망설였는데, 더 정성을 기울이지 못하고 상재(上梓)하면서 실로 송구함도 있음을 어이치 못한다.

그리고, 금강반야바라밀경 구마라집 한역 판본은 무술세(戊戌歲)에 조성한 고려대장경, 해인사 소장 판본이 가장 정확한 것이라고 주장하는 학설 등이 있다. 그래서 앞으로 필자는 물론 독자와 함께 연구하여 볼 수가 있도록 하였으면 하여 명봉의 정역주석 금강경 한문 원본과 대조해 본 바, 거의 유사(類似)하여 서로 다른 곳이 그리 많지 않기로 밝혀 놓아 독자들이 경전 바로보기 연구를 할 수가 있도록 하였다. 약자(略字)의 중복사용 등 엄밀하게는 대조를 못 했으나 우선 참고하시기 바라는 바이며, 이 경전의 서문 및 추천 권발을 해 주신 송석구 총장님과 강석주 큰스님·권기종 원장님을 비롯해 많은 대덕스님과 불교학자님들에게 감사의 말씀을 올린다. 또한 우리말 독송용 불법 바로보기 요전 10권 시리즈를 기획, 구성하여 주신 재원(在圓) 이사장님과 인쇄·출판을 담당해주신 리헌석 사장님에게도 깊은 사의를 표하는 바이다.

불기 2546·임오년 초가을
雲峰山(雷鍾峰)下 德山精舍에서
編著者 金雲藏 誌

바른 한글 금강경

一. 금강경 내력

금강반야바라밀경은 준 이름으로 금강경 또는 '금강반야경'이라 부르기도 합니다.

첫째, 언제 설했을까? 부처님 일대사(一大事) 교설을 중국 천태종 지의(智顗)스님이 5시(時)로 나누어 놓은 것에 의하면 부처님께서 성도하신 뒤 20년 후인 반야시(般若時) 21년 사이에 반야부 경전을 설하셨다 하니, 그 사이에 설한 것으로 봅니다.

둘째, 어디서 설했을까? 인도 왕사성(王舍城)의 동북쪽에 있는 기사굴산(耆闍堀山) 등 네 곳이라 하고, 법회를 연 횟수는 16회, 말씀하신 양(量)은 반야경 600권이라 합니다. 이를 모두 총망라한 것이 대반야경인데 그 중에 이 '금강반야경'은 제5처, 제9회, 제577권째에 해당하는 것이라 합니다.

셋째, 설주는 누구일까? 석가모니 부처님입니다.

넷째, 한역(漢譯)은 언제 누가 하였는가? 중국 후진(後秦) 때 구마라집(鳩摩羅什)이 한문으로 번역하였습니다. 구마라집은 구마라습으로 부르기도 하나 본디 이름(Kumarajiva)의 속음에 가까운 구마라집으로 발음하기로 합니다. 구마라집은 중앙 아시아의 구자국 사람으로 아버지는 인도인이며, 어머니는 구자국왕의 누이동생입니다. 구자국(龜玆國:지금의 庫車, Kucha부근)에서 대승불교를 크게 일으켰으며, 401년 요진의 요흥왕(姚興王)의 부름을 받고 중국 장안에 들어와 13년 동안

300여권의 불교 경전을 한역하였으며, 이 금강경은 402년, 장안 초당사(草堂寺)에서 의역(意譯)한 것이니, 한문 번역본의 원조라고도 합니다.

다섯째, 처음 구마라집 역본의 금강경을 18주처(住處)로 나눈 것은? 북인도 4~5세기 사람 학승(學僧) 무착(無着)이 나눈 계위(階位)이니, (1) 초주(初住)위에서 (18) 이지(二地)인 등각·묘각(等覺·妙覺)위까지 나눈 분단입니다.

여섯째, 금강경을 27의단(疑斷)으로 나눈 것은? 북인도 4~5세기 사람 무착(無着)의 동생 학승 천친(天親)이 27종의 의심을 끊는 의단(疑斷)의 분류이고, 천친의 이름은 세친(世親)이라고도 합니다.

일곱째, 금강경 32분설은? 중국 양(梁)나라 무제(武帝)의 장남 소명태자(昭明太子:?~531)가 나누어 논 32분 금강경 분단입니다.

여덟째, 오가해(五家解)와 육가해(六家解)설은? '오가해'는 영락 을미년(永樂 乙未·1415년) 5월에 규봉(圭峰)의 '금강경소론찬요(金剛經疏論纂要)'와 혜능(慧能)의 '금강경해의구결(金剛經解義 口訣)'과 부대사(傅大士)의 '금강경제강송(金剛經提綱頌)'과 야부(冶父)의 금강경착어송(金剛經着語頌), 종경(宗鏡)의 '금강경제강(金剛經提綱)'을 합해 합본으로 편집 간행한 것입니다. 동년 6월에 함허(涵虛)가 '오가해설의(五家解說誼)'를 더하고, 소명태자의 32분 분단도 응용하여 간행하였으니, 육가해(六家解)라고도 하는 것이 현행 한국 내의 '오가해 금강경'입니다.

아홉째, 금강경의 오분해(五分解) 설은? 한국 승(僧) 명봉(明峰)이 오분신(五分身)의 수증점차로 분단을 한 것입니다. 곧 금강경의 경문 과목(科目)을 총설·별설·유통으로 나누고, 총설에서 오분법신(五分法身)의 수증점차를 밝히고, 별설은 인문(因門)과 과지(果地)로 나누어 놓고, 인문(因門)에는 신(信), 해(解), 행(行), 증(證) 및 사가행위(四加行位) 수행으로 곧 계신(戒身)·정신(定身)·혜신(慧身)·해탈신(解脫身) 수증점차를 말하였고, 과지(果地)에서는 해탈지견신(解脫知見身)의 열반 3덕을 말하였으며, 다음은 유통입니다.

「문수보살 청사자 두리 두리한 사자 눈동자
 찬란한 햇살에 코끼리 눈매
 보현보살님 꽃 한 떨기 빗기어 드시네
 붓 한 자루 문수님 지혜 여의(如意)한 슬기털이어.

 해탈문 해탈문을 찾아서 여기 드시면
 석가세존 멀리 절하고 탑도리는 그냥 두고서
 우선 문수 보현 번갈아 보며 두리 두리 노세
 청사자 하는 말씀 코끼리 웃는 뜻 눈에 다 있네.」

<시「마곡사 해탈문」·雲藏>

二. 금강반야바라밀경 과목(科目)

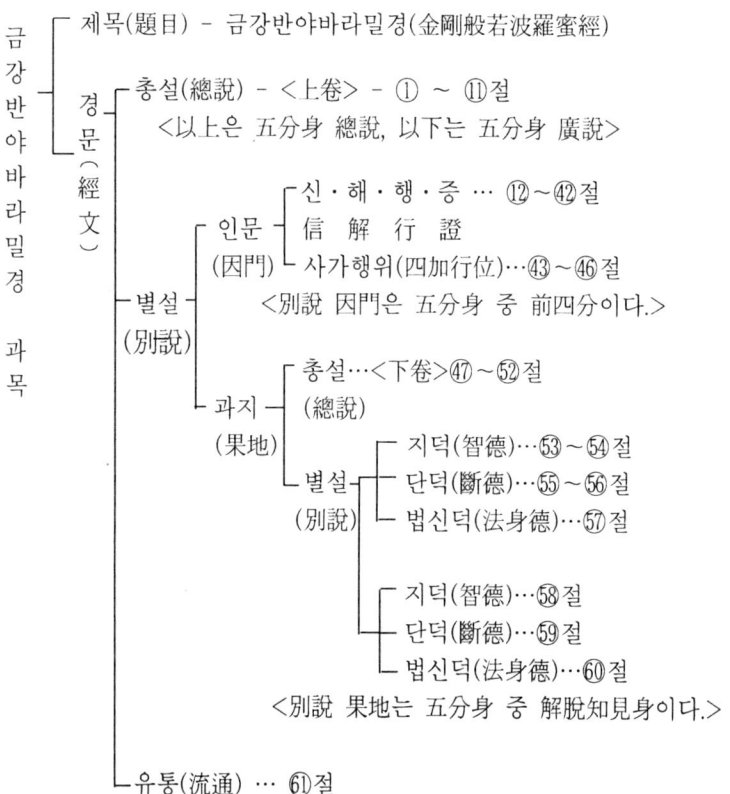

금강반야바라밀경 과목

제목(題目) - 금강반야바라밀경(金剛般若波羅蜜經)

경문(經文)

총설(總說) - <上卷> - ①~⑪절
　　<以上은 五分身 總說, 以下는 五分身 廣說>

별설(別說)

인문(因門)

신·해·행·증 … ⑫~㊷절
信 解 行 證
사가행위(四加行位)…㊸~㊻절
<別說 因門은 五分身 中 前四分이다.>

과지(果地)

총설…<下卷>㊼~㊾절
(總說)

별설(別說)

지덕(智德)…㊿~⑤절
단덕(斷德)…⑤~⑤절
법신덕(法身德)…⑤절

지덕(智德)…⑤절
단덕(斷德)…⑤절
법신덕(法身德)…⑥절

<別說 果地는 五分身 中 解脫知見身이다.>

유통(流通) … ⑥절

본경 삼전보리(三轉菩提)

시전(示轉) … ①~⑰절 (戒身 종결 절목)　<상권>
권전(勸轉) … ⑱~㊻절 (四加行 종결 절목)<상권>
증전(證轉) … ㊼~⑥절 (解脫知見身·유통)<하권>

三. 우리말 금강경 및 주해

1. 제목(題目)

금강반야바라밀경(金剛般若波羅蜜經)
(금강의 슬기로 참 즐거운 경지에 이르는 글)

금강반야바라밀경은 '금강의 슬기로 참 즐거운 경지에 이르는 글'이란 뜻입니다. '금강'은 범어 바즈라(vajra)로, 이 '금강'의 뜻은 세 가지가 있으니, 첫째는 가장 단단하고 날카롭고 밝은 것에 비겨 보는 금강보석설, 곧 다이아몬드설이고, 둘째는 무엇이고 능히 끊을 수 있는(能斷) 어떤 금강무기. 또는 어떠한 견고한 것이고 쳐서 부술 수 있다는 금강저(金剛杵) 무기라는 설이고, 셋째는 '금강'에 해당되는 말은 바즈라(vajra 跋折羅)라 그 원어의 뜻은 '벼락'인 것이라, 무엇이고 부셔버릴 수 있는 뜻을 가진 벼락설이 있습니다.

명봉스님은 석제(釋題)에서 "'금강'은 비유이니, 견고하고 (堅) 날카롭고(利) 밝음(明)의 세 가지 뜻이 있는 것이니, 실상과 관조와 문자 삼반야(三般若)인 법에 비유한 것이요, 법(法)을 합하면 견고한 것은 실상(實相)이요, 날카로운 것은 관조(觀照)요, 밝은 것은 문자(文字)반야다. 반야가 문자는 아니지마는 문자로 반야를 나타내는 고로 문자반야가 있어 법을 설하나니, 문수(文殊)가 반야경의 진리에서 나온 것이다." 하였습니다.

'반야'는 지혜입니다. 지혜에는 '반야(般若)슬기'와 '반나(般那·若那)슬기'가 있습니다. '반야'는 감공(鑑空)의 혜(慧)슬기요, '반나(般那·若那)'는 조유(照有)의 지(智)슬기입니다. '반야'는 혜(慧)니 감공(鑑空)이요 분별하지 않는 자이고, 현량(現量)인 증취자(證取者)입니다. '반나'는 지(智)니 비쳐봄이 있고 분별함이 있는 자이니, 비량(非量)으로 보면 해오(解悟)자입니다. 예를 들어보면 저 '10바라밀' 중의 제6 반야바라밀은 전자요, 제10 지바라밀은 후자입니다.

'바라밀'은 범어 바라밀다입니다. '바라밀'은 '바라밀다'의 준말입니다. '바라'는 피안(彼岸)이라 번역하는 것이니, 열반 경계입니다. '밀다'는 이른다(到)의 뜻입니다. 저 언덕인 피안은 참 즐거운 열반이므로 이 경에서는 '바라밀'을 '참 즐거운 경지에 이르는'으로 풀이하였습니다.

'경'은 글입니다. 이치에 꼭 계합한 글이라는 계경(契經)의 뜻이 있고, 진리를 문자 말로 꿰어 거두어 놓은 관섭(貫攝)의 뜻이 있습니다. 이 제목의 더 자세한 해석은 이 경 뒤에 별첨한 명봉 스님의 '금강반야바라밀경 석제(釋題)'를 참조하십시오.

2. 경문(經文)

[상권(上卷)]

(1)총설(總說)

① 이 같음을 제가 들었습니다. 한 때에 부처님께서 사위나라 기수급고독사원에서, 큰 비구대중 천이백오십인과 함께 계시옵더니,

如是我聞하사오니 一時에 佛이 在舍衛國祇樹給孤獨園하사 與大比丘衆 千二百五十人과 俱하사옵더니

이 절은 6성취법(成就法)으로 말씀한 것입니다. 첫째는 신(信) 성취니, 곧 '이' 같음을 한 것은 아란 존자의 말로서 비구대중 1250인과 함께 이 같음을 들었으니 믿으십시오 하는 제시입니다. 둘째는 문(聞)성취니 곧 아란 존자가 분명히 이 같음을 '들었습니다' 하고 들은 바를 밝힌 것입니다. 셋째는 시(時)성취니 곧 '한 때에'라 한 것은 나라마다 또는 중생마다 시간이 다르므로 그저 한 때라고 시간을 말한 것입니다. 넷째는 주(主)성취니, 곧 '부처님'이라 하여 석가모니불을 뜻한 것입니다. 다섯째는 처(處) 성취니 '사위나라 기수급고독원'에서 설법한 처소를 말한 것이며, 여섯째는 중(衆)성취니, 곧 1250인의 비구대중이 들었다는 것을 밝힌 것입니다.

이 절목은 이 금강반야바라밀경을 설함에 있어 먼저 위에서 말한 6성취법으로 분명하게 밝혀 꼭 믿고 인증케 하는 증신서 (證信序)입니다. 그리고 보살의 삼취정계(三聚淨戒) 중의 '섭선법 계(攝善法戒)' 법회 자리입니다. 다시 말하면 삼보에 귀의한 비구 대중 1250명이 모인 법 자리로 선법(善法) 진리 등을 설하고 듣고 수행하고 전법하려는 소중한 법회이고, 또한 그 소이(所以) 가 고(孤)와 독(獨)을 주급(週給)하려는 선법계행을 위한 실로 좋은 섭선(攝善)행의 법 자리인 것으로 사원 이름의 뜻도 그렇습니다. 그리고, 삼전보리(三轉菩提)로는 시전(示轉)이 시작되는 절목입니다.

'아란존자'는 여래십대제자 중 다문제일입니다. 자세한 것은 ㉒절 '아란나'를 참조하시고, '사위나라'는 ②절의 '사위성'을 참조하십시오.

[기수급고독원]은 '기수'와 '급고독원'의 합성어니 곧 기수(祇樹)란 파사익왕의 태자 '기타(祈陀)'가 부처님께 보시한 숲(樹)이라 하는 뜻이고, '급고독원'의 '급고독(給孤獨)'은 수달다(須達多) 장자의 '수달다'를 번역한 말입니다. 외로운 사람들을 잘 돕는 사람이라는 '급고독'은 그 수달다의 이름이기도 합니다. '급고독' 장자가 실로 많은 거금을 주어 기타의 숲 땅을 사고 절을 지어 부처님께 바쳤으니, '원(園)'자를 더하여 '급고독원'이란 절 이름이 되었다 하고, 그 숲 나무들을 보시한 기타의 숲이라 하는 뜻까지 넣어서 '기수급고독원'이라 하였다고 합니다. 또한 줄인 이름으로 '기원정사(祇園精舍)'라 널리 불리우고도 있습니다.

② 저 아침식사 때에 부처님께서 가사를 입으시고 발우를 가지시고, 사위 큰 성으로 들어가시어 밥을 빌으실 적에,

爾時 世尊이 食時에 著衣持鉢하시고 入舍衛大城하사 乞食하실새

이 절은 부처님께 많은 제자가 있고, 삼계의 도사요 사생의 자부이며 중중존이요, 성현 중의 성현으로 가장 거룩한 세존이지만 '가사를 입으시고 발우를 가지시고, 사위 큰 성에 들어가시어 밥을 빌으셨다'는 뜻입니다.

이 절목은 여래께서 몸소 할 수 있는 일, 곧 분위(分慰)로 정명생활(正命生活)을 실천해 보인 것입니다. 그러므로 이 절은 '삼취정계' 중 섭률의계(攝律儀戒)입니다. 곧 '아침식사 때[巳時·9시~11시]에' 부처님께서 '가사를 입으시고' '사위 큰 성에 들어가시어 밥을 빌으실 적에'라고 한 것입니다. 걸식을 하는 일은

오만한 마음을 다스리는 섭심(攝心) 계행입니다.

그리고, 명봉역 한문 원본은 '이(爾)시세존식시'로 되어 있는
것이, 고려대장경본에는 '이(爾)'자의 약자 '이(尒)'자로 되어 있
으니 참고하십시오.

[사위성(舍衛城)]은 앞 절에서 '사위나라'라 칭한 큰 성입니다.
곧 옛날 교살라국의 도성(都城)으로 지금의 곤다주에 있는 성이
며, 부처님의 외호자로 알려진 바사닉왕(波斯匿王)이 거주하던
성입니다. 바사닉왕은 부처님과 생일이 같고 부처님께서 성도(成
道)하시던 해에 왕위에 오른 분으로 정치를 잘하였고, 불법을 독
실하게 믿었습니다.

③ 그 성안에서 차례로 빌기를 마치시고, 본처로 돌아오
시어 밥을 나누어 잡수시고,

於其城中에 次第乞已하시고, 還至本處하사 飯食訖하시고,

이 절은 '그 성안에서 차례로 빌기를 마치시고, 본원으로 돌
아오시어 밥을 나누어 잡수시고'라고 하였습니다. 이것은 불쌍한
중생들이 복을 짓게 하기 위하여 부처님은 하루 일곱 집을 가는
데 차례로 다리 밑 거지에게도 물을 비는 등 차별 없이 평등하
게 걸식하고, 본원으로 돌아와서는 밥을 나누어주고 잡수신 것
이니, 곧 밥을 4분하여 3분을 나누어주고 1분만 잡수셨다고 합
니다. 이 절의 먹을 식(食)자는 메길 사(食)자의 뜻도 있으니 여
기서는 후자로 보아야 합니다.

이 절목은 삼취정계 중의 섭중생계(攝衆生戒)입니다. 이상은
섭선, 섭률의, 섭중생계 곧 3취정계를 설해 마친 곳이니, 삼취정
계 실천시법을 한 계신(戒身) 성취입니다. 계행은 섭심(攝心)이
되는 것이니 섭심이 되는 행은 삼마제 관행(觀行)에 속하는 것

33

이기도 합니다.

[삼취정계(三聚淨戒)] 삼취정계는 세 가지 큰 무덕이 깨끗한 계율이라는 뜻입니다. 1. 섭률의계는 일체의 악을 모두 끊어 버리는 것이니, 불교의 5계 등 일체의 금계와 정명생활 등입니다. 2. 섭선법계는 일체 모든 착한 일의 실천입니다. 그러므로 10선행 등도 모두 여기에 속합니다. 3. 섭중생계는 일체의 중생을 모두 섭(攝)하여 널리 이익을 베푸는 것이니, 자비심을 바탕으로 중생을 위해 진력하는 모든 이타행입니다. 그러므로 모든 일체의 계법은 모두 이 3가지 속에 거두어지므로 섭(攝)이라 하고, 그 계법은 모두 청정하므로 정계(淨戒)라 하는 것이니, 경(經)에 섭심(攝心)이 계(戒)라는 말과 계는 별해탈이라는 말도 있으니 유념할 일입니다.

[섭심(攝心)] 마음을 흩어지지 않도록 하는 것이니, (1)마음에서 잘 알아차리는 것이고, (2)마음을 집중해 통일하는 것, (3)정신을 하나의 대상에 집중시켜 산란하지 않는 것 등의 뜻입니다.

④ 가사와 발우를 거두시고, 발을 깨끗이 하시고,

收衣鉢 洗足已하시고,

이 절은 여래께서 친히 밥을 빌고 와서 나누어 잡수시고 '가사와 발우(鉢)를 거두시고, 발을 깨끗이 하시고' 입정 준비를 한 것입니다. '입정(入定)'은 (1)선정(禪定)에 들어가는 것이니, 곧 마음을 한곳에 정하고 몸·입·뜻의 삼업(三業)을 깨끗이 갈무리는 것, (2) 마음을 집중시켜 안정된 상태에 들어가는 것입니다.

이 절목은 앞에서 언급한대로 입정(入定)에 들 준비입니다. 여기서 '정(定)'과 '선(禪)'에 대하여 좀 말씀드리겠습니다. 정(定)

이란 마음을 한 곳에 머물게 하여 흩어지지 않게 하는 주심관행(住心觀行)이며, 또한 정(定)에는 2종이 있으니, 생득선정(生得禪定)과 수득선정(修得禪定)입니다. 첫째 생득선정은 본분선(本分禪)이니, 성정열반(性淨涅槃)과 같은 뜻이요, 둘째 수득선정이란 신훈선(新薰禪)이니, 이구정(離垢淨)열반과 같은 뜻입니다.

'선(禪)'은 범어 선나(禪那·dhyana)의 준말이고 정(定)은 한역(漢譯)으로 두 뜻을 합하여 선정(禪定)이라고 합니다. 선나(禪那)는 또한 정려(靜慮·慧), 사유수(思惟修·定)라고도 번역합니다. 그러므로 선나(禪那) 즉 선정은 정혜 통칭입니다. 선이나 정은 모두 그 뜻으로 통용하나, 선(禪)은 정혜 통칭으로만 쓰고, 정(定)은 혜(慧)가 없는 것으로 정과 혜로 구분하기도 합니다.

[본분변(本分邊)] 본분변은 본래 갖추어 있는 본유(本有)분 쪽에서 보는 면이니, 곧 본체론 면에서 보는 것이고, 그 반대는 신훈변(新薰邊)입니다.

[신훈변(新薰邊)] 신훈변은 본유(本有)의 반대 신유(新有)변이니, 제8식 아뢰야식 중에 있는 종자에 선천적으로 존재한 '본유'와 후천적으로 수행해 닦는 작용에 의해 훈부(薰附)된 것을 '신유(新有)' 또는 '신훈종자(新薰種子)'라고 하는 유식철학에서 말하는 술어입니다. 보기를 들자면 '본유'변의 법신을 '비로자나불'이라 하고, '신유'변의 법신을 '석가모니불'이라 하는 것입니다.

[가사(袈裟)] 가사는 수행승이 입는 법복입니다. 인도의 법복에 삼의(三衣)가 있으니, 첫째는 외출할 때에 입는 '승가리(僧伽梨)'이고, 둘째는 예불할 때에 입는 '울다라승(鬱多羅僧)'이고, 셋째는 작업이나 잠잘 때 등에 입는 '안타회(安陀會)'입니다.

⑤ 자리를 펴고 앉으시었으니

敷座而坐러시니.

이 절의 '자리를 펴고 앉으시었으니' 함은 이제까지의 활동을 정지하고 선정에 든 것이니, 곧 무명대정(無名大定)에 드신 것입니다. 또한 명봉스님은 비로자나불의 여여부동신(如如不動身)을 제시한 것이라고도 하였습니다.

이 절목은 정신(定身) 성취이고, '무명대정'입니다. 입정(入定)에 든 것이니, 관(觀)은 정관(靜觀)인 사마타관입니다.

야부(冶父) 스님은 이 대문에서 "성성(惺惺)하다. 공양을 마치고 발을 씻고 자리를 펴고 앉은 것을 누구와 같이 알 것인가? 아래로 향한 문장을 아느냐 알지 못하느냐? 보고 보아라. 평지에 파도가 일어난다" 하였습니다. '야부 스님'은 아래 '야부' 주해를 참조하십시오.

여래는 결가부좌(結跏趺坐)를 하고 앉았으니, 결가부좌는 선행(禪行)하는데 앉는 법인 정좌법(靜坐法)의 일종입니다. 이 경 본문에는 '부좌이좌'로만 되어 있지만 현장(玄奘)법사의 역본에는 '결가부좌' 하고 앉았다는 말이 있으니, 그리 보는 것이 좋을 것입니다. '결가부좌'의 그 종류로는 여래좌. 원만안좌. 항마좌. 길상좌 등이 있으며, 좌선(坐禪) 하는데 있어 가장 바른 자세법으로 정하고 있는 것입니다.

부처님은 모든 경을 말씀하시려 할 때에는 반드시 먼저 선정에 드셨습니다. 화엄경을 말씀하시려 할 때에는 사자빈신삼매(獅子嚬伸三昧)에 드셨고, 법화경을 말씀하실 때에는 무량의처삼매(無量依處三昧)에 드셨고, 열반경을 말씀하실 때에는 부동삼매(不動三昧)에 드셨고, 무량수경을 말씀하실 때에는 대적정미타삼매(大寂靜彌陀三昧)에 드셨다고 하는데, 이 금강반야바라밀경을 말씀하실 때에는 '무슨 삼매라고 누가 함부로 이름을 부칠 수가 없다. 그저 무명대정(無名大定)으로 정신(定身)을 보인 것으로만 알라'고 명봉스님은 말씀 하셨습니다.

이 금강경은 5분신 곧 오분신훈법신(五分新薰法身) 수증점차 등을 설하고 있는 것이니, ⑪절 '오분신도'를 참조하시고, 또한 다음을 참조하십시오.

이 경의 "본분법신(本分法身)인 비로자나(毘盧遮那)는 무작과 체(無作果体)니, 사람 사람들 개체의 본래면목(本來面目)이다. 화 엄경은 법신장엄을 현설(現說)하셨고, 이 경은 해탈신 증득의 성 취를 가려 나누어 논한 것이니, 법신과 해탈신의 분제(分齊)는 신훈과 본분으로 보라. 여시아문(如是我聞)으로부터 세족이(洗足 已)까지는 삼취정계(三聚淨戒)요, 부좌이좌(敷座而坐)는 무명대정 (無名大定)이오, 시장노수보리(時長老須菩提 ⑥절) 이하는 등각 후심(等覺後心) 금강심 중에 들어 능히 끊는 혜(慧)다"라고 명봉 스님은 '금강반야바라밀경 소고'에서 말씀하여 이 경이 삼무루학 (三無漏學)의 계(戒)·정(定)·혜(慧) 순으로 설하고 있는 것을 먼저 밝혔습니다.

함허(涵虛) 스님은 이 대목에서 '자리를 펴고 앉으신 것은 해 탈적멸이니 법신으로서 열어 보인 것'이라 하였습니다.

[현장(玄奘:622~664)] 현장은 중국 승려. 법상종(法相宗)을 전 한 사람. 인도에 들어가 불경 공부를 하고 돌아와 홍복사 등에 서 대반야경 등 75부 1335권을 번역함. 특히 '유식론' '구사론' 등 중요한 서적 등을 펴내었습니다.

[함허(涵虛:1376-1433)] 함허는 조선 승려. 이름은 기화(己和) 이고 호는 함허·득통(得通)이며, 옛 이름은 수이(守伊)입니다. 화엄사에서 무학왕사의 법요(法要)를 들었고, 세종이 청하여 대 자어찰(大慈御刹)에 있게 하였으며, 저서에 '원각경소', '금강경 오가해설의(說誼)설' 등이 있습니다.

[야부(冶父)] 야부는 일명 도천(道川)이고 송(宋)나라 때 승려 로, 성은 적(狄)이고, 이름은 삼(三), 동제겸수좌(東齊謙首座)의

법화(法化)를 받고 좌선을 익히다가 출가하여 정단계성선사(淨團繼成禪師)의 인가를 얻고, 동제(東齊)에 돌아와 금강경착어송(金剛經着語頌)・1127~1130)을 간행하였습니다.

⑥ 저 때에 장로 수보리가 대중 가운데 있다가 곧 자리에서 일어나 옷을 한편으로 치우쳐 오른 어깨를 들어내고 오른 무릎을 땅에 꿇고, 합장하여 공경히 부처님께 사뢰오되, "희유하옵니다. 세존이시여! 여래께서 모든 보살을 잘 염려하여 보살펴 주시며, 모든 보살에게 잘 부탁하여 위촉하십니다. 세존이시여! 착한 남자와 착한 여인이 아뇩다라삼먁삼보리 마음을 발하려면, 응당히 어떻게 그 마음을 머물고(住・住心), 어떻게 그 마음을 항복(降伏・伏心)시키오리까."

時에 長老須菩提 在大衆中이라가 卽從座起하사 偏袒右肩右膝着地하고, 合掌恭敬而白佛言하되, 希有世尊이시여! 如來善護念諸菩薩하사 善付囑諸菩薩하시나이다. 世尊이시여! 善男子善女人이 發阿耨多羅三藐三菩提心하려면 應云何住하고 云何降伏其心이닛고.

이 절은 '아뇩다라삼먁삼보리 마음을 발하려면, 마땅히 어떻게 그 마음을 머물고(住・住心・靜觀), 어떻게 그 마음을 항복(降伏・伏心・幻觀)시키오리까'하여 주심(住心)의 정관(靜觀)인 사마타관과 복심(伏心・降伏心)의 환관(幻觀)인 삼마제관 수행법을 물은 것입니다. 그러나 실은 3관 수행의 관법(觀法)을 묻는 청법을 하는 것입니다. 곧 사마타와 삼마제 둘 아닌 관이 선나관이라 하고, 또 두 관을 합한 관이 선나관이라 하는 것임으로 선나관은 언급하지 않았으나 이 관까지 합하여 3관을 물은 것으로 보아야 하는 것입니다. 더 확실한 것은 총설 ⑪절에 '제상비상(諸相非相)이 즉견여래(卽見如來)니라' 한 것이 적관(寂觀)이 니, 선나관입니다. 그 암유(暗喩)를 잘 살펴 보십시오. 그리고, '아뇩다라삼먁삼보리'는 오분법신성취의 해탈신(解脫身)입니다. 저 화엄경의 비로자나는 본분법신이고, 이 금강경의 아뇩다라삼 먁삼보리는 신훈해탈법신입니다.

'이 때'라 함은 부처님이 자리를 펴고 앉으시고 입정에 들어 한참동안 정신(定身)을 보이고 마치는 기미를 느낀 때입니다. 이 기회를 놓치지 않고 장로 수보리가 청법을 한 것이고, 수보리 존자가 '자리에서 일어나'라고 한 것은 제자로서 스승께 법을 물 으려는 예절입니다. 첫째 자리에서 일어나고, 둘째 옷을 한편으 로 치우쳐 오른 어깨를 들어내고, 셋째 오른 무릎을 꿇고, 넷째 합장하고, 다섯째 공경히 사뢰온 말입니다. 이 다섯 가지는 청법 의식을 갖추는 예절입니다. '희유하옵니다'는 처음 보는 일 또는 훌륭하십니다 하는 뜻을 가진 찬탄의 말입니다. 앞에서 법도 있 게 말없이 행동으로 시범하여 보인 계신(戒身)의 행과 말없이 무명대정(無名大定)에 들어 정신(定身) 성취를 보인 것입니다. 이 심오한 이치를 간파(看破)한 수보리가 기회를 놓치지 않고 '희유하옵니다'라고 한 찬탄의 법열과 함께 이 절목에서부터 혜 신(慧身)수행으로 들어가는 금강문이 활짝 열려 전개되어 나갑 니다.

이 절목은 주심(住心) 사마타관과 복심(伏心) 삼마제관 등 3 관관법(觀法)을 묻는 청법문이라 앞에서 말했습니다. 화엄경의 비로자나는 본분법신(本分法身)이고, 금강경의 아뇩다라삼먁삼보 리는 신훈해탈법신(新薰解脫法身)임을 잘 알고, 이 절의 아뇩다 라삼먁삼보리 마음을 발하는 관법인 3관(三觀) 및 복수3관 원수 3관 등을 잘 알아야 하는 것이니 아래 '3관' 풀이 등을 특히 유 의하여 살펴 나가십시오.

그리고, 명봉 한문 원본은 '편단우슬착(着)지'로 되어있고, 고려대장경에는 '착(着)'자가 '착(著)'자로 되어있습니다. 자전에 이 두 글자는 같은 뜻의 글자로 밝히고 있으니, 앞으로 이 두 글자에 대해서는 다시 소개를 하지 않겠습니다. 그러나 흔히 '저(著·지을 저)'자로는 책을 저술한다는 등에 많이 쓰고, '착(着·붙을 착)'자는 붙는다는 뜻에 많이 사용된다는 것 등을 유의하여 참구하십시오.

위의 주심 '사마타관'과 복심 '삼마제관'은 아래 '삼관(三觀)' 풀이의 '사마타'와 '삼마발제'를 참조하시고, '합장'은 이 경 뒤에 '중요도식편'의 '12합장도'를 참조하십시오.

[수보리(須菩提)] 수보리는 석존 10대제자의 한 사람이고, 그의 전기는 <증일아함경>에 있습니다. 자세한 것은 ㉗절의 '여래 10대 제자도'를 참조하십시오.

[장로(長老)] 장로는 덕행이 높은 연장의 비구들을 존경하는 통칭입니다. 그러나 반드시 노년이기 때문에 장로라고 부르는 것은 아니고, 소비구가 대비구를 부를 때의 존칭입니다.

[아뇩다라삼막삼보리(阿耨多羅三藐三菩提)] 아뇩다라삼막삼보리는 범어 anuttarā-samyak-saṃbodhi의 음역입니다. 무상정등정각(無上正等正覺). 또는 무상정변지(無上正遍智)라 한역하며, 준말로 정등각 또는 정변지라고도 합니다. 곧 '위없이 바르고 평등한 바른 깨달음'이라는 뜻이므로, 수행해서 바르게 깨달은 신훈법신입니다. '신훈신'은 ⑰절의 '신훈신 본분신 배대도'를 참조하십시오.

[삼관(三觀)] 삼관은 사마타관 삼마발제관 선나관입니다. 첫째 사마타는 범어 samatha의 음역으로 능멸(能滅)이라 한역하고, 일명 정관(靜觀). 초수는 지정(至靜)입니다, 산란한 마음을 멈추고, 마음을 한가지 대상에 쏟는 고요한 마음의 상태로서 외계의 대상을 향한 감관을 제어하여 마음의 움직임을 가라앉히는 것입니다. 사(師)로부터 주어진 공안(公案)이나 어떤 화두(話頭)를 초

수 지정(至靜) 등을 처음 들고 수행해 들어가면 적정경안(寂靜
輕安)을 발하여 마치 거울과 같이 깨끗한 본 마음이 드러나 열
반에 드는 관문이라 원각경에 제시하고 있습니다. 이 관은 지증
(智增) 보살에 배대(配對)가 되는 관입니다. 둘째 삼마발제(三摩
鉢提)는 범어 samapatti를 음역하여 삼마발제라 하고, 또는 삼마
제(三摩提)라고도 합니다. 등지(等至)라고 의역하는 것이니, 등지
의 '등'은 정력에 의하여 혼침(惛沉. 침울함), 도거(掉擧.不寂靜)
등의 번뇌를 여의고 마음이 평등 평정함을 말하는 것이니, 그
정력이 이런 상태에 이르게 하므로 '지(至)'라 하는 것입니다. 마
음을 하나의 대상에 집중시키는 심작용이니, 마음을 통일하는
것이라고 해설을 하는 것입니다. 일명 '환관(幻觀)'이라고도 하는
것으로 초수는 '억상(憶想·생각)' 또는 정억지(正憶持)를 들어
선관행으로 수행해 들어가면 대비경안(大悲輕安)을 발하여 환상
(幻相)을 영리(永離)하는 관문이요, 비증(悲增) 보살에 배대가 되
는 관입니다. 셋째 선나는 범어 dhyana의 음역이며, 선(禪) 또는
선정(禪定)을 말합니다. 사마타의 초수 지정과 삼마발제 초수 억
상 둘 아닌 명수문(明數門)이 선나관의 초수이니, 이 초수를 들
고, 수행해 들어가면 적멸경안(寂滅輕安)을 발하여 실상을 증득
하여 묘각(妙覺)에 수순(隨順)하는 관이라 합니다. 명봉스님은
삼마발제와 삼마제(三摩提)는 같은 것이라 말하고, 특히 수능엄
경의 '삼마제(三摩提)'와 원각경 삼관(三觀)의 '삼마발제'가 다른
것으로 보지말고 다 같은 3관(觀)설 중의 하나인 것을 잘못 보
는 견해가 없도록 각별히 조심하라 하였고, 이 금강경에도 모두
'삼마제'로 기록하면서 거듭 원각경의 삼마발제와 부디 다른 것
으로 보지 말라고 거듭 당부하였습니다.

'3관'에 대하여 더 자세한 것은 이 경의 뒤에 별첨한 '삼관(원
각경 위덕자재보살장〉'설을 참조하십시오. '합장(合掌)'은 이 경
뒤의 '중요도식편'의 '12합장도'를 참조하십시오.

⑦ 부처님께서 말씀하시되 "착하고 착하구나. 수보리야! 네가 말하는 바와 같이 여래는 모든 보살을 잘 염려하여 보살피며, 모든 보살에게 잘 부탁하여 위촉하느니, 너 이제 자세히 들어라. 마땅히 너를 위하여 말하리라. 착한 남자와 착한 여인이 아뇩다라삼먁삼보리 마음을 발하려면 응당히 그 마음을 이렇게 머물고, 그 마음을 이렇게 항복 받을 것이니라." "예! 그러하옵니다. 세존이시여! 즐겁게 듣고자 원하옵니다."

佛言하사대 善哉 善哉라. 須菩提야! 如汝所説하야 如來善護念諸菩薩하사 善付囑諸菩薩하시나니, 汝今諦聽하라. 當爲汝説하리라. 善男子善女人이 發阿耨多羅三藐三菩提心하려면, 應如是住하고 如是降伏其心이니라.

唯然이니다! 世尊이시여! 願樂欲聞하나이다.

이 절은 '아뇩다라삼먁삼보리 마음을 발하려면 응당히 그 마음을 이렇게 머물고(住·住心·靜觀) 이렇게 항복 받을 것(降伏·伏心·幻觀)이니라' 한 것입니다. 현장(玄奘)법사의 역본에는 항복(降伏)이라 하지 아니하고 섭복(攝伏)이라 했으니, '섭복'이란 섭심(攝心) 항복(降伏)의 뜻으로도 볼 수가 있으니, 이는 마음을 집중해 통일시키는 항복심(伏心)이 더 들어나는 뜻이니, 환관(幻觀)으로 볼 수가 있습니다.

이 절목은 주심(住心·사마타)과 복심(伏心·삼마제) 곧 사마타와 삼마제 관행으로 아뇩다라삼먁삼보리 마음을 발하는 것이라 하여 수보리가 물은 머물고의 주심(住心.靜觀) 관행과 항복의 복심(伏心.幻觀) 관행에 대하여 답을 한 것입니다. 그러나 답은 여기서 끝나는 것이 아니고 ⑪절의 선나관까지 제시하고 끝이

납니다. 그러므로 이 절은 설법을 허락하는 것입니다.

그리고 '사마타관'과 '삼마제관' 그 둘 아닌 관이라고도 하는 선나관이 있어 이 세 관이 3관(觀)이라고 앞 절의 '3관' 풀이에서 보였습니다만 이 경에는 선나관과 복수삼관 및 교락관 등의 관행도 있으므로 이 경 뒤 '중요 도식편(圖式篇)' 조에 원각경 '25륜관도(輪觀圖)'를 참조하십시오.

이 대목에서 꼭 한 말씀 드려두고 싶은 것은 <원각경> 위덕자재보살장의 삼관(이 경 뒤 별첨한 '三觀')과 '중요도식편(圖式篇)'의 '25륜관도' 관법을 한 번 잘 살피시고, 이 금강경을 살펴 나가야 이 경의 5분법신의 해탈 성취의 관법을 바르게 이해할 수가 있다는 것입니다. ⑥절의 수보리의 물음에 대하여 명봉 스님은 금강반야바라밀경 소고에서 "수보리의 물음 가운데에 응당히 그 마음을 어떻게 머물고(住ㆍ住心) 그 마음을 어떻게 항복(降伏ㆍ伏心)시키오리까 한 것은 이 해탈법신 수증을 하는 방편인 관행을 묻는 청법인데 <능엄경> 가운데 아난이 은근하고 은근하다(慇懃) 시방 여래가 보리를 얻어 성취함을 계청하신 묘(妙), 사마타, 삼마제, 선나 최초 방편에 예를 들어보자면 선현(善現ㆍ수보리)도 응당 삼관(三觀)을 물은 것이어늘 단 이관(二觀)은 어찌됨인고? 답하되, 주심(住心)은 사마타관인 정(定ㆍ靜)이요, 복심(伏心)은 삼마제관인 환(幻ㆍ慧)이요, 정(靜) 혜(慧) 둘이 아닌 것(不二)이 곧 선나관의 적(寂)인 고로 별도로 묻지는 아니하였으나, 답하지 아니한 가운데 보임에 나타냄을 갖춘 것이니, 처음 총설 가운데에 그 마음을 항복함(降伏其心)은 환관(幻觀), 단 응당히 주(住ㆍ住心)를 가르친 바 같은 것은 정관(靜觀)이요, 모든 상이 상 아닌 것(諸相非相)이 곧 여래를 보는 것(卽見如來)은 적관[寂觀⑪절]이니, 정상(靜相)과 혜상(慧相)의 모든 상이 상 아닌 것이 이 곧 멸(卽是滅)인 법신 여래인고로 이르되 여래를 본 것이라 한다 한 이 경이나 <능엄경>이 먼저 정관(靜觀)을 물은 것이나 먼저 환관을 답한 것은 보살이 대비를 체로 하기 때문이요, 초수(初首)가 억상(憶想)이라 지정(至靜)보다 용이한 연고니라" 하였습니다. 그러므로 위의 '여래를 보는 것은 적관(寂觀)이니라' 한 적관은 선나관인 것이니, 이 말씀을 잘 해득하여 보면 선나관을 묻지 아니한 가운데 물은 뜻에 긍정이 갈 것입니다.

⑧ 부처님께서 수보리에게 이르시되, "모든 큰 보살이 이와 같이 그 마음을 항복 받을 것이니, 있는 바 일체 중생의 무리에 알로 나는 것, 태로 나는 것, 습기로 나는 것, 화하여 나는 것, 색이 있는 것, 색이 없는 것, 생각이 있는 것, 생각이 없는 것, 생각이 있는 것도 아닌 것, 생각이 없는 것도 아닌 중생을 내가 모두 다 남음이 없는 열반에 들도록 멸도케 하리라 하여 이같이 한량없고 헤아릴 수 없고 가없는 중생을 멸도케 하였으되, 실로 중생이 멸도를 얻은 자가 없어야 하리니, 무슨 까닭이냐? 수보리야! 만약 보살이 아상 인상 중생상 수자상이 있으면 곧 보살이 아니니라."

佛告須菩提하사대 諸菩薩摩訶薩이 應如是降伏其心이니 所有一切衆生之類에 若卵生 若胎生 若濕生 若化生 若有色 若無色 若有想 若無想 若非有想 非無想을 我皆令入無餘涅槃而滅度之하리라 하야.

如是滅度無量无數無邊衆生하되, 實无衆生得滅度者라야 하리니, 何以故오? 須菩提야! 若菩薩이 有我相 人相 衆生相 壽者相이면 卽非菩薩이니라.

　　이 절은 '모든 큰 보살이 이와 같이 그 마음을 항복 받을 것이니. 있는 바 일체 중생의 무리에는 알로 나는 것, 태로 나는 것 등 중생[前五識 작용하는 十類 중생]을, 내가 모두 다 남음이 없는 열반에 들도록 멸도(滅度·四相을 끊음)하리라 하여 이 같이 한량없고 헤아릴 수 없고 가없는 중생(十類 衆生·十二衆生 번뇌)을 멸도케 하였으되, 실로 한 중생도 멸도(滅度·涅槃)를 얻는 자가 없어야(無生四諦와 같은 경계) 하리니' 라고 하여 멸도(滅度)할 자와 멸도한 자가 없는 경계에 이른 경지를 제시하고, 다시 '무슨 까닭이냐? 수보리야! 만약 보살이 아상 인상 중생상 수자상이 있으면 보살이 아니니라.' 하였습니다. 이것은 저 화엄경에 '허공에는 본래 꽃이 없거니 어떻게 가히 딴다 하겠는가!' 한 무생사제(無生四諦)의 경계에 들어간 것입니다.

　이 절목은 혜신(慧身) 성취이고, '마음을 항복 받을 것이니' 한 이 절은 곧 항복 받는 복심(伏心) 환관(幻觀)이라, 관은 삼마 제관입니다. 다시 말씀드리자면, 이 절의 즉비보살(卽非菩薩)은 멸도를 얻은 자가 없는 것처럼 사상(四相)이 없는 것이 저 '허공 꽃이 본래 없는 것(無生四諦)'과 같은 경계이니, 이 경계는 혜신(慧身) 성취의 경지라 제시한 것입니다. 그리고 뒤에 ㊼절의 '사상이 있으면 보살이 아니니라'한 그 '즉비보살(卽非菩薩)'은 곧 '내가 응당히 일체 중생을 멸도하리라 하여 일체 중생을 멸도해 마쳤으되 한 중생이라도 실로 멸도할 자가 없어야 하리니, 무슨 까닭인가? 만약 보살이 사상이 있으면 곧 보살이 아니니라' 하였습니다. 이것은 무작사제(無作四諦)와 같은 것이므로 파도가 곧 물이니 파도를 버릴 것이 없다 하는 파즉시수(波卽是水)의 비유와 같은 것입니다. '사상(四相)'은 아래 사상주해와 본 경 뒤에 첨부한 '사상(四相)·원각경 사상)'과 또는 '금강반야바라밀경 소고' 중에 사상(四相)을 거듭거듭 설명하였으니' 부터 '무생사제 설'까지 잘 살펴보시고, 사상과 사식(四識)과 오온(五蘊)이 모두 다른 것이 아니고 틀림없이 같은 것이라는 확증부터 하고 이 경을 풀어 나가야 이해가 됩니다. 특히 유의해야 할 점은 이 절목 이하는 등각후심(等覺後心) 금강심(金剛心) 중에 들어 다시 건혜지(乾慧地)서부터 닦아 올라가 능히 끊는(斷·永斷) 점차를 보이신 것입니다. '등각후심' 등 수행설은 ㊸절 '보살수행계위도'를 참조하십시오. 이 절의 '10류생'은 12생(衆生·12類生)을 또한 제시함도 있음을 유의하십시오. 왜냐하면 '가없는 중생'이라 한 것은 모든 중생이니, 모든 중생하면 12중생이기 때문입니다. 그러나 이 절의 '10류생'설은 '9류생'으로 보는 견해가 있으니, ⑨절의 '12류생·10류생도·9류생도'를 참조하십시오. 6근과 6진은 ⑲절 '3과도'를 참조하십시오.

　이 절목 중의 한문 원본에 곧 '무색'이라는 무(無)자와 '비무상'이라는 '무(無)'자가 둘 다 명봉 원본에는 모두 '무(無)'자로 되어 있고, 고려대장경본에는 '무색(無色)'이 '무색(无色)'으로 '비무상(非無想)'은 '비무상(非无想)'으로 되어 있습니다. 아마 나무에 조각하기 쉬운 무(無)자의 고자(古字)인 '무(无)'자를 대신 사용한 것으로 보입니다. 김용옥 교수님도 그의 '금강경 강해'에서 이미 그러한 뜻의 말씀을 한 바가 있으니, 고려대장경에는 고(古)자나 약(略)자가 많은 이유는 그리 생각하시면 되겠습니다.

　[열반(涅槃)] 열반은 산스크리트어 nirvana의 음역으로 원적(圓寂)이라 한역합니다. 열반이란 번뇌의 불이 꺼진 상태라 하고, 원적(圓寂)이라 하는 것이니, 원적의 '원(圓)'은 덕이 원만하지 아니한 것이 없고, '적(寂)'은 망(妄)이 고요하지 아니함이 없다는 것입니다. 열반은 피안을 비유하고, 또 열반산(涅槃山)이라 하여 생사의 하수(河水)에 대해 열반은 산에 비유하기도 합니다.

　[무여열반(無餘涅槃)] 무여열반은 완전하고 진실된 열반, 곧 모든 번뇌를 끊고 미래의 생사 원인을 없앤 자가 신체만을 남기고 있는 것을 유여열반이라 하는데 대해 그 신체까지도 멸(滅)

해 없을 때 무여열반이라고 하는 것입니다.

[멸도(滅度)] 멸도는 번뇌를 멸해 피안에 도달했다는 뜻이고, 열반 또는 깨달음의 뜻입니다. 그리고 불멸, 입멸의 뜻으로도 사용되어 왔습니다.

[사상(四相)] 4상은 아상(我相), 인상(人相), 중생상(衆生相), 수자상(壽者相)입니다. 1.아상은 전5식이고, 아(我)의 상은 증(證)이요. 2.인상은 제6식이고, 인(人)의 상은 오(悟)요. 3.중생상은 제7식이고 중생(衆生)의 상은 요(了)요. 4.수자상은 제8식이고 수자(壽者)의 상은 조(照)하는 자라고 합니다. 이것은 본 경 뒤에 별첨한 명봉스님의 '금강반야바라밀경 소고'에서 말씀하고 있으니, 다 근거가 있는 설입니다. 그리고, '나' '너' '중생' 등으로 이름한 것도 잘 살펴보면 몸 곧 안·이·비·설·신 5근이 색·성·향·미·촉 5진에 촉하여 받아들이는 마음을 내는 전5식(識)인 '아상'을 곧 '나(我·我相)'라는 뜻으로 아상(我相)이라 한 것으로 보고, 내 몸 아닌 '너(人·人相)'라고 생각할 수도 있는 제6식 분별하는 마음을 내는 것을 '인상(人相)'이라고 하고, '나'도 아니고 '너'도 아닌 것이 중생이라고 볼 수가 있으니 이것은 마음이 처음 나는 마음과 마지막 멸하는 마음 곧 기멸자(起滅者·衆生者)인 제7식을 '중생상(衆生相)'이라 하고, 아상·인상·중생상의 체(體) 곧 모든 마음의 뿌리가 되는 마음인 제8식을 수자상(壽者相)이라 이름한 것으로 보아도 된다고 스님은 말씀하였습니다. ㉜절에 다시 '사상' 주해를 말한 것을 참조하십시오.

⑨ "다시 또 수보리야! 보살이 법에 머무는 바 없이 보시를 행할 것이니, 이른 바 색진에 머무르지 아니하고 보시하며, 소리와 냄새와 맛과 감촉과 법진에 머무름이 없이 보시할 것이니라."

復次須菩提야! 菩薩이 於法에 應無所住코 行於布施니, 所謂不住色布施며 不住聲香味觸法布施니라.

　이 절은 '법에 머무는 바 없이(寂觀) 보시를 행할 것'이라(幻觀)하여 5온신 18계 작용인 일체법을 여의어야 함을 말하였습니다. 다시 말하면 '이른 바 색진에 머무르지 아니하고 보시하며, 소리와 냄새와 맛과 감촉과 법진에 머무름이 없이 보시할 것이니라' 한 것이니 적관(寂觀)인 선나관에서 환관(幻觀)인 삼마제관으로 교락한 교락관으로 닦아 마친 것입니다. 그러니까 ⑧절에서 혜신(慧身)을 성취하고, ⑨절에 '다시 또 수보리야! 보살이 법(法塵의 心半 色半 습기)에 머무는 바 없이 보시(布施:法供養·修行·幻觀)할 것'이라 하여 해탈 경지를 들어낸 것입니다.
　이 절목은 해탈신(解脫身) 성취며, 법에 6진(塵)에 주(住)함 없이 보시 등. 관은 적관(寂觀)인 '선나'에서 환관(幻觀)인 삼마제관으로 교락한 교락관(較絡觀)입니다.
　이것은 환으로써 환을 닦음이니, 다음 '원각경 보현보살장'의 말씀을 참조하십시오. 곧 "환을 멸한다는 자의 이름이 움직이지 않는 자(不動者)… 중생이 응당히 일체 환이 화한 허망한 경계(虛明妄想·前五識)를 멀리 여읠 것이니, 멀리 여의었다는 마음을 굳게 잡는(分別心·六識) 까닭으로 마음이 환 같은 자를 또한 다시 멀리 여읠 것이요, 멀리 여읜 환을 하는 자(了者·七識)를 또한 다시 멀리 여읠 것이요, 멀리 여읜 환을 여읨(八識·照者)을 또한 다시 멀리 여의어서 여읠 바 없는 것을 얻으면 곧 모든 환을 제거함(四識除去)이니, 비유하면 불을 구함에 두 나무를 서로 비비므로 인하여 불이 나고, 나무가 다 타고 재가 날리고 연기가 멸함과 같으니, 환으로써 환을 닦음도 또한 다시 이와 같으니라." 하였습니다.
　이 절목의 '6진(塵)에 머무름(住)이 없이 보시할 것'하고, ⑲절의 '6진에 들어가지(入) 아니하여야' 한 것이 어떻게 다른가도

한 번 연구해 볼 일이기도 합니다.

위의 법 곧 18계의 '일체법'과 '소리와 냄새와 맛과 감촉과 법진'의 6진(塵) 등은 ⑲절 '3과도'를 참조하십시오.

[해탈신(解脫身)] '해탈'은 번뇌에서 벗어난 몸이고, 나고 늙고 죽음에서 해방된 몸입니다. 해탈신은 오분법신(五分法身)의 하나이고, 그 부처님은 번뇌에서 벗어났기 때문에 해탈신이라 합니다.

위의 '법에 머무는 바 없이 보시할 것'의 '보시(布施)'는 법공양(法供養)의 뜻이라 이 법공양은 선관행입니다. 아래 약왕여래에게 월개(月蓋) 비구가 법공양의 뜻을 물었을 때 그 답을 다음과 같이 수행관법의 의(義)를 깊이 은유하여 말씀해 주었습니다. 잘 살펴보시고 앞으로 이 경에 나오는 보시 중에 재보시 이외의 법에 관한 보시는 법공양으로 보고 분석해 보시면 이해가 잘 될 것입니다.

[법공양(法供養)에 대한 문답] <약왕(藥王)여래에게 월개(月蓋)비구가 법공양을 물은 데 대해>서 여래가 답하기를 "…의(義)에 의지할 것이요" 하였으니, 곧 환관(幻觀·憶想)으로 망(妄)을 여의고 의(義·正義)에 의지할 것이라 하는 뜻이고, 또 "말에 의지하지 않을 것이며 지(智)에 의지할 것이요" 곧 정관(靜觀·至靜)으로 식(識)을 여의고 지(智·四智)에 의지할 것이라는 뜻이고, 또 "식(識)에 의지하지 않을 것이며, 요의(了義)에 의지할 것이요", 곧 적관(寂觀·明數門)으로 망(妄)을 여의는 요의(了義)에 의지할 것이라는 뜻이고, 또 다시 "불요의(不了義)에 의지하지 않을 것이며, 법(法)에 의지할 것이라" 하여 곧 불요의(不了義·不了義敎)에 의지하지 말고, 요의교(了義敎)의 바른 법과 교락관 원수삼관(圓修三觀) 등을 의지하여 수행하며 불도를 이루라는 뜻의 답을 하였습니다. 그리고 다음의 화엄경 법공양

설을 다시 살펴보십시오.

화엄경 행원품의 '법공양설'은 곧 "선남자여, 모든 공양 가운데는 법공양이 으뜸이니라. 부처님 말씀대로 닦고 행하는 공양과 중생들을 이롭게 하는 공양과 중생을 거두어 주는 공양과 중생들의 괴로움을 대신하는 공양과, 부지런히 착한 바탕 닦는 공양과 보살의 할 일을 버리지 않는 공양과 깨달음의 마음(菩提)을 떠나지 않는 공양이 그것이니라." 하였습니다.

앞의 ⑧절의 '일체 중생 및 10류생'은 아래 '12류생·10류·9류생도'를 참조 하십시오.

12류생(類生)·10류·9류생도(類生圖)

一. 12류생

1. 지대성(地大性)

　(1)화생(化生) 중생-(假顚倒로, 누에가 나비가 됨·하늘 사람 등)

　(2)유색(有色) 중생-(障顚倒로, 개똥벌레·별·태양 등)

2. 수대성(水大性)

　(1)태생(胎生) 중생-(欲顚倒로, 人·畜=사람·말 등)

　(2)유색비유색(有色非有色) 중생-(僞顚倒로, 해파리(水母)·몸이 있어도 없는 것 곧 海月·물거품 등)

3. 화대성(火大性)

　(1)습생(濕生) 중생-(趣顚倒로, 蠢蝡 등 땅의 흙습에서 많이 남.)

　(2)무상비무상(無想非無想) 중생-(殺顚倒로 '우렁이'가 새끼를 위해 죽음. 촛불이 어미불을 보내야 하는(上克上) 妄念 등)

4. 풍대성(風大性)

　(1)난생(卵生) 중생-(動顚倒로, 새·물고기 등)

　(2)유상비유상(有想非有想) 중생-(罔顚倒로, 다른 벌레 새끼를 물어다가 내 새끼로 하듯 생각이 아닌 중생, 나비류 중생 중에

있음.

　5. 공대성(空大性)

　(1)무색(無色) 중생-(感顚倒로, 박테리아와 같이 형체가 육안으로 볼 수 없는 것. 아귀의 細身 등)

　(2)무상(無想) 중생-(痴顚倒로, 金·土 등 空大氣分을 爲主로, 나무·돌 등.)

　6. 견대성(見大性)

　(1)무색비무색(無色非無色) 중생-(性顚倒로, 見大氣分·명도귀신 呼召妄想 등.)

　7. 식대성(識大性)

　(1)유상(有想) 중생-(影顚倒로, 귀신 精靈 도깨비 등)

　※<수능엄경> 12유생(類生)설과 기타의 설에 의한 것입니다.

　二. 10류생

　3계(界)의 중생을 수생(受生) 방식의 구별에 의해 태생·난생·습생·화생·유색·무색·유상·무상·비유상·비무상의 10종 중생으로 나누어 말하는 것이 금강경 ⑧절 설입니다. 우주의 일체 중생을 말할 때는 위의 12종으로 나누어 말합니다. 12유생이란 주로 전오식(前五識) 작용을 하는 중생들인데, 전오식 작용을 한다고 말하기도 어려운 두 중생[곧 有色 非有色과 無色 非無色중생]을 뺀 것이 10류 중생입니다.

　三. 9류생

　3계(界)의 중생이 과거에 지은 선악(善惡)의 행위에 따라 생을 받는 아홉 가지의 차별. 곧 태생·난생·습생·화생·유색·무색·유상·무상·비유상비무상이라고 홍법원(弘法院) 간행 불교대사전은 말하고 있습니다. 그러나, 명봉스님은 '비유상비무상' 중생이 능엄경 12류생에는 없다고 이 금강경 ⑧절 중생은 12중생 중에 두 중생이 없는 10중생으로 보는 것이 좋다 하였습니다. 그러니까, 12중생의 준말로 보고 앞의 ⑧절에서는 12중생으로 보라는 뜻을 말했습니다. 위의 '12류생도'와 이 금강경 뒤에 첨부한 12류생[楞嚴經 三無漏辨]을 참조하고 잘 연구해 볼 일입니다.

⑩ "수보리야! 보살은 응당히 이와 같이 보시하여 상에 머무르지 말지니, 무슨 까닭이냐? 만약 보살이 상에 머무르지 않고 보시하면, 그 복덕은 가히 헤아리지 못할 것이니라. 수보리야! 네 생각에 어떠하냐? 동방의 허공을 가히 헤아릴 수 있겠느냐?" "못합니다. 세존이시여!"

"수보리야 남 서 북방과 사유 상하의 허공을 가히 헤아릴 수 있겠느냐?" "못합니다. 세존이시여!"

"수보리야! 보살이 상에 머무름이 없이 보시하는 공덕도 또한 다시 이와 같아서 가히 헤아리지 못할지니라. 수보리야! 보살은 다만 가르친 바와 같이 머무를 것이니라."

須菩提야! 菩薩이 應如是布施하야 不住於相이니 何以故오? 若菩薩이 不住相布施하면 其福德이 不可思量이니라. 須菩提야! 於意云何오? 東方虛空을 可思量不아. 不也니다. 世尊이시여!

須菩提야! 南西北方四維上下虛空을 可思量不아. 不也니다. 世尊이시여!

須菩提야! 菩薩의 無住相布施福德도 亦復如是하야 不可思量이니라. 須菩提야! 菩薩이 但應如所教住니라.

이 절에서 '보살은 응당히 이와 같이 보시(布施·幻觀)하여

상에 머무르지 말지니, 무슨 까닭이냐, 만약 보살이 상(四相)에 머무르지 않고 보시하면 그 복덕을 가히 헤아리지 못할 것이니라' 한 이것은 해탈공덕입니다. '동방의 허공과…남 서 북방과 사유 상하 허공을 가히 헤아릴 수 있겠느냐? 못합니다. 세존이여!' 하고 다시 '수보리야! 보살이 상에 머무름이 없이 보시하는 공덕도 또한 다시 이와 같아서 가히 헤아리지 못할지니라, 수보리야! 보살이 다만 가르친 바와 같이 머무를 것이니라' 한 것입니다.

이 절목은 총설 중 권발이요 또한 해탈신 성취 권발입니다. 이것이 이 경에 권발이 13회 있는 중의 제 1차입니다.

이 권발은 내재(內財) 법시(法施) 권발이니, 곧 법공양 보시이고 하총설 중의 권발 ⑤⑪절은 외재 재시(外財 財施) 권발입니다. 여기 '보시'는 앞 절의 '법공양'을 참조하고, 또 '보시'는 ㉟절 '6바라밀도'를 참조하십시오.

[보살(菩薩)] 보살은 보리살타의 준말로 각유정(覺有情)이라 한역합니다. 스스로 불도를 구하고, 타인을 구제하여 깨닫게 하는 사람이며, <유마경>에서 해설해 놓은 보살삼석(菩薩三釋)을 보면, 첫째는 '유재석(有財釋)'이니, 깨달음은 얻었으나 중생과의 정이 아직 남아있는 보살이고, 둘째는 '지업석(持業釋)'이니, 깨달음을 얻고 오직 중생교화를 위하여 중생에게 정을 둔 보살이고, 셋째는 '대경석(對境釋)'이니, 위로는 깨달음을 구하고 아래로는 중생을 교화(上求菩提 下化衆生)하는 보살입니다.

4상(相)·4식(識)·5온도(蘊圖)

4상(相)	4식(識)	5온(蘊)		4지(智)
아상 (我相)	전5식(받아들이는 마음)	색(色)		성소작지 (成所作智)
		수(受)	흡수작용 (吸收作用)	성소작지 (成所作智)
인상 (人相)	제6식(생각하는 마음)	상(想)	분별작용 (分別作用)	묘관찰지 (妙觀察智)
중생상 (衆生相)	제7식(났다가 멸했다가 하는 마음)	행(行)	기멸작용 (起滅作用)	평등성지 (平等成智)
수자상 (壽者相)	제8식(모든 마음의 뿌리가 되는 마음)	식(識)	수·상·행의 체(體)	대원경지 (大圓鏡智)

⑪ "수보리야! 네 뜻에 어떠하냐? 가히 몸과 상으로써 여래를 볼 수 있겠는가?" "아닙니다. 세존이시여! 가히 몸과 상으로써는 여래를 보지 못합니다. 왜냐하오면, 여래께서 말씀하시는 바 몸과 상은 곧 몸과 상이 아니기 때문입니다."

부처님께서 수보리에게 말씀하시되, "무릇 있는 바 상이 다 허망한 것이니, 만약 모든 상이 상 아닌 것으로 보면 곧 여래를 볼 것이니라."

須菩提야! 於意云何오? 可以身相으로 見如來不아. 不也니다. 世尊이시여! 不可以身相으로 得見如來니다. 何以故오? 如來所說身相은 卽非身相일새니다. 佛告須菩提하사대 凡所有相이 皆是虛妄이니 若見諸相非相이 卽見如來니라.

이 절은 '가히 몸과 상(相·32相)으로써는 여래를 보지 못합니다. 왜냐하오면, 여래께서 말씀하시는 바 몸과 상은 곧 몸과 상이 아니기 때문입니다. 부처님께서 수보리에게 말씀하시되 무릇 있는 바 상이 다 허망한 것이니, 만약 모든 상(相.32相 및 涅槃福德相)이 상 아닌 것으로 보면 곧 여래를 볼 것이니라' 한 것입니다. 그러므로 여기 '모든 상'이라 함은 몸에 색신(色身)과 지신(智身)이 있는 것과 상에 32상과 열반복덕상(智德·斷德·法身德)이 있는 것인데, 이것을 다 여읜 경지입니다. 여래를 본 자는 성취한 자입니다. 경에 '여래자는 이사병정관자(離四病正觀者)라' 하였습니다. 다시 말하면 여래라 하는 자는 작(作)·지(止)·임(任)·멸병(滅病) 4병을 여읜 정관자(正觀者)라 한 뜻입니다. 그러므로 범소유상(凡所有相)이 개시허망(皆是虛妄)이니 약견제상비상(若見諸相非相)이 즉견여래(卽見如來)니라'는 일체상에 머무름이 없는 명수문(明數門)으로 닦은 선나관(禪那觀) 성취 경지이며, 이사병정관(離四病正觀)의 정구(正句) 곧 사구게(四句偈)임도 각별히 유념하여 살펴 볼 것입니다. '사구게(四句偈)'는 ⑰절 '사구게' 주해를 참조하십시오.

이 절목은 '제상비상이 즉견여래이라' 한 여래 곧 해탈지견신(解脫知見身) 성취이고, 관은 선나관이며, 4병을 여읜 정관(正觀) 경계입니다. 또한 이 경의 경문을 총설과 별설과 유통으로 나눈 중에 총설을 설해 마친 절목입니다. 다시 말하면 이 절목까지는 계신·정신·혜신·해탈신·해탈지견신, 신훈오분신(新薰五分身)을 모두 설해 마친 곳이고, 이하는 모두 5분신(分身)의 광설(廣說)입니다. '5분신'은 아래 '오분신도'를 참조하십시오. 여기서 특히 유의할 점은 초입수행자가 '선나'를 닦는 것과 순단(順斷)해 올라가는 보살이 닦는 것과 일단 순단한 보살이 닦는 경계가 다 다름을 유의해 볼 것이고, 여기 등각 후심 여래역류(如來逆流) 수행으로 다시 영단(永斷)해 올라가면서 시범을 보이는 이 금강경 이 절목의 선나관으로써 '해탈지견신' 경지로 들어간 선나를 잘 이해하여야 합니다. 물론 원수삼관(圓修三觀)이나 금강유정(金剛喩定)이나 부사의(不思議)한 4병(病)을 여의는 정관(正觀)

55

등으로도 닦지만 선나(禪那)로도 해탈지견신의 경지에 도달할 수 있다는 것을 분명히 제시한 절목으로 보아야 합니다.

이 절은 총론이 끝난 곳이니, 이 경의 종통(宗通)에 대한 말씀을 하겠습니다. 이 경의 뒤에 첨부한 명봉(明峰)의 '금강반야바라밀경 석제(釋題)'에서 '금강경의 종통(宗通)은 삼법인(三法印)이라' 한 뜻을 밝혔습니다. 한 번 모두 연구를 하여 분명히 밝혀 볼 일입니다.

또 위의 본문에 '약견(若見)제상비상이 즉견여래니라.' 중의 '약견은 삭제함이 좋겠다(若見, 除之可也)'고 명봉 원본에 단서를 삽입해 있습니다만 고려대장경 원본에 있으므로 그대로 두었습니다. 이 문제도 앞으로 더 연구해 볼 일이긴 합니다.

그리고 한문 원본 '약견제상비상 즉(卽)견여래'는 명봉 원본이고, 고려대장경 판본에는 '즉(卽)'자가 '직(則)'자로 되어 있습니다. '즉(卽)'자는 곧즉자요, '직(則)'자는 어조사직 또는 법칙자니, 금강경에서는 곧즉자와 같은 뜻으로 많이 사용된 것 같습니다. 참고하시기 바라며 앞으로 이 두 글자에 대해서도 더 소개하지 않기로 하겠습니다.

종경(宗鏡) 스님은 이 절목에서 다음과 같이 말했습니다. "빛나는 금신(金身)이여, 외외히 바다 위에 높이 솟은 봉우리요, 묘상장엄(妙相莊嚴)이여, 교교(皎皎)한 별 가운데 둥근 달이로다. 그러나, 이 또한 진(眞)이 아니다. 경에 '진비진(眞非眞)에 미혹할까 두려워 말 못한다' 하였는데, 그렇다면 일러보라! 뜻이 어디에 있는지. 하나의 달이 모든 물에 나타나니 모든 물 속의 달이 하나의 달에 거두어 진다." 하고 다음과 같이 읊었습니다.

'보신과 화신이 진짜 아니고 거짓인 줄 알라, 법신만이 청정하여 끝이 없다네. 천 강에 물 있으면 천 강의 달이고, 만리에 구름이 없으면 만리가 하늘이네' 하였습니다.

위의 사병(四病)은 ㉙절의 '4병' 주해를 참조하십시오.

[종경(宗鏡:904-975)] 종경은 중국 북송 선승. 이름은 연수(延壽)이고 법호는 종경(宗鏡)입니다. 법안종(法眼宗) 제3조(祖). 시호는 지각선사. 마음밖에 따로 부처가 없고, 온갖 것이 모두 법이다(心外無佛角觸目皆法)라는 뜻 등을 말한 책 『종경록(宗鏡錄)』등 100여권의 저서가 있습니다.

오분신도(五分身圖)

1. 계신(戒身) - 계행 및 삼마제관(三摩提觀·幻觀) 수행이 위주.
2. 정신(定身) - 사마타관(奢摩他觀·靜觀) 수행이 위주(爲主).
3. 혜신(慧身) - 선나관(禪那觀)과 삼마제관 수행이 위주.
4. 해탈신(解脫身) - 선나관 교락관(絞絡觀·三廻向) 등 수행이 위주(爲主).
5. 해탈지견신(解脫知身見) - 선나관·원수삼관(圓修三觀) 및 금강유정(金剛喩定)·사병(四病)을 여의는 정관(正觀) 등이 위주.

※이 경의 오분신 곧 오분법신 성취는 '등각후심(等覺後心) 금강심(金剛心)' 중에 들어 다시 건혜(乾慧)서부터 보살수행계위 12위를 영단(永斷)하여 은기(隱寄)한 십지(十地)·불지(佛地) 등을 넘어 묘각위(妙覺位)에 드는 점차를 보인 것입니다.

(2) 별설(別說)

1) 별설 인문(因門)

⑫ 수보리가 부처님께 사뢰오되, "세존이시여! 자못 어떤 중생이 이와 같은 법문을 듣고, 실다운 믿음을 내겠나이까?"

57

須菩提白佛言하되 世尊이시여! 頗有衆生이 得聞如是言說章句하고, 生實信不이닛가.

이 절은 '세존이시여! 자못 어떤 중생이 이와 같은(앞의 설법 같은) 법문을 듣고, 실다운 믿음(實信)을 내겠습니까?' 한 것입니다. 여기 실다운 믿음(實信)의 「신(信)」자를 자세히 살펴보십시오. 신(信)·해(解)·행(行)·증(證)으로 광설(廣說)을 청하는 깊은 뜻을 암시하고 있습니다. 그것은 ㊻절 사가행위(四加行位)까지 읽어보시면 긍정이 갈 것입니다.

이 절목은 실다운 믿음(實信)의 법문을 청하는 청법문입니다. 관(觀)은 '실신(實信)' 곧 환관(幻觀)이니, 삼마제관입니다. 그리고 이 절은 이 경의 별설(別說) 중 인문(因門)이 시작되는 절목입니다. 이 인문의 첫 계신(戒身) 성취[⑰절]까지가 삼전보리 중 시전(示轉)이 끝나는 곳이니 여기서 전후(前後)의 시전 전환(轉換)도 잘 살펴보며 넘어갔으면 합니다.

부대사(傅大士)는 이 절목에서 "인(因)도 깊고 과(果)도 깊으니 그윽한 이치를 찾기 어렵다. 장차 말법 세상에 법장(法將)이 침몰할까 염려하여 물었던 것이다. 그러나 만약 이 법을 믿는다면 결정코 사람의 마음을 깨달을 것이다. 한 생각 가운데서 믿음을 일으키면 모든 부처님을 능히 알게 된다. 오늘에 종자를 뿌리면 미래에 반드시 결과를 얻게 되기 때문이다" 하였습니다.

[부대사(傅大士;497~569)] 부대사는 중국 동양군 사람으로 성은 부(傅) 이름은 흡(翕)이며, 송산의 쌍도수(雙禱樹) 사이에 암자를 짓고, 스스로 이름하여 쌍수림하당래해탈선혜대사(雙樹林下當來解脫善慧大士)라 하였습니다. 뒤에 경사(京師)에 들어가 임금과 문답하고, 정림사에서 지방관(地方官)의 공급을 받아 생활하면서 대법(大法)을 연설하였습니다. 쌍림대사(雙林大士)·동양

대사(東洋大士)·오상대사(烏傷大士)라 일컬었고, 저서는 『부대
사론』, 『심왕명』 등이 있습니다.

　　[삼전보리(三轉菩提)] 삼전보리라 하는 것은 세 번 굴려서 알
게 하였다는 뜻이니, 곧 삼전(三轉)이란 말은 부처님이 처음 사
제(諦)의 법을 말할 때의 시(示)·권(勸)·증(證)의 세 가지로 설
한 것입니다. 다시 말하자면 삼전 12행상(行相)에 의해 4제(諦)
의 가르침을 말한 것이니, 첫째 시전(示轉)은 '이것이야말로 고
(苦)다', '이것이야말로 모이는 집(集)이다', '이것이야말로 번뇌를
없앤 멸(滅)이다', '이것이야말로 닦는 도(道)이다'라고 그 모양을
각각 설한 것입니다. 둘째 권전(勸轉)은 '고(苦)를 알라', '집(集)
을 끊어라', '멸(滅)을 증득하라', '도(道)를 닦아라'라고 권한 것입
니다. 셋째 증전(證轉)은 '고를 스스로 알고, 집을 스스로 끊고,
멸을 스스로 증득하고, 도를 스스로 닦아야 한다'고 석존 자신이
증득한 인지(因地) 체험을 설한 것입니다. 또 이 삼전(三轉)을
구사론(俱舍論)에서는 견도(見道)·수도(修道)·무학도(無學道)의
세 가지로 배당하여 놓기도 하였습니다.

　⑬ 부처님께서 수보리에게 말씀하시되, "그런 말을 짓지
말라. 여래 입멸하신 뒤, 뒤 오백 세에도 계를 가져 복을 닦
는 자 있어 이 법문에서 능히 믿는 마음을 내어 이로써 실
다움을 삼을지니,"

　　佛告須菩提하사대　莫作是説하라. 如來滅後後五百歲에도　有
持戒修福者　於此章句에　能生信心하야　以此爲實이니,

　　　이 절은 '여래께서 입멸하신 뒤, 뒤 오백 세에도 계(戒)를 가
　　져 복을 닦는 자(修福者·果) 있어 이 법문에서 능히 믿는 마음
　　을 내어 이로써 실다움(信心爲實·信眞如)을 삼을 지니' 한 것입

니다.

이 절목은 '4신(信)' 중의 하나인 신진여(信眞如)이고, '신진(信眞)'이니, 관은 삼마제관입니다. 신진여(信眞如)라 하는 것은 자기를 믿는 것이니, 곧 신자기(信自己)입니다. 그러니까 곧 계(戒)를 알고 계를 가져 복을 닦는 자(戒行者·修福者)가 '이 법문에서 능히 믿는 마음을 내어(果) 이로써 실다움(信心爲實·信眞如)을 삼는 것이라'한 뜻입니다.

이 절은 또한 저 화엄경 4과 중 제1과, '과(果)를 들어 낙(樂)을 권하고 믿음을 내게 하는 것' 곧 거과권락생신분(擧果勸樂生信分)과도 같은 것입니다. 앞의 4신(信) 모두 그와 같이 과를 들어 낙을 권하는 것을 잘 살펴보십시오. 그리고 신진여(信眞如·信自己)가 어찌하여 삼마제관이냐 하면, 앞에서도 언급한 바 있으나 복습 삼아 다시 설명하자면, 믿음은 계행(戒行)에 속하고 계는 섭심(攝心)이 되는 것이니, 섭심이 되는 계행은 삼마제관입니다. 그리고, 위 본문의 '뒤, 뒤 오백세(後後五百歲)'는 5백세를 곱한 5·5백년으로 보아 2,500년으로 풀이해 보는 것이니, 아래 '오견고'를 참조하십시오. '화엄 4과'는 아래 '화엄 4과도'를 참조하시고, '관(觀)'은 ⑥절의 '삼관(三觀)' 주해를 참조하십시오.

육조 혜능스님은 이 대목에서 "믿는 마음이란 반야바라밀이 일체 번뇌를 없애는 것을 믿고, 반야바라밀이 일체 출세간 공덕을 성취하는 것을 믿으며, 반야바라밀이 일체 모든 부처님을 출생하는 것을 믿고, 제 몸 가운데 불성이 본래 청정하여 염오(染汚)가 없어 모든 불성(佛性)으로 더불어 평등하여 둘이 아닌 것을 믿고, 6도 중생이 본래 상(相)이 없는 것을 믿고, 일체중생이 모두 성불할 것을 믿는 것이다. 이것을 깨끗한 믿음의 마음이라 한다."고 하였습니다. 육조 혜능스님은 ㉓절의 '육조' 주해를 참조하십시오.

오견고도(五堅固圖 · 五牢固)

제1 해탈견고 오백년(解脫堅固五百年) - 정법(正法) 시기이니 해탈자가 많은 시기. 이를 식음(識陰 · 識蘊)에 대비(對比)해 본 설도 있음.

제2 선정견고 오백년(禪定堅固五百年) - 정법과 상법 초기 중기 시대이니 참선하는 사람이 많은 시기. 이를 수음(受陰 · 受蘊)에 대비해 본 설도 있음.

제3 다문견고 오백년(多聞堅固五百年) - 상법 중기이니 경이 많고 듣는 이가 많은 시기. 이를 행음(行陰 · 行蘊)에 대비해 본 설도 있음.

제4 탑사견고 오백년(塔寺堅固五百年) - 상법(像法) 말기이니 탑사를 건립하는 일이 많은 시기. 이를 상음(想陰 · 想蘊)에 대비해 본 설도 있음.

제5 투쟁견고 오백년(鬪爭堅固五百年) - 말세 초기이니 법설의 우열 등으로 싸움이 많은 시기. 이를 색음(色陰 · 色蘊)에 대비해 본 설도 있으니, 이 5음(陰 · 蘊)에 대비하는 견해에 대해서는 모두 연구해 볼 일이기도 합니다.

[오견고(五堅固)와 삼법시기(三法時期)] 오견고는 오노고(五牢固)라고도 하며, '여래 입멸하신 뒤, 뒤 오백세'를 5 · 5백년의 뜻으로 5백년이 5개 곧 2천 5백년으로 보는 설 등을 말합니다. 다시 말하면 불교 오성쇠기(佛敎五盛衰期)로 보는 것입니다.

'해탈견고' 시기라는 뜻은 해탈하는 사람이 많은 시기로 확정되어 있다는 의(義)를 견고(堅固)라고 하였다고 합니다. 그리고 이 '해탈견고' 시기를 '정법(正法)' 시기라고 할 때의 '정법(正法) 시기'는 여래의 가르침이 올바르게 세상에 행해지는 때입니다. 곧 이 '5견고설' 등은 위의 도표와 같이 500년×5=2,500년 설이 있다는 것입니다. 그리고, 정법(正法)·상법(像法)·말법(末法)의 삼시설(三時說) 중 그 정법 시기는 '해탈견고' 시기와 같이 깨달음(證)이 많은 시기입니다.

'상법(像法) 시기'라는 것은 상(像)이라 하면 유사하다는 의미이니 정법과 유사한 가르침의 뜻으로, 교설 등은 구비되어 있으나 그 수행이 진실한 것이 아니기 때문에 결과로서의 깨달음이 결여된 시대입니다.

'말법(末法) 시기'는 탁한 세상을 뜻하는 것입니다. 부처님 입멸 후 최초의 5백년(일천 년 설도 있음)을 정법 시기라 하고, 다음 일천 년을 상법(像法) 시기, 그 후의 일만년을 말법(末法) 시기라고 하는 것입니다.

이 '오견고'설은 <찬시초(撰時鈔)>·대집경<大集經)>·<지도론(智度論)> 등에 있는 설입니다.

화엄경 사과도(華嚴經四果圖)

(1)거과권락생신분(擧果勸樂生信分) - 과를 들어 낙(복덕)을 권하여 「신(信)」을 내게 하는 것입니다.

(2)수인계과생해분(修因契果生解分) - 인을 닦아 과에 계합하는 「해(解)」를 내게 하는 것입니다.

(3)탁법진수성행분(託法進修成行分) - 법에 의지하여 닦는 「행(行)」을 하게 하는 것입니다.

(4)의인증입성덕분(依人證入成德分) - 사람을 의지하여 「증(證)」해 들어가 덕을 이루는 것입니다.

⑭ "마땅히 알라. 이 사람이 한 부처님 두 부처님 셋 넷 다섯 부처님 처소에 착한 뿌리를 심었을 뿐만 아니라, 이미 한량없는 천만 부처님의 처소에 모든 착한 뿌리를 심었느니라."

當知是人이 不於一佛 二佛 三四五佛에 而種善根이라. 已於 無量千萬佛所에 種諸善根이니라.

이 절에서 '이 사람이 한 부처님 두 부처님 셋 넷 다섯 부처님 처소에 착한 뿌리(善根)를 심었을 뿐만 아니라, 이미 한량없는 천만 부처님의 처소에 모든 착한 뿌리를 심었느니라' 하여 결정적으로 열반락(涅槃樂) 수순의 대신근(大信根)을 내었습니다.

이 절목은 신불(信佛)입니다. 몇 겁(劫)을 이미 한량없는 천만 부처님의 처소에 선근(善根)을 심었다 함은 의심 없이 불도(佛道·佛果)를 믿는 계법신(戒法身)의 신불이고, 신불행(信佛行) 곧 관은 삼마제관입니다. 이는 '과(果)를 들어 낙을 권하여 신(信)을 내게 하는 것'입니다.

사신도(四信圖)

(1)신진여(信眞如·信自己)
(2)신불(信佛)…[佛寶(覺)] : 부처님께 귀의합니다
(3)신법(信法)…[法寶(淸淨)] : 불법에 귀의합니다.
(4)신승(信僧)…[僧寶(和合·不二)] : 스님께 귀의합니다.
　(四信)　　　(三寶)　　　　　　(三歸依)

육조(六祖·慧能)스님은 이 대목에서 "이 사람은 한 부처님, 두 부처님, 세 부처님, 네 부처님, 다섯 부처님께서 여러 선근을 심은 까닭이다. 하신 것이다. 그러면 어떤 것을 여러 가지 선근을 심은 것이라 하는가? 이른 바 모든 부처님 계신 곳에서 한마음으로 공양하여 교법을 따르고 모든 보살과 선지식, 선생님과 스님과 부모님과 나이 많고 덕이 높은 존장님들 계신 곳에서 항상 공경 공양하여 교명(敎命)을 이어 따라 그 뜻을 어기지 않는 것, 이것이 여러 가지 선근을 심는 것이며…" 하였습니다. '육조 혜능' 스님은 ㉓절의 주해를 참조하십시오.

⑮ "이 법문을 듣고, 한 생각만 깨끗한 믿음을 내는 자도 수보리야! 여래는 이 모든 중생이 이와 같은 무량복덕 얻음을 다 알고 다 보나니, 무슨 까닭인가? 이 모든 중생이 다시 아상·인상·중생상·수자상이 없을 것임에, 법상도 없고 또 법 아닌 상도 없나니, 무슨 까닭이냐? 이 모든 중생이 만약 마음에 상을 취하면 곧 아상·인상·중생상·수자상에 집착함이 되는 것이니, 어찌하여 그런가? 만약 법상을 취하더라도 곧 아상·인상·중생상·수자상에 집착함인 것이니라. 왜 그런가? 만약 법 아닌 상을 취하더라도 그것이 곧 아상·인상·중생상·수자상에 집착함이 되는 것이다. 그러므로 응당히 법을 취하지 않을 것이며, 법 아닌 것도 취하지 않을 것이니, 이런 까닭으로 여래가 항상 말하기를 너희 비구들은 나의 법문이 떼배의 비유와 같은 줄을 알라고 하나니, 법도 오히려 버려야 하거든 하물며 법 아닌 것이겠는가?"

聞是章句하고 乃至一念生淨信者도 須菩提야! 如來悉知悉見是諸衆生이 得如是無量福德이니 何以故오? 是諸衆生이 無復我相 人相 衆生相 壽者相일새 無法相이요. 亦無非法相이니 何以故오? 是諸衆生이 若心取相하면 卽爲着我 人 衆生 壽者니 何以故오 若取法相이면 卽着我 人 衆生 壽者이니 何以故오? 若取非法相이라도 卽爲着我 人 衆生 壽者이니 是故로 不應取法이며 不應取非法이니 以是義故로 如來常説 汝等比丘 知我説法을 如筏喩者라 하노니 法尚應捨온 何況非法가!

이 절은 '이 법문(章句·法)을 듣고, 내지 한 생각만 깨끗한 믿음을 내는 이도 수보리야! 여래가 이 모든 중생이 이와 같은 무량복덕(無量福德 · 果)을 얻음을 다 알고 다 보나니'라고 하고, 성언(聖言)이니 믿으라는 뜻도 암시하고 있습니다. '무슨 까닭인가? 이 모든 중생[經을 믿고 닦는 중생]이 다시 아상 · 인상 · 중생상 · 수자상이 없는 것이니[四相 · 四識이 없는 것이니 · 果]'라고 하여 이 경을 믿고 닦아 4상(相)이 없어진 것이라는 뜻을 제시하고, '법상도 없고 또 법 아닌 상도 없나니' 하여 4상이 없어진 청정심(淸淨心)에는 법상(法相)도 없고 비법상(非法相)도 없다고 한 뜻을 밝혔습니다. '무슨 까닭이냐? 이 모든 중생이 만약 마음에 상(相)을 취하면 곧 아상 · 인상 · 중생상 · 수자상에 집착함이 되는 것이며, 가령 법상(法相)을 취하더라도 곧 아상 · 인상 · 중생상 · 수자상에 집착함인 것이니라'고 말씀하고, '왜 그러한가? 만약 법 아닌 상을 취하더라도 그것이 곧 아상 · 인상 · 중생상 · 수자상에 집착함이 되는 것'이라고 말씀하였습니다. '그러므로 응당히 법을 취하지 않을 것이며, 법 아닌 것도 취하지 않을 것'이라고 하여 법(法)과 비법(非法) 둘 다 없는 그 둘 아닌 중도실상(中道實相 · 果)도 암시하고 있습니다. '이런 까닭으로 여래가 항상 말하기를 너희 비구들은 나의 법문(法門)을 설하는 것을 떼배의 비유와 같은 줄 알라'고 하여 이 경의 수행법과 '떼배의 비유'로 내가 말하는 법문 같이 분명 저 언덕에 이른다(彼岸 · 涅槃 · 樂)하고, 이 법문(法門)을 꼭 믿으라는 분명한 제시를 한 다음 '법도 오히려 버려야 하거든 하물며 법 아닌 것이겠는가?' 하신 것입니다.

이 절목은 법을 믿는 것이니, 4신 중 제3 신법(信法)이고, 신법행(信法行) 곧 관은 환관(幻觀)인 삼마제관입니다. 또 앞 절과 같이 '과(果)를 들어 낙(樂)을 권하여 신(信)을 내게 하는 것'입니다. '성언(聖言)'은 아래 '4량도'를 참조하십시오.

그리고 한문 원본 '하이고(何以故)약취법상즉착아 인 중생 수자 하이고 약취비법상즉위(爲)'는 명봉 원본이고, 고려대장경에는 '하이고(何以故)'와 '위(爲)'자가 없으니 참구하여 보십시오.

함허(涵虛)스님은 이 대목에서 "…향상(向上)은 실(實)이고, 삼신(三身)은 권(權)이다. 경에 '이것으로서 진실을 삼아라 한 것은 법신으로서 진실을 삼아라 한 것이나, 법신이 실(實)이라면 보화(報化)는 권(權)이라 실이 아닌 것을 밝힌 것'이라고 하였다. 모든 부처님들이 깨달은 것은 모두 이 법을 깨달은 것이고, 이 사람들의 믿는 것도 또한 이 법을 믿는 것이다. 그러니 이 믿음은 전생부터 익혀 온 것이라 원인이 있는 것이 아니다. 믿음은 반드시 깨달음을 얻게 되므로 마침내 양족존(兩足尊)을 이루게 된다. 법을 취하는 것은 법이 곧 법 아닌 것임을 알지 못한 까닭이고, 법 아닌 것을 취하는 것은 법 아닌 것이 곧 법인 줄 알지 못하는 까닭이다. 일진법계(一眞法界)에는 옳은 것도 없고 그른 것도 없다. 이 없다고 한 것도 또한 없으니 그러므로 이르기를 '어찌 한 법 가운데 법과 법 아닌 것이 있겠는가? 라고 한 것이다. 천천히 혹 이 법을 분별할지라도 하나를 잡으면 하나를 놓는 것이 되거니 어느 때 알 기약이 있겠는가?' 하였다." 하였습니다. '함허 스님'은 ⑤절 '함허' 주해를 참조하십시오.

[떼배의 비유] 떼배(般若船·지혜배)는 물을 건너는데 필요한 것인데, 저 언덕(彼岸·涅槃)에 닿았을 적에는 응당 버려야 저 언덕에 오를 수 있는 것입니다. 이 비유는 다시 말하자면 이 금강경류의 반야경(般若經) 등의 수행법으로 저 언덕인 열반에 이르면(四相·四識을 끊고) 다시 떼배인 반야선(般若船·照者·幻智)도 버려야 한다는 말이니, 이것은 지금까지 번뇌를 끊어 온 혜(慧)의 내조자(內照者)인 그 조(照)가 나중에는 환지(幻智)가 되는 것이라, 그 환지(幻智·般若船)까지 버려야 피안인 열반에 이른다는 제시가 있는 것입니다. '비구(比丘)'는 남승(男僧)입니

다. 다음 '사부중도(四部衆圖)'를 참조하십시오.

사부중도(四部衆圖)

(1)비구(比丘)-걸사(乞士). 출가 남승. - <문수보살에 대비(對比)>
(2)비구니(比丘尼)-근사녀(勤事女). 출가여승.-<지장보살 〃 >
(3)우바새(優婆塞)-청신사(淸信士). 재가신남.-<보현보살 〃 >
(4)우바이(優婆夷)-청신녀(淸信女). 재가신녀.-<관음보살 〃 >

4량도(量圖)

(1)현량(現量) - 네 가지 인식 수단 중 하나로 명확하게 보여지는 감관의 인식입니다. 곧 보는 것, 듣는 것 그대로의 인식이며, 예를 들면 소를 보고 소인 줄 아는 것입니다.

(2)비량(比量) - 어떤 단서(端緖)에 의해 추리하여 아는 것으로 예를 들면 연기를 보고 그 밑에 불이 있음을 아는 것입니다.

(3)성언량(聖言量) - 일명 성교량(聖敎量)이라고도 합니다. 성인의 말씀, 곧 종교성전 및 고래의 전승설 등 위대한 사람의 말입니다. 극락 지옥설 등이 해당됩니다. 이상 3량(量)은 고인명(古因明)설 등의 것입니다.

(4)비유량(譬喩量) - 잘 모르는 것을 비유해서 말하는 것으로 예를 들면 물소를 모르는 사람이 '소와 유사하다'는 비유에 의해 가르침을 받아 물소를 알게 하는 것입니다.

4량설에는 '비유량' 대신 '사량(似量)'을 넣는 경우도 있습니다. 사량(似量)이라는 것은 잘못된 측정으로 현량(現量)과 비량(比量)에 공통되는 것입니다. 현량인 경우 소를 보고 말인 줄 잘못 알았을 때에 사현량(似現量)이라 하고, 비량인 경우 담 넘어 뿔을 보고서 죽순인줄 알았을 때에 사비량(似比量)이라고 합니다.

⑯ "수보리야! 네 뜻에 어떠하냐? 여래가 아뇩다라삼먁삼보리를 얻었느냐? 여래가 설한 바 법이 있느냐?"

수보리 사뢰오되 "제가 부처님 설하시는 바 뜻을 알기로는 일정한 법, 아뇩다라삼먁삼보리라 이름 할 것이 없으며, 또한 일정한 법을 여래께서 가히 설하실 것이 없습니다. 왜냐하오면 여래께서 설하신 바, 법은 다 가히 취하지 못할 것이요, 가히 설하지도 못할 것이며, 법도 아니오 법 아닌 것도 아닌 것이오니, 어찌하여 그런가 하오면 일체 현성이 다 함이 없는 법으로써 차별이 있기 때문입니다."

須菩提야! 於意云何오? 如來得阿耨多羅三藐三菩提耶아 如來有所說法耶아?

須菩提言 如我解佛所說義하얀 無有定法名阿耨多羅三藐三菩提며 亦无有定法如來可說이니이다. 何以故오? 如來所說法은 皆不可取不可說이며 非法이요 非非法일새니 所以者何오 一切賢聖이 皆以無爲法으로 而有差別일새니이다.

이 절은 '여래가 아뇩다라삼먁삼보리를 얻었느냐? 여래가 설한 바 법이 있느냐?'는 물음에 수보리가 '제가 부처님 설하시는 바 뜻을 알기로는 일정한 법, 아뇩다라삼먁삼보리라 이름 할 것이 없으며, 또한 일정한 법을 여래께서 말씀하신 것이 없습니다'라고 대답하였으니, 참으로 옳은 말입니다. 왜 그런가? 어느 일정한 법만을 보리(菩提)라고 하거나 설법이라고 한다면, 그 밖의 법은 보리(菩提)나 진리가 아니어야 합니다. 그러나, 진리나 설법은 상대적인 것이 아니라 보편적(普遍的)인 것이기 때문에, 수보리의 대답은 맞는 말인 것입니다. 그렇기 때문에 이어 수보리가 '왜냐하오면 여래께서 설하신 바 법은 다 가히 취하지 못할 것이요, 가히 설하지도 못할 것이며, 법도 아니요 법 아닌 것도 아닌 것'이라고 하여 법이 있음도 제시하였습니다.

'여래께서 설하신 바 법은 다 가히 취하지 못할 것이요, 가히 설하지도 못할 것'이라고 한 것은 부처님께서 설하신 법이 어떤 때는 유상(有相)을 설하고, 어떤 때는 무상(無相)을 설하시어 원화(圓話)가 자재하여 마침내 어느 한 곳에 치우치지 아니하시므로, 취하지 못할 것이라고 한 것입니다.

'법도 아니요 법 아닌 것(非法)도 아닌 것'이라는 말은 곧 법 아닌 것도 아니라는 말로서 법이 있다는 것을 제시한 것입니다. 즉, 아뇩보리 등 법을 얻은 것을 제시하고(果를 제시) 본문 끝 부분에 '어찌하여 그런가 하오면 일체 현성(賢聖)이 다 함이 없는 법(無爲法)으로써 차별이 있기 때문'이라고 하였습니다. 이는 무위법의 차별로 현인(賢人) 및 4성(聖)이 있음을 말하고 있는 것입니다.

이 절목은 4신(信) 중 제4 신승(信僧)이고, 신승행(信僧行) 곧 관은 환관인 삼마제관이며, 5분신(分身) 중 계신(戒身)을 성취한 것입니다. 또한 앞 절과 같이 저 화엄경 4의 1, 과를 들어 낙을 권하여 신(信)을 내게 하는 거과권락생신분(擧果勸樂生信分)과 같은 것입니다.

이 절목은 또한 이 경의 위를 맺고 아래를 일으킨 곳(上結起下)입니다. '상결하기(上結下起)'라는 것은 위(上)의 총설 중 부처님과 여기 '불·법·승' 삼보님 등이 분명히 있음을 믿게 하고 다음은 '법(法) 금강반야바라밀'이 소중하여 '오분법신'을 일으키는 것이라, 하는 뜻 등이 있는 때문입니다. 또한 삼전보리(三轉菩提)로는 시전(示轉)이 끝나는 곳입니다. 그리고, 일체 현성이 다 함이 없는 법으로써 차별이 있기 때문인 것이라 한 것입니다.

삼라만상 형형색색(森羅萬象 形形色色)

청정법신 차별(淸淨法身 差別)이오
풍성학려 오음육률(風聲鶴唳 五音六律)
낙낙원음 차별(落落圓音 差別)이오
삼승사과 해탈현성(三乘四果 解脫賢聖)
무위법의 차별(無爲法之 差別)이네

(졸음이 오거든 한 번 외우십시오)

　규봉(圭峰)스님은 이 대목에서 "부처님의 설법이 '이것이 법이다'라고 이를지라도 또한 옳지 않고, '법이 아니다' 할지라도 또한 옳지 않다. 만약 결정코 '법이 아니다' 한다면 물을 건널 때 떼배(筏)를 썼다 할 것이고, 만일 결정코 '이것이 법이다' 한다면 저 언덕에 이르러서는 떼배가 쓸 것이 없는 것이니, 이러므로 어떤 때는 이르되 지극한 도리를 한 번 말하여 범부를 고쳐 성인이 되게 하고, 어떤 때는 3승 십이분교(十二分敎·十二分經)가 이 무엇이냐 한 것이니, 주발이 뜨거우면 소리를 내는 것 같이 부처님 말씀도 또한 그렇다" 하였습니다.

　[규봉(圭峰 ; 780~841)] 규봉은 중국 당나라 승려. 화엄종 제5조. 규봉은 호이고, 이름은 종밀(宗密)이며 속성은 하(何), 과주 서충 사람. 선(禪)과 교(敎)의 일치를 주장하고 62세에 입적하니 당나라 선종이 정혜선사(定慧禪師)라 시호함. 저서로는 『원각경소』, 『화엄윤관』, 『기신론주』 등이 있습니다.

⑰ "수보리야! 네 뜻에 어떠하냐? 만약 어떤 사람이 삼천대천 세계에 가득찬 칠보로써 보시하면, 이 사람이 얻는 바 복덕이 많겠느냐?"
　수보리 사뢰오되 "매우 많을 것입니다. 세존이시여! 왜냐

하오면 이 복덕이 곧 복덕성이 아니기 때문에 이런 까닭으로 여래께서 복덕이 많다고 말씀하였습니다."

"만약 다시 어떤 사람이 이 경 가운데에 사구게(四句偈) 등을 지니고 다른 사람을 위하여 말하여 주면, 그 복이 저보다 나으리니, 어찌하여 그런가? 수보리야! 일체 모든 부처님 및 모든 부처님의 아뇩다라삼먁삼보리 법이 다 이 경으로 좇아오는 까닭이니라."

須菩提야! 於意云何오? 若人이 滿三千大千世界 七寶로 以用布施하면 是人의 所得福德이 寧爲多不아.

須菩提言 甚多니다. 世尊이시여! 何以故오? 是福德이 卽非福德性일새 是故로 如來説福德多라 하시나이다.

若復有人이 於此經中에 受持乃至 四句偈等하야 爲他人説하면 其福이 勝彼니 何以故오? 須菩提야 一切諸佛과 及諸佛阿耨多羅三藐三菩提法이 皆從此經出일새니라.

　　이 절은 '어떤 사람이 삼천대천 세계에 가득찬 칠보로써 보시하면, 이 사람이 얻는 바 복덕이 많겠느냐? … 다시 어떤 사람이 이 경 가운데에 사구게(四句偈·四病을 끊는 正句) 등을 지니고 다른 사람을 위하여 법을 말하여 주면, 그 복이 저 칠보로 보시한 복덕 보다 나으리니, 무슨 까닭이냐? 수보리야! 일체 모든 부처님 및 모든 부처님의 아뇩다라삼먁삼보리 법이 다 이 경으로 좇아오는 까닭이니라'라고 한 것은, 위의 본문에 '복덕이 복덕성이 아니기 때문'이라는 가설(假說)에 대해 '여래께서 복덕이 많다고 말씀'하였다는 뜻입니다. '사구게'는 아래 주해를 참조하십시오.

　　이 절목은 계신(戒身) 성취 권발(勸發)이니, 이 경의 2차 권발입니다. 또한 '삼전보리' 중 '시전(示轉)'이 끝난 절목이기도 합니다. 그리고, 이 경의 별설 인문(因門) 중 처음 계신(戒身)설을 설해 마친 곳입니다. '일체 모든 부처님과 및 모든 부처님의 아뇩다라삼먁삼보리 법이 다 이 경에서 나왔기 때문이니라' 한 것입니다. 그리고, 다시 '과(果)를 들어 낙을 권하여 신(信)을 내게 하는 것'입니다. "신(信)은 도(道)의 근원이며, 공덕의 어머니라, 일체 모든 착한 법을 키우고 기르나니라" 화엄경에 말씀하였고, 또한 "믿음은 불모(佛母)라"고도 하였습니다.

함허(涵虛) 스님은 그의 설의(說誼)에서 "복덕성이란 능소를 여의고 시비가 끊어지고 존망 득실이 없어져 진짜 깨끗하여 타락이 없는 것이다. 이러한 복덕은 허공과 같아 헤아리기가 어렵고 절대 무륜(無倫)하여 많고 적은 대(對)를 기다리는 말을 따르지 않는다. 많다고 하는 것은 한량없고 가없는 것을 말한다. 만약 경을 가져 이치를 깨달아 무주(無住)로서 행하면 지은 것이 무심(無心)까지도 벗어나 행과 행이 낱낱이 청정한 것이다. 얻은 복덕이 진짜 깨끗하여 타락이 없어 다함이 없으므로 앞에서 찬탄하기를 '만약 보살이 상(相)에 머무르지 않고 보시하면 그 복덕은 가히 헤아리지 못한다'고 하신 것이다. 이 한권의 경의 양이 태허(太虛)를 쌓고 체(體)가 일체에 두루하여 불법(佛法)의 현근(玄根)이 여기 있게 된다." 하였고 또 '법' 곧 불법에 대하여는 "불법은 꿀과자와 같고 비불법은 쓴 호로와 같다. 불법, 비불법, 비법이여! 과자로서 쓴 호로를 바꾸라. 단 과자는 꼭지를 빼달고, 쓴 호로는 뿌리가 붙어있어 쓰다." 하였습니다. '함허 스님'은 ⑤절의 주해를 참조하십시오.

[사구게(四句偈)] 사구게의 구(句)자는 '끊다(止意)'의 뜻과 '문구(文句)'의 두 가지 뜻이 있습니다. 여기서는 전자로 보아 사병(四病) 곧 작・지・임・멸병(作止任滅病)을 여의는 정구(正句・偈)의 뜻으로 보아야 합니다. '사병(四病)'은 ㉙절의 주해를 참조

하십시오. '삼천대천 세계'는 ㉘절의 '삼천대천 세계도'를 참조하십시오.

[칠보(七寶)] 칠보는 7종의 보물이니 곧 (1) 금(金) (2) 은(銀) (3) 유리(瑠璃) (4) 파려(頗黎) (5) 차거(硨磲) (6) 산호(珊瑚) (7) 마노(碼瑙)입니다.

신훈신(新薰身)·본분신(本分身) 배대도

아뇩다라 (阿耨多羅)	삼먁(三藐)	삼보리(三菩提)	<新薰身>
위 없이 (無上)	바르고 평등한 (正等)	바른 깨달음 (正覺)	
법신덕(法身德)	단덕(斷德)	지덕(智德)	<三德>
↕	↕	↕	
비로(毘盧)	자나(遮那)	불(佛)	
넓고 크게 (廣大)	살아 숨쉬어 (生息)	광명이 두루 비춤 (光明遍照)	<本分身>

⑱ "수보리야! 이른 바 불법이라 하는 것은 곧 불법이 아니니라."

須菩提야! 所謂佛法者, 卽非佛法이니라.

이 절은 '이른바 불법(佛法)이라 하는 것은 곧 불법이 아니니라'고 하였는데, 이것은 전부 가린 것(全揀)이니 정관(靜觀) 중의 경계이며 또한 여래선(如來禪) 경계이기도 합니다.

이 절목은 5분신(分身) 수행 점차 중 정신(定身) 수행이 시작되는 곳이며, 전간(全揀)이니, 관은 정관(靜觀)인 사마타관 중 경계입니다. 그리고, 삼전보리(三轉菩提)로는 권전(勸轉)이 시작되는 곳이기도 합니다.

'전간(全揀)'은 아래 주해를 참조할 것이나, 이 절에 보이는 전간(全揀)과 뒤에 보이는 전수(全收)를 먼저 말씀드리자면, 이 절은 '불법이라 하는 것은 곧 불법이 아니니라' 하고, 뒤의 ㊾절은 '일체법이 다 이 불법이라……아(我·四相) 없는 법을 통달하는 자는 참으로 보살이라 이름할 것'이라 하였습니다. 한 번 잘 살펴보십시오.

그리고, 명봉역 한문원본에 '소(所)위불법자'로 되어 있는 것이 고려대장경본에는 소(所)자가 약자로 되어 있으니 참고하십시오.(컴퓨터에 所자의 약자 없어 밝히지 못한 점 이해바라며, 이후 약자를 밝히지 못한 것도 같습니다)

규봉(圭峰)스님은 앞 절의 '아뇩다라삼먁삼보리 법이 다 이 경에서 나왔기 때문이라' 부터 이 절목까지를 말하되 "경복(經福)이 초과한 이유를 밝힌 곳을 정석(正釋)과 전석(轉釋) 둘로 나누었다. 먼저 정석(正釋)은 '왜냐하면~이 경에서 나왔기 때문이다'이고, 전석(轉釋)은 '수보리~불법이 아니다'까지 이다. '부처님들의 보리법'을, 논에서는 '법신을 이름한다. 법신이 이들 능작인(能作因)이 되기 때문이다'라 하고 '부처님들'이란 보화신(報化身)을 말하니 논에 생인(生因)이 되기 때문이다'라고 하였다. 또 '불법이 아니다'한 것도 제일의(第一義) 가운데는 불법이 따로 없어 이 경으로부터 나온 것을 가리킨 것이다." 하였습니다.

[전간(全揀)] 전간(全揀)은 통의(通義)와 속의(俗義)가 있는 것을 전부 가린 것으로 사마타관 중의 경계와 같은 가리운 전간(全揀·靜)이니, 곧 입류과(入流果·預流果)가 입류 아닌 것이 입류인 것과 같습니다. 입류는 6식(識)이 6진(塵)에 들어가 분별치 않는 경계를 말하는 것입니다.

'6식' '6근'은 ⑲절의 삼과도(三科圖)를 참조하시고, '입류과'는 ㉒절의 '성문 4향도'와 '성문 4과도'를 참조하십시오.

[여래선(如來禪)] 여래선(如來禪)은 부처님이 수행하는 선입니다. <능가경>에서 설한 4종선의 하나인데, 4종선이란 우부소행선(愚夫所行禪)·관찰의선(觀察義禪)·반연진여선(攀緣眞如禪)·제여래선(諸如來禪)입니다. 여래선은 여래가 얻은 선정에서 타인을 교화하는 관행을 말합니다. 보리달마(菩提達磨)가 중국에 전한 선은 여래선(如來禪)이라 하나, 앙산(仰山)이 조사선(祖師禪)을 세워 이것이 달마가 전한 심인(心印)이라고 외치고 나서, 미료(未了)의 선이라 하는 학설이 있게 되었습니다. 자세히는 여래청정선(如來淸淨禪)입니다. 규봉은 이것으로서 교선일치(教禪一致)라 주장하여, 달마가 전한 최상승선(最上乘禪)설도 생겨나게 되었습니다. 최상승선이란 규봉 종밀(圭峰宗密)이 선을 외도선(外道禪)·범부선(凡夫禪)·소승선(小乘禪)·대승선(大乘禪)·최상승선으로 나눈 것에서 구분한 것입니다.

[제일의제(第一義諦)] 제일의제(第一義諦)는 최고의 법 진리라는 뜻으로 승의제(勝義諦) 또는 진제(眞諦)라고도 합니다. 곧 출세간(出世間)의 심원한 이치를 말하는 것이니, 세간의 일들을 벗어난 심묘한 진리라 합니다. 세속제(世俗諦)의 반대입니다. 제일의 공(第一義, 空)이라고도 하는 것이니, 제일이 공은 제일의 의 열반(涅槃)이나 실상(實相·있는 그대로의 진실한 모습)도 공(空)인 거시라 하는 것 등입니다.

⑲ "수보리야! 네 뜻에 어떠하느냐? 수다원이 생각하기를 '내가 수다원과를 얻었다'고 하겠는가?"

수보리 사뢰오되, "아닙니다. 세존이시여! 무슨 까닭인가 하오면, 수다원은 이름이 성류(聖流)에 들어감이라 하되, 들어가는 바 없어 색과 소리와 냄새와 맛과 감촉과 법진에 들어가지 아니하여야 이 이름이 수다원입니다."

須菩提야! 於意云何오? 須陀洹이 能作是念하대 我得須陀洹
果不아 須菩提言 不也니다. 世尊이시여! 何以故오? 須陀洹이
名爲入流로대, 而無所入하야 不入 色 聲 香 味 觸 法이라야
是名須陀洹이니다.

　　이 절은 '수다원은 이름이 성류(聖流)에 들어감이라(入流) 하
되(靜觀 수행으로), 들어가는 바 없어 색과 소리와 냄새와 맛과
감촉과 법진에 들어가지 아니하여야(분별 작용 伏斷·果) 이 이
름이 수다원'이라 한 뜻입니다. 수다원은 범어(梵語;산스크리트
어)로 입류(入流)·예류(預流)·역류(逆流)라 한역(漢譯)합니다.
곧 성류(聖流)에 들어갔으나(入流 했으나) 실로는 들어가는 바가
없어야 하는 것이니, 곧 법진(法塵에 色半 心半이 있음)에 들어
가지 아니하여야 (마음에 6식 분별이 없어야) 이름이 수다원과
(須陀洹果)라는 뜻입니다.

　　이 절목은 수다원과(須陀洹果) 성취이고, 입류(入流) 경계, 이
관은 정관(靜觀)인 사마타관입니다. 이 관중에 제6식(識) 인상
(人相·想蘊)을 복단(伏斷)한 경계입니다. '수다원과'는 성문(聲
聞) 4과(果)의 네 계위 중에는 초과위(初果位)입니다. 그리고, 화
엄경 4과 중 제2과 인(因)을 닦아 과에 계합하는 해(解·앎)를
내게하는 수인계과생해분(修因契果生解分)에 배대해 볼 수가 있
는 것입니다.

　　'성문 4과' 및 '수다원과'는 ㉒절 '성문 4향도' 및 '성문 4과도'
를 참조하십시오. 그리고 앞의 풀이 중 법진(法塵)에 색반(色半)
심반(心半)이 있다고 한 것은 아래 '3과도'를 참조하시고, '복단(伏
斷)'은 ㉒절 '복단' 주해를 참조하십시오.

3과도(科圖)

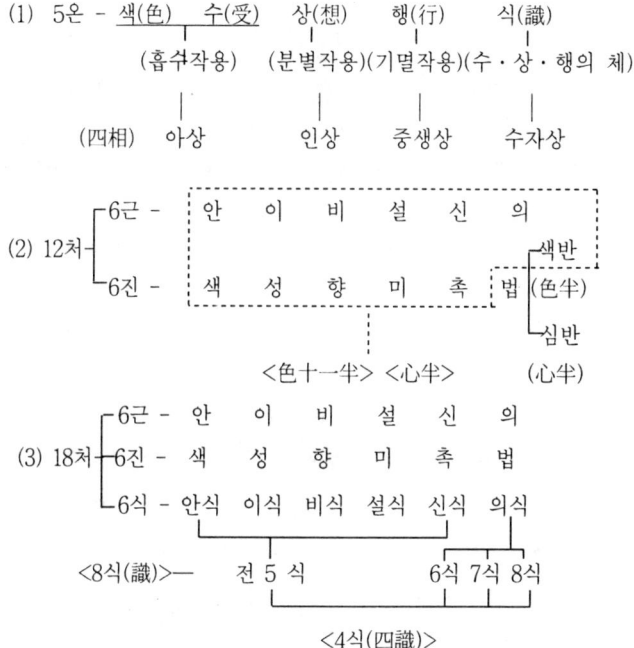

(1) 5온 - <u>색(色)   수(受)</u>   상(想)   행(行)   식(識)

     (흡수작용) (분별작용) (기별작용) (수·상·행의 체)

(四相) 아상   인상   중생상   수자상

(2) 12처 ┌6근 - 안 이 비 설 신 의
         └6진 - 색 성 향 미 촉 법 ┌색반
                                        ├(色半)
                                        └심반

<色十一半> <心半>   (心半)

(3) 18처 ┌6근 - 안 이 비 설 신 의
         ├6진 - 색 성 향 미 촉 법
         └6식 - 안식 이식 비식 설식 신식 의식

<8식(識)>— 전 5 식   6식 7식 8식

<4식(四識)>

⑳ "수보리야! 네 뜻에 어떠하느냐? 사다함이 생각하기를 '내가 사다함과를 얻었다'고 하겠는가?"

수보리 사뢰오되 "아닙니다. 세존이시여! 무슨 까닭인가 하오면, 사다함은 이름이 한 번 갔다 옴이라 하되 실로는 가고 옴이 없어야 이 이름이 사다함입니다."

須菩提야! 於意云何오? 斯陀含이 能作是念호대 我得斯陀含果不아.

須菩提言 不也니다. 世尊이시여! 何以故오? 斯陀含이 名一往來로대 而實無往來라야 是名斯陀含이니다.

이 절은 '사다함은 이름이 한 번 갔다 옴이라(一往來) 하되 실로는 가고 옴이 없어야(起滅 작용 伏斷) 이 이름이 사다함' 입니다. '사다함'은 일왕래(一往來)라 한역하는데, 정관(靜觀) 수행으로 제7식(識) 중생상(衆生相·行蘊)을 복단(伏斷)한 경계(境界·果)입니다.

이 절목은 사다함과(斯陀含果) 성취이고, '일왕래' 복단(伏斷) 경계며, 이 관은 정관인 사마타관입니다. 다시 말하면 '오고 감이 없어야(7식 起滅 작용을 伏斷해야) 이 이름이 사다함과'라는 뜻입니다. 이것은 성문4과 중의 제2위(位)요, 제7식 중생상(衆生相·行蘊)을 복단한 경계입니다. 그리고 앞 절과 같이 인(因)을 닦아 과(果)에 계합한 해(解·앎)에 배대가 되는 것입니다.

[복단(伏斷)] 복단의 복(伏)은 복혹(伏惑), 단(斷)은 단혹(斷惑)을 줄인 말입니다. 번뇌를 항복 받아서 한동안 일어나지 못하게 하는 것을 복혹(伏惑)이라 하고, 번뇌를 아주 끊은 것을 단혹(斷惑)이라 하는 것이고, 번뇌가 작용하지 않도록 덮어두는 것을 복단이라 합니다. 아래 '순단', '영단'을 참조하십시오.

[순단(順斷)] 순단(順斷)은 보살 수행 계위 12위(位)를 차례로 끊어 올라가서 다해 마친 것을 순단(順斷)이라 하는 것이니, 신훈(新薰)보살은 순단자입니다.

[영단(永斷)] 영단(永斷)은 보살 수행 계위 12위를 순단한 뒤에 다시 등각후심(等覺後心)인 금강심(金剛心) 중에 들어 여래 역류(逆流) 수행으로 다시금 끊어 올라가 12위를 완전히 끊은 것을 영단(永斷)이라 하며, 여래는 영단한 여의자(如意者)이고, 이 '금강경'은 영단해 올라가는 점차를 시범해 보인 것이라고 앞에서 말한 바가 있습니다.

㉑ "수보리야! 네 뜻에 어떠하느냐? 아나함이 생각하기를 '내가 아나함과를 얻었다'고 하겠는가?"

수보리 사뢰오되 "아닙니다. 세존이시여! 무슨 까닭인가 하오면 아나함은 이름이 오지 않음이라 하되 실로는 오지 않음이 없어야 이 이름이 아나함입니다."

須菩提야! 於意云何오? 阿那含이 能作是念하되 我得阿那含果不아. 須菩提言 不也니다. 世尊이시여! 何以故오? 阿那含이 名爲不來로대 而實无不來라야 是故로 名이 阿那含이니다.

이 절은 '아나함은 이름이 오지 않음이라 하되 실로는 오지 않음이 없어야(吸收작용 伏斷) 이 이름이 아나함입니다.' '아나함' 은 범어니 불래(不來) 또는 불환(不還)이라 한역합니다. 곧 돌아 오지 않는다는 뜻은 정관(靜觀)인 사마타관 수행으로 전5식(識) 곧 아상(我相·受蘊)을 복단(伏斷)한 경계입니다.

이 절목은 아나함과(阿那含果) 성취이고, 불래(不來) 복단 경계며, 관은 사마타관입니다. 다시 말하면 '이름이 오지 않음(不來)이라 하는 것'은 곧 받아들이는 마음인 수온(受蘊·前五識)을 복단(伏斷)한 것(不來)이나 '실로는 오지 않음이 없어야[靜觀으로 伏斷] 아나함과(阿那含果)' 경계라는 뜻이고, '아나함'은 성문 4과 중의 제3위입니다. 이 또한 앞 절과 같이 인(因)을 닦아 과(果) 에 계합하는 해(解·앎)를 내는 것입니다.

그리고, 해인사 고려대장경본에는 '이실무래(而實无來)'라 하 였고 명봉 역본에는 '이실무불래(而實无不來)'로 되어 있어 불 (不)자가 더 있습니다. 어느 것이 옳은가 잘 연구해 보십시오.

㉒ "수보리야! 네 뜻에 어떠하느냐? 아라한이 생각하되 '내가 아라한도를 얻었다'고 하겠는가?"

수보리 사뢰오되, "아닙니다. 세존이시여! 무슨 까닭인가 하오면 실로는 법 아라한이라 이름할 것이 없습니다. 세존 이시여! 만약 아라한이 이런 생각을 하되 '내가 아라한도를 얻었다고' 한다면, 곧 아상·인상·중생상·수자상에 집착함 이 됩니다.

세존이시여! 부처님께서 말씀하시되 저를 다툼 없는 고요 한 삼매를 얻은 사람 가운데 가장 제일이라고 하셨습니다. 이 제일 욕심을 여읜 아라한이오나, 제가 이런 생각을 하되, 제가 이 욕심을 여읜 아라한이 아니라고 생각합니다.

세존이시여! 제가 만약 이런 생각을 하되, '내가 아라한도 를 얻었다' 한다면 세존께서는 곧 수보리가 아란나행을 좋 아하는 자라고 말씀하시지 않았을 것이지만 수보리가 실로 행하는 바가 없었으므로 수보리를 이름하여 아란나행을 좋 아하는 자라고 하였나이다."

須菩提야! 於意云何오? 阿羅漢이 能作是念하되 我得阿羅漢 道不아. 須菩提言 不也니다. 世尊이시여! 何以故오? 實無有 法名阿羅漢이니다. 世尊이시여! 若阿羅漢이 作是念하되 我得 阿羅漢道라 하면 即爲着我 人 衆生 壽者니다.

世尊이시여! 佛說하사되 我를 得無諍三昧人中에 最爲第一 이라 하시나니, 是第一離欲阿羅漢이나 我不作是念하되 我是 離欲阿羅漢이라 하노이다.

世尊이시여! 我若作是念하되 我得阿羅漢道라 하면 世尊이 則不說 須菩提 是樂阿蘭那行者라 하시련마는 以須菩提 實無 所行일새 而名須菩提 是樂阿蘭那行이라 하셨나이다.

이 절에서는 아라한이 생각하기를 '내가 아라한도(阿羅漢道·

無諍)를 얻었다' 한다면, 곧 '아상·인상·중생상·수자상에 집착한 것'이라는 뜻을 말한 것입니다. 이것은 '내가 도(道)를 얻었노라' 하는 분별심이 조금이라도 있으면 사상(四相)에 집착한 것이니, 하나의 상(相)도 끊지 못한 것이라는 뜻입니다. 또 '부처님께서 말씀하시기를 저를 다툼 없는 삼매(無諍三昧)를 얻은 사람 가운데 가장 제일이라고 하셨습니다. 이 제일 욕심을 여읜 아라한이오나, 제가 이런 생각을 하되, 제가 이 욕심을 여읜 아라한이 아니라고 생각합니다.' 무쟁삼매 수행을 하는 사람 중에 가장 제일이라고 말씀하셨으므로 제일 욕심을 여읜 아라한이지만, 곧 자기 자신은 아라한이라 생각하지 않는다는 뜻입니다. 이것은 사마타관 중에 제8식 수자상(壽者相·識蘊)을 복단한 경계입니다.

이 절목은 아라한과(阿羅漢果) 성취이고, 불생(不生·無諍) 경계에 드는 이 관은 사마타관이며, 성문 4과 중의 제4과위입니다. 그리고 '수보리가 다툼 없는 아란나행을 좋아하는 자'라 하고, 그 다툼 없는 아란나행 법에 의지하여 닦는 행(靜觀으로)을 하는 '아라한'은 다툼이나 번뇌가 없는 무쟁(無諍) 경계에 이른 것입니다. 이도 또한 인을 닦아 과에 계합하여 해(解·앎)를 내는 위입니다.

육조(六祖) 혜능스님이 구결(口訣)하였습니다. 곧, "어떤 것을 이름하여 무쟁삼매(無諍三昧)라 하는가. 말하자면 아라한이 마음에 생멸 거래가 없고 오직 본래 깨달아 항상 비치는 까닭에 고요한 삼매라 한다. 삼매는 범어다. 중국말로는 '바로 받는 것(正受)'이고 또 '바른 견해(正見)'이라 하는데 멀리 구십오종의 삿된 견해를 여읜 것을 이름하여 바른 견해라 하고, 그러나 공(空) 가운데도 밝고 어둔 것이 다툼이 있고, 자성 가운데도 사정(邪正)의 다툼이 생각 생각을 항상 바르게 하여 한 생각도 삿된 마음이 없이 하는 것이 곧 고요한 삼매이고, 이 삼매를 닦는 것이 사람 가운데 가장 으뜸이 되는 것이지만, 만약 한 생각이라도 과(果)를 얻었다 하는 마음이 있으면 곧 고요한 삼매가 아니다.

아란나는 범어다. 중국어로는 '무정행(無諍行) 곧 다툼 없이 행하는 것'이다. 다툼이 없는 행이란 청정한 행이다. 청정한 행이란 얻은 마음이 없는 것이다. 만약 얻은 마음이 있으면 다툼이 있는 것이며, 다툼이 있으면 청정도가 아니다. 항상 얻은 마음이 없이 행하는 것, 곧 이것이 다툼이 없이 행하는 것이다." 하였습니다.

종경(宗鏡)스님이 강령(綱領)을 뽑고 송(頌)을 읊었다. "인간과 천당에 왔다 갔다 모든 누(漏)가 없어지지 아니 했으니 도(道)와 과(果)를 함께 잊으라. 다툼 없는 것이 제일이다. 범부를 뛰어 성현에 듦이여, 머리로부터 장래(將來)를 감증(勘證)하고 위(位)를 굴리고 기(機)를 돌려 밑바닥까지 뚫어 다 철거하라. 모두 다 알았는가. 무심(無心)이 도라고 이르지 말라. 무심(無心)도 오히려 한 개 무거운 관(關)이 막혀 있다.

과위성문(果位聲聞)이 홀로 제 몸을 위해
고요히 항상 참선하나 본진(本眞)이 아니다.
마음을 돌려 당장 여래의 바다에 들어가
자비의 배를 끌고 사람을 제도 할 지어라."
하였습니다.

'아라한'은 아래 '성문 4과도'를 살펴 보고, '4상(相)'은 ⑧절의 '4상' 주해를 참조하십시오.

[종경(宗鏡:904~975)] 종경은 중국 북송(北宋)시대의 선승. 종경은 호요, 속성은 왕(王)씨. 천태 덕소(德韶)국사에게서 선지를 깨닫고, 법안종(法眼宗) 제3조. '영은사' 및 '영명사' 주지. 평생 염불하여 정토왕생을 원함. 밤에는 귀신에게 먹을 것을 주고, 낮

에 방생함. 개보8년에 입적하니, 시호를 '지각선사'라 하였음. 저서 『종경록(宗鏡錄)』100권, 『유심결(唯心訣)』 등이 있습니다.

[아란나(阿難那)] 아란나는 산스크리트어의 아난나(阿蘭那·Ananda)이고, 아란타(阿難陀)라 음역하며, 준 말로 아난(阿難)이라고 합니다. 여래 10대 제자 중 다문제일(多聞第一)입니다. 부처님은 아난이 바른 행과 부사의(不思議)한 행을 모범적으로 한다 하여 '아난 8법(法)'과 '아난 8부사의'를 말하여 아난행을 찬탄한 바가 있습니다.

[식온(識蘊·壽者相)] 식온은 5온(蘊)의 하나입니다. 곧 식온은 마음의 뿌리가 되는 마음으로, 받아들이는 마음(受蘊·我相)·생각하는 마음(想蘊·人相)·났다가 멸했다가 하는 마음(行蘊·衆生相)의 체(體)입니다. 이 '식온'의 더 자세한 뜻은 (8)절 '사상(四相)' 주해를 참조하십시오.

[아라한(阿羅漢)] 아라한은 산스크리트어로 줄여서 나한(羅漢)이라고도 합니다. 무훤잡(無喧雜), 응진응진(應眞), 응공(應供)이라고 한역하며, 소승불교 최고 계위 아라한과를 증득한 성문(聲聞) 성현입니다.

성문 4향도(向圖)

(1)수다원향(須陀洹向)-아직 수다원과에 이르지 못한 경계.
(2)사다함향(斯陀含向)-아직 사다함과에 이르지 못한 경계.
(3)아나함향(阿那含向)-아직 아나함과에 이르지 못한 경계.
(4)아라한향(阿羅漢向)-아직 아라한과에 이르지 못한 경계.

성문 4과도(果圖)

(1)수다원과(須陀洹果) - 한역은 입류과(入流果). 6식(識) 곧 인상(人相·想蘊)을 복단(伏斷)한 성문(聲聞) 초과(初果·妙觀察

智).

(2)사다함과(斯陀含果) - 한역은 일왕래과(一往來果). 7식 곧 중생상(衆生相·行蘊)을 복단(伏斷)한 성문 2과(果·平等性智).

(3)아나함과(阿那含果) - 한역은 불래과(不來果). 전5식 곧 아상(我相·受蘊)을 복단한 성문 3과(果·成所作智).

(4)아라한과(阿羅漢果) - 한역은 응공(應供)·응진(應眞). 무쟁(無諍)·살도(殺賊)·불생(不生) 8식 곧 수자상(壽者相)을 복단하고 무학위(無學位)에 이른 성문4과(果·大圓鏡智).

위의 '성문4과'에 대하여는 (1)일곱 번 되 나면서 60겁 동안 사제(四諦)의 법을 닦아 성문4과를 얻어 열반을 증득한다는 설, (2)거칠은 번뇌를 끊고서 처음으로 성현의 지위에 든다는 입류과(入流果) 곧 수다원과설, (3)일왕래과(一往來果)는 욕계 6품(品)의 수혹(修惑)을 끊고 여기서 명(命)을 마치면 한 번 천상에 가서 나고 한 번 인간에 와서 나 당장 아라한과를 얻게 되므로 한 번 왕래한다 하는 설, (4)불래과(不來果)인 아나함과는 9품(品) 수혹을 다 끊고 명이 마치면 한 번 천상(天上:五那含天)에 가 나되 다시는 하계(下界)에 돌아오지 않는다는 설, (5)불생과(不生果)인 아라한과는 번뇌를 끊어 없어졌으므로 다시 나지도 않고 배울 것도 없고 마땅히 진리를 따라 인천의 공양을 받을 만하므로 불생(不生)·살도(殺賊)·응진(應眞)·응공(應供)이라 하는 것이고, 또한 일설은 이미 아라한향(아라한향)의 높은 경계에서 5나함천(那含天·四禪天 중)에 태어나서 아직도 삼계의 수도혹(修道惑)이 남아 있음을 발견하고, 그러나 그것이 너무 미세하여 끊기 어려우므로 색계의 것을 넷으로, 무색계의 것도 넷으로 각각 나누고 또 그것을 팔분(八分) 구목(九目)하여 끊는데 그렇게 되면 모두 72품이 된다. 그 중 71품을 끊는 것을 아라한향(阿羅漢向)이라 하고, 나머지 1품을 끊는 것을 아라한과라 하는

것이니 곧 출삼계(出三界)를 뜻하는 설 등이 있습니다. 필자가
이런 학설들을 들어 따져 물어 들어가니, 명봉스님은 '그렇게 어
렵게 깊이 들어가지 말고, 인간계와 천상계의 왕래설에 매달리
지 말고, 3계(界)도 내 몸 안에 있는 것으로 생각하고, 쉽게 위
의 '성문 4과도'의 내용 그대로만 알고 오직 수행을 할 것이다.'
하였습니다. 특히 유의하여 살피시기 바랍니다.

㉓ 부처님께서 수보리에게 이르되 "네 뜻에 어떠하느냐?
여래가 옛적에 연등부처님 처소에서 법을 얻은 바가 있는가
아닌가?" "아닙니다. 세존이시여! 여래께서 연등부처님 처소
에서 법을 실로 얻은 바가 없습니다."

"수보리야! 네 뜻에 어떠하느냐? 보살이 불국토를 장엄하
느냐?" "아닙니다. 세존이시여! 왜냐 하오면 불국토를 장엄
한다는 것은 곧 장엄하지 않는 것을 장엄한다고 이름하기
때문입니다."

"그러므로 수보리야! 모든 큰 보살이 이와 같이 깨끗한
마음을 낼 것이니, 색에 머물러서 마음을 내지 말고, 소리와
냄새와 맛과 감촉과 법진에 머물러 마음을 내지 않아서 응
당 머무는 바 없이 그 마음을 낼 것이니라."

　佛告須菩提하사대 於意云何오? 如來昔在燃燈佛所하사 於法
有所得不가? 不也니다. 世尊이시어! 如來在燃燈佛所하사 於
法에 實无所得이니다.
　須菩提야! 於意云何오? 菩薩이 莊嚴佛土不아 不也니다. 世
尊이시어! 何以故오? 莊嚴佛土者는 則非莊嚴이 是名莊嚴일새
니다.

是故로 須菩提야! 諸菩薩摩訶薩이 應如是生淸淨心이니 不
應住色生心하고 不應住聲 香 味 觸 法 生心하야 應無所住코
而生其心이니라.

　　이 절은 '여래가 옛적에 연등부처님 처소에서 법(法·授記)을
얻은 바가 있느냐?' 하는 물음에 대해 '여래께서 연등부처님 처
소에서 법을 실로 얻은 바가 없습니다' 라고 하는 것은 '주고 받
은 것'이 없는 경계[本來 주고 받을 것이 없는 法]입니다. '보살
이 불국토를 장엄하느냐?'는 물음에는 '불국토를 장엄한다는 것
은 곧 장엄하지 않는 것이 장엄한다고 이름하기' 때문입니다.
'모든 보살 마하살이 이와 같이 깨끗한 마음을 내어야 하나니[장
엄이 없는 경계], 색(色)에 머물러서 마음을 내지 말고, 소리와
냄새와 맛과 감촉과 법진(聲·香·味·觸·法塵)에 머물러 마음
을 내지 않아서 응당 머무는 바 없이[本自淸淨] 그 마음을 낼
것[本自具足]'이라고 하였습니다. 이 경계는 보살도(菩薩道)의 경
지입니다. '사마타관 중에 소승사과(小乘四果) 뿐만 아니라 보살
도(菩薩道)도 또한 그렇다'라고 명봉스님은 "사마타 수행으로도
보살도에 든다"고 하고 또 "이생기심(而生其心)은 마음을 내라고
하였지마는 사실은 마음을 내는 것이 아니니 가설(假說)이라"
하였으니, 곧 6진(塵)에 주(住)한 바 없이 응무소주이생기심(應無
所住 而生其心)이라, 한 요지입니다.
　　이 절목은 보살도 성취이고, 관은 정관(靜觀)인 사마타관입니
다. 인(因)을 닦아 과(果)에 계합하는 화엄4과 2와 같은 것입니
다.
　　이 절의 원문에 '연등불소 어법유소득불(不)가 불야(不也)'는
명본 원본이고, 고려대장경에는 '불야(不也)' 두 자가 없고, 또
'장(莊)엄불토'의 '장(莊)'자가 고려대장경 판본에는 약자로 되어
있으니 참구하십시오.
　　그리고 그 '응당 머무는 바 없이 그 마음을 낼 것(應無所住而

生其心)이니라'라고 한 것[마음을 내라고 하였지마는 사실은 마음을 내는 것이 아닌 경계.]을 다시 살피자면, 이것은 저 중국 선종 5조(祖) 홍인(弘忍) 선사가 밤중에 6조 혜능(慧能)을 불러서 이 금강경에 있는 이 대목 '응무소주이생기심(應無所住而生其心)'에 대해 말해보라 한 바 혜능이 답한 다음의 글을 잘 살펴보면서 터득하시기 바랍니다. 그것이 바로 6조 혜능의 오도송(悟道頌)입니다.

「何期自性이 本自淸淨이며(應無所住)
何期自性이 本自具足이니고(而生其心)」

[육조(六祖)·혜능(慧能 ; 638~713)] 혜능은 당나라 선종(禪宗) 제6조이고, 남해(南海) 신흥(新興) 사람입니다. 5조 홍인(弘忍) 선사 문하에서 수행할 당시 5조가 법을 전하려고 증득한 경계의 게(偈)를 써보라 한 바 신수상좌(神秀上座)가 게(偈)를 지어 붙인 것을 보고 혜능도 게를 지어 붙인 것을 5조가 그 두 글을 보고 밤에 몰래 혜능을 불러 금강경의 '응무소주이생기심(應無所住而生其心)의 뜻을 물은 바 답한 것이 위의 오도송(悟道頌)이며, 이 오도송은 홍인의 인정을 받아 선종법(禪宗法)을 5조로부터 전수 받아 혜능이 6조가 되었다고 합니다. 이런 인연이 있어서인지 선종에서 금강경을 소의경(所依經)으로 삼았고, 육조가 설한 법을 원(元)나라 종보(宗寶)가 엮은 육조단경(六祖壇經)이 있습니다.

한정섭 법사 역편 '금강경 오가해'의 이 대목에서 "깰 것이 없지만 깨게 하고, 배울 것이 없지만 배우게 하며, 얻을 것이 없지만 얻을 것 없는 것을 깨쳐 얻도록 하나니, 이것이 부처나 조사님들의 자비심인 것이다.

우리의 마음이 있지도 않고 없지도 않은 것이나, 또한 있기도 하고 없기도 한 것임을 깨달아 안 사람이라면 천차만별의 경계가 어찌 딴 것이겠는가? 산도 내 것, 물도 내 것, 땅도 내 것, 미운 것도 내 것, 더러운 것도 내 것, 깨끗한 것도 내 것, 눈물도 내 것, 웃음도 내 것, 원수, 애인, 원숭이, 토끼, 여우, 사슴, 꾀꼬리, 제비, 개구리, 개미 등도 내 것이고, 지옥, 아귀, 축생, 천당, 아수라, 부처, 중생 등이 모두 내 것이고 딴 것이 아니라, 나밖에 딴 것이 없게 된다.

이 나는 우주 전체의 나이므로 나 아닌 상대물이 있을 수 없는 것이니 상대물이 없다면 아상·인상·중생상·수자상이 딴 것이 아니고 모두 내 것이다. 아상도 좋고 인상도 좋고 중생상도 좋고 수자상도 좋고, 그래서 가는 곳마다 청정을 얻고서는 곳이 다 진리의 땅으로 변하게 된다. 이것이 '응무소주(應無所住)'요 '이생기심(而生其心)'이다. 불자여, 이 마음을 버리고 다시 어느 곳에 가서 무엇을 찾겠는가?"라고 하였습니다.

[연등불(燃燈佛)] 연등불은 산스크리트어 Dipaṅkara이고, <대지도론>에는 한역 이름 '연등불(燃燈佛)이라 하였으며 <본기경(本起經)>에는 '정광불(錠光佛)'이라고 한역되어 있습니다. 석가여래가 옛날 제2 아승지겁(阿僧祇劫)에 만난 부처인데 그때 석가의 이름은 유동(儒童)이었으며, 그때 연등부처님께서는 '미래에 석가모니라고 하는 부처가 되리라' 하는 수기(授記)를 주었습니다. 그 수기의 내용과 같이 역사적인 '석가모니' 부처가 탄생한 것입니다. 오늘날 법등 이름을 연등(燃燈)이라 부르게 된 근원이 그 부처님 이름에서 연유된 것이며, 이 정광불(錠光佛)에게 '대비주 대다라니'를 관세음보살이 들었다는 천수경의 기원도 이 부처님에서 비롯된 것이라고 하니 참고하십시오. '한정섭' 법사는 ㉛절 주해를 참조하십시오.

㉔ "수보리야! 비유컨데 어떤 사람이 몸이 수미산 같다면 네 뜻이 어떠하느냐? 이 몸이 크지 않겠는가?"

수보리 사뢰오되, "심히 큽니다. 세존이시여! 왜냐 하오면 부처님이 말씀하시는 큰 몸은 몸이 아닌 것을 이름하여 큰 몸이라 말씀하셨기 때문입니다."

須菩提야! 譬如有人이 身如須彌山王이면 於意云何오? 是身이 爲大不아?

須菩提言 甚大니다. 世尊이시여! 何以故오? 佛說非身을 是名大身일새니다.

이 절은 '몸이 수미산 같다면 어떻게 생각하느냐? 이 몸이 크지 않겠는가?'라는 물음에 수보리가 '심히 큽니다[假說인고로]. 세존이시여! 왜냐 하오면 부처님께서 몸이[실제 몸이] 아닌 것을 이름하여 큰 몸이라고 말씀하셨기 때문'이라고 대답한 것입니다. 여기 '몸이 크다'는 것은 가설(假說)인고로 심히 크다는 뜻(義·提示)이니, 이것은 정신(定身)이 큰 것을 비유한 것입니다. '정신'은 헤아릴 수 없이 큰 몸이고, 수미산(須彌山)도 오온신(五蘊身·心)을 산으로 은유(隱喩)한 것이며, 또한 그 큰산도 가설로 보는 학설이 있습니다. 그렇다면 그 수미산도 한량없이 높은 산인 것입니다.

이 절목은 신훈오분신(新薰五分身) 중의 정신(定身) 성취이고, 관은 정관(靜觀)인 사마타관입니다. 정관(靜觀) 중의 정신(定身)은 한량없이 큰 몸입니다. 그리고 앞 절과 같이 인(因)을 닦아 과(果·定身)에 계합하는 해(解)를 내는 대문이기도 합니다.

그리고, 명봉 원본은 '비(譬)여유인 신여수미(彌)산왕'으로 되어 있는데, 고려대장경에는 '비'자와 '미'자가 약자로 되어 있으니 참구하십시오.

함허(涵虛) 스님은 이 대목에서 "근진식(根塵識)을 놓아 청정한 열반(無餘涅槃)에 이르면 원만히 비워지고 고요한 몸이 훤히 드러난다. 몸이 거북이 털과 같아 모양이 위위(巍巍)하니 수미(須彌)가 바다에 드리우면 뭇 봉우리에 떨어진 것 같다. 공생(空生)에게 까닭이 있는가 깊이 들어 물으시니 사람들이 이에 놀라 집착을 내는데, 공생만이 부처님의 뜻을 알고 답하기를 '몸이 아니다' 잘 음(音)을 알았다. 단지 저 몸 아닌 도리를 무슨 도리라 할 것인가? 일찍이 잠깐도 모양이 뚜렷하지 못하니 모양은 비록 뚜렷하지만 토끼 뿔 같다" 해설하였습니다. '함허' 스님은 ⑤절을 참조하십시오.

㉕ "수보리야! 항하 가운데 있는 모래의 수만큼의 항하가 있으면, 네 뜻에 어떠하느냐? 이 모든 항하의 모래가 많다 하겠느냐?" 수보리 사뢰오되 "심히 많습니다. 세존이시여! 다만 모든 항하도 오히려 수 없이 많거든, 하물며 모래이겠습니까?"

"수보리야! 내 이제 진실한 말로 너에게 이르리니, 어떤 착한 남자나 착한 여인이 칠보로써 저 모든 항하의 모래 수와 같은 삼천대천 세계에 가득 채워서 보시하면 복을 얻음이 많겠느냐?" 수보리 사뢰오되, "심히 많습니다. 세존이시어!"

부처님께서 수보리에게 이르시되 "만약 착한 남자나 착한 여인이, 이 경 가운데서 사구게 등을 받아 지니고 다른 사람을 위해 말해준다면, 이 복덕은 앞의 것보다 나으리라. 다시 또 수보리야! 이 경을 설하되 사구게만 하더라도, 마땅히 알라, 이곳은 일체 세간 하늘사람과 인간과 아수라가 다 응당히 공양하기를 부처님의 탑묘와 같이 하리니. 어찌 하물며 어떤 사람이 이것을 다 받아 지녀 독송함이겠는가? 수보리야! 마땅히 알아라. 이 사람은 가장 높고 제일 희유한 법을 성취할 것이며, 이 경전이 있는 그 곳이 곧 부처님이 계심이 되고, 존중받는 제자들이 있음과 같으니라."

須菩提야! 如恒河中所有沙數하야 如是沙等恒河어던 於意云何오? 是諸恒河沙寧爲多不아? 須菩提言 甚多어다. 世尊이시여! 但諸恒河도 尙多無數은 何況其沙릿가?

須菩提야! 我今實言告汝하노니 若有善男子善女人이 以七寶로 滿爾所恒河沙數三千大千世界하야 以用布施하면 得福多不아? 須菩提言 甚多니다. 世尊이시여!

佛告須菩提하사대 若善男子善女人이 於此經中에 乃至受持四句偈等하야 爲他人說하면 而此福德이 勝前福德이니라. 復次須菩提야! 隨說是經하되 乃至四句偈等하면 當知此處는 一切世間 天 人 阿修羅 皆應供養을 如佛塔廟온 何況有人이 盡能受持讀誦가 須菩提야! 當知하라. 是人이 成就最上 第一希有之法이며 若是經典所在之處는 則爲有佛이요 若尊重弟子니라.

이 절은 만약 저 항하의 '모래알 수만큼의 항하가' 또 있어 그 모래수가 헤아릴 수 없이 많은 삼천대천 세계에 가득 채워서 그 많은 '칠보를 보시하면 복을 얻음이 많겠느냐'는 물음에 수보리는 '심히 많습니다'(假說인고로)라고 하였으나 '만약 착한 남자나 착한 여인이 이 경 가운데서 사구게(四句偈·四病을 끊는 正句) 등을 받아 지니고 다른 사람을 위해 말해준다면(說하면) 이 복덕은 앞의 것보다 나으리라'고 하여 앞의 칠보로 보시하는 것보다 더 많고 귀한 복덕(福德)이 된다는 뜻을 말했습니다. 그런 사람은 '가장 높고 제일 희유한 법을 성취할 것이며, 이 경전이 있는 그 곳이 곧 부처님이 계심이 되고, 존중받는 제자들이 있음과 같으니라' 한 뜻이 이 절의 요지입니다.

이 절목은 이 경의 별설 인문(因門) 중의 정신성취(定身成就) 권발이고, 이 경의 3차 권발입니다. 관은 정관(靜觀)인 사마타관입니다. '권발'은 아래 주해를 참조하십시오.

그리고, '최(最)상제일희유지법' 중의 '최(最)'자가 명봉원본이고, 고려대장경에는 '최'자의 약자 '최(寂)'자로 되어 있으니 참구하십시오.

함허 스님은 이 대목에서 "하나의 갠지스강의 모래도 수가 무궁한데 모래 수와 같은 갠지스강이야 또한 다함이 없다. 한 성품 중에 갠지스강의 모래 수와 같은 작용이 있으니 저 갠지스강의 모래의 용법(用法)도 다함이 없다. 낱낱의 갠지스강의 모래 또한 다함이 없듯 낱낱의 법 가운데 갠지스강의 작용이 있다. 보배의 시주는 생사를 받으므로 낮고, 경을 지니는 것은 깨달음에 나아가므로 뛰어나다 한 것이다" 하였습니다.

'사구게'는 ⑰절의 주해를 참조하십시오.

[권발] 권발은 '권해 이르킨다', '마음을 움직이도록 권한다', '사람에게 권해 도심(道心)을 일으키게 하는 것'입니다.

[아수라(阿修羅)] 아수라는 6도중생 중의 하나로, 대력신(大力神)이 전생에 하품선행의 결과로 아수라도의 과(果)를 얻었으나 현행은 악행으로 제석천(帝釋天)에 속한 인드라 신과 싸우고 있다고 합니다. 진심(瞋心)의 현행으로 보는 학설도 있습니다.

[항하사(恒河沙)] 항하는 인도(印度) 갠지스강의 한역(漢譯)이고, 항하사는 갠지스강에 있는 모래인데, 불교에서 그 강의 많은 모래알 수효처럼 '항하사'하면 대수(大數)를 비유하는 말로 통용되고 있습니다.

㉖ 저 때에 수보리가 부처님께 사뢰오되, "세존이시여! 마땅히 이 경의 이름은 무엇이라 하며, 우리들이 어떻게 받들어 가지오리까?"

부처님께서 수보리에게 이르시되, "이 경의 이름이 금강반야바라밀이니, 이 이름으로써 너희가 마땅히 받들어 가질지니라. 왜냐하면, 수보리야! 부처가 반야바라밀이라 설한 것은 곧 반야바라밀이 아니기 때문이니라."

爾時에 須菩提白佛言하대 世尊이시여! 當何名此經이며 我等이 云何奉持닛고? 佛告須菩提하사대 是經名爲金剛般若波羅蜜이니 以是名字 汝當奉持니라. 所以者何오? 須菩提야! 佛說般若波羅蜜은 則非般若波羅蜜是名般若波羅蜜일세라.

이 절은 수보리가 부처님께 '세존이시여! 이 경의 이름은 무엇이라 하며…' 하는 물음에 '이 경의 이름이 금강반야바라밀이니, 이 이름으로써 너희가 마땅히 받들어 가질지니라'하였습니다. 그리고 이어서 '왜냐하면, 수보리야! 부처가 반야바라밀이라 말한 것은 곧 반야바라밀이 아닌 것[空・寂]이니라' 하여 선나관(禪那觀) 중의 공[空寂・中道實相・般若空]이 반야바라밀경임을 암시(暗示)하고, 여법하게 마땅히 받들어 가져야 한다는 것이 이 절의 요지입니다.

이 절목은 이 경의 이름을 물은 바, '금강반야바라밀'이라 일러주신 것이요, 관은 '금강반야바라밀'이니 곧 선나관(禪那觀)입니다. 어찌하여 하필 여기서 수보리가 경명(經名)을 물었을까?

(우연히 무채를 이루었는가, 뽑고 쪼음이 한 때로다!)

이 절의 한문 원본 끝에 즉비반야바라밀(卽非般若波羅蜜) 다음에 '시명반야바라밀(是名般若波羅蜜)' 7자(字)가 명봉 역저(明

93

峰 譯著) 본에는 있고 고려대장경 판본에는 없으니, 유의하여 참구하시기 바랍니다.

함허스님이 설의(說誼)했습니다. "처음 자리를 펴면서부터 여기까지 한 경의 체(體)가 구비하고, 설한 뜻이 고르게 잘 마쳐졌으므로 공생이 무엇이라 경 이름을 붙일까 물어 받들어 가지기를 청하니, 여래께서 양끝을 들어 두 가지로 분부하여 주셨다. 말씀하신 경의 이름을 지어주시고, 또 말을 의지하여 지해(知解)를 낼까봐 걱정하신 까닭에 '반야는 반야가 아니라'고 말씀하여 문자의 성(性)이 본래 빈 것임을 알게 하신 것이다" 하였습니다.

규봉(圭峰) 스님은 "부처님께서 경 이름을 짓되 능히 번뇌를 끊는 것으로 하였다. 번뇌를 끊기 때문에 훌륭한 것인데 그 훌륭한 것을 설한 말에 집착할까보아서 반야가 아니다 한 것이다." 하였습니다. '규봉 스님'은 ⑯절의 '규봉' 주해를, '함허' 스님은 ⑤절의 '함허' 주해를 참조하십시오.

㉗ "수보리야! 네 뜻에 어떠하냐? 여래가 법을 설할 곳이 있느냐?" 수보리 부처님께 사뢰오되, "세존이시여! 여래께서 설하실 곳이 없습니다."

須菩提야! 於意云何오? 如來有所說法不아? 須菩提白佛言世尊이시여! 如來無所說일새니라.

이 절은 '여래가 법을 설할 곳이 있느냐?'는 물음에 수보리가 '여래께서 설하실 곳이 없습니다'라고 대답한 것입니다. 법을 설할 곳이 없다 함은 곧 중생세간(衆生世間)을 여읜 것이라, 다시 말하자면 '법을 설할 곳(所·衆生)이 없다' 함은 선나관 중에 중생심(衆生心·四識心)을 여읜 경계라 설법을 들을 중생이 없는 경지입니다. 그러므로 이것은 금강반야바라밀경 법을 듣고 그

관행법대로 수행하여 중생심(四識)을 여의어 중생이 없는 경지를 제시하는 뜻이 있습니다.

이 절목의 관은 삼세간 중 중생세간(衆生世間·衆生識心)을 선나관으로 여의는 것입니다. 그리고 이 절은 금강반야바라밀 곧 혜신(慧身)을 성취하는 법이니, 저 화엄경 제4과 3의 법에 의지하여 닦는 행(行)과 같은 것입니다. '수보리'는 아래 '십대제자도'를 참조하고, '중생세간'은 ㉙절 '삼세간도'를 참조하십시오.

여래 10대제자도(弟子圖)

(1)두타제일(頭陀第一) 가섭존자(迦葉尊者) : '두타' 곧 불도(佛道)의 행(行)이 수승한 이. 부처님의 심인(心印)을 전해 받았고, 경전 제1차 결집시 최고위에 있었음.

(2)다문제일(多聞第一) 아난존자(阿難尊者) : 들은 것을 잊지 않는 기억력이 수승한 이. 경전 제1차 결집시에 중요한 위에 있었음. '아난'은 '아난타'의 준 이름.

(3)지혜제일(智慧第一) 사리불존자(舍利佛尊者) : 지혜가 수승한 이. 부처님을 대신하여 설법을 많이 하였음. '사리불'은 '사리자(舍利子)'라 한역함.

(4)해공제일(解空第一) 수보리존자(須菩提尊者) : 해공(解空) 곧 공(空)한 이치를 깨달음에 가장 수승한 이. 선현(善現)·공생(空生)이라 번역하고, 일명 '순야다(舜若多·空)'임.

(5)설법제일(說法第一) 부루나존자(富樓那尊者) : 설법 변재가 수승한 이. '부루나'는 '만자자'(滿慈子)라 한역. 정반왕의 국사(國師)였는데 부처님 설법을 듣고 제자가 됨.

(6)천안제일(天眼第一) 아나율존자(阿那律尊者) : '아나율'은 '이장(離障)'이라 한역. 경전 결집시에 장로로 공이 있었음. 부처님 앞에서 자다가 꾸중을 듣자 자지 않고 정진하다가 눈이 멀고, 그 뒤에 천안통을 얻었음.

(7)신통제일(神通第一)　목건련존자(目犍連尊者)　：　'목건련'은 '목련(目連)'이라 한역. 신통력이 수승하였음. 지옥에 떨어진 어머니를 신통으로 보고 대정진 천도 발원으로 제도하였음.

(8)논의제일(論議第一)　가전연존자(迦旃延尊者)　：　'가전연'은 '불공(不空)'이라 한역. 분석 판별을 명석하게 잘하여 논의하는데 수승하였음.

(9)지계제일(持戒第一)　우바이존자(優婆離尊者)　：　'우바이'는 '근취(近取)'라 한역. 계율을 행하는데 수승하였음. 석가족 왕자들의 이발사였는데, 귀의하여 득도하고, 경전 결집시에 율법을 외워냈다고 함.

(10)밀행제일(密行第一)　라후라존자(羅喉羅尊者)　：　불도의 비밀한 행으로 애를 쓰지 않더라도 그대로 진리에 계합하는 등의 밀행에 수승하였음. '라후라'는 석존 출가 전의 아들로, 출가에 장애가 된다고 '라후라(장애)'라 이름하였다 함.

※석존의 제자 중 무루계(無漏界)의 성현 특성 별 10제자이니, 곧 천재 유형으로 나눈 10대 제자입니다.

㉘ "수보리야! 네 뜻에 어떠하냐? 삼천대천 세계 속에 있는 티끌이 많으냐?" 수보리 사뢰오되, "심히 많습니다. 세존이시여!"

"수보리야! 모든 티끌은 여래가 티끌이 아닌 것을 이 티끌이라 이름하며, 여래가 말한 세계도 세계가 아닌 것을 세계라 이름하느니라."

須菩提야! 於意云何오? 三千大千世界所有微塵이 是爲多不아? 須菩提言 甚多니다. 世尊이시여!

須菩提야! 諸微塵은 如來說非微塵을 是名微塵이라 하시며

如來說世界도 非世界를 是名世界라 하시느니라.

이 절은 '삼천대천 세계 속에 있는 티끌이 많으냐?'는 물음에 수보리가 심히 많다고 대답하자 '수보리야! 모든 티끌은 여래가 티끌이 아닌 것[寂]을 이 티끌이라 이름하며, 여래가 말한 세계 [器世間·色身]도 세계가 아닌 것을 세계라 이름하느니라'한 것입니다. 이것은 기세간을 여읜 것이고, 기세간은 삼천대천 세계나, 여기서는 색신(色身)을 여읜 것이니 곧 법진(法塵) 중의 심반(心半)을 제외한 6근(根)·6진(塵)을 제시한 것입니다.

이 절목의 관은 3세간 중 기세간(器世間·六根 등)을 선나관 (禪那觀)으로 닦는 것입니다. 몸 가운데 색(色·十二處 중 色十一半과 心半)이 있는 중에 그 색(色)인 기세간(器世間) 성품을 여읜 것을 제시한 것을 잘 살펴 볼 일입니다.

'법진(法塵) 중의 심반(心半)설과 색성품 십일반(十一半)'설은 ⑲절의 '3과도(科圖)'를 참조하십시오.

삼천대천세계도(三千大天世界圖)

(1)소천세계(小天世界) - 사주세계(四洲世界)의 천배(千倍)
(2)중천세계(中千世界) - 소천세계(小千世界)의 천배(千倍)
(3)대천세계(大千世界) - 중천세계(中千世界)의 천배(千倍)
※이 대천세계를 삼천대천세계라 합니다. 곧 소·중·대 3종의 천(千)세계로 이루어진 것이기 때문에 삼천대천세계 즉 세개의 천세계로 이루어진 '삼천대천세계'라고 부르는 것입니다.

㉙ "수보리야! 네 뜻에 어떠하느냐? 가히 삼십이상으로써 여래를 보겠느냐?"

"아닙니다. 세존이시여! 삼십이상으로는 여래를 보지 못합니다. 왜냐하오면 여래께서 말씀하신 삼십이상은 곧 이 상이 아닌 것을 이름하여 삼십이상이라 하신 까닭입니다."

須菩提야! 於意云何오? 可以三十二相으로 見如來不아?
不也니다. 世尊이시여! 不可以三十二相으로 得見如來니다. 何
以故오? 如來說三十二相은 卽是非相을 是名三十二相일새니다.

　　이 절에서는 '삼십이상으로써 여래를 보겠느냐?'는 물음에 대
해 '아닙니다. 세존이시여! 삼십이상으로는 여래를 보지 못합니
다. 왜냐 하오면 여래께서 말씀하신 삼십이상(三十二相)은 곧 이
상이 아닌 것[聖人相]을 이름하여 삼십이상(三十二相·智正覺世
間)이라 하신 것'입니다. 이것은 상(相)이 없는 명수문(明數門)의
적관(寂觀) 중에 32상(相·智正覺世間)을 여읜 경지를 제시하고
있는 것입니다. 그러므로, 이 절은 상(相)이 아닌 법 곧 삼세간
및 32상(相)을 여의는 법(鑑空의 慧인 內照作用의 方便法 등)에
의지하여 닦는 행(行)을 하게 하는 저 화엄경 4과의 3과 같은
것을 암유(暗喩)하고 있습니다.
　　이 절목의 관은 3세간 중 '지정각(智正覺) 세간'을 선나관으로
여의는 것이니 앞에 '중생세간'과 '기세간'과 함께 3세간을 모두
여읜 경계이고, 오분신(五分身) 중 혜신(慧身)을 성취한 것입니
다. 다시 말하면 앞의 ㉗절 중생세간(衆生世間·마음) 곧 4식
(識)을 여읜 것과 ㉘절의 기세간(器世間·몸) 곧 6근(根) 6진
(塵·法塵中心半外)을 여읜 것과 이 ㉙절의 32상(聖人相·智正
覺世間)을 여읜 것이니, 그러니까 삼세간(三世間)을 모두 여읜
감공(鑑空)의 혜신(慧身)을 성취한 절목인 것입니다. 이것은 또
한 화엄경(華嚴經) 성행분(成行分)의 이세간품(離世間品)과도 같
은 것이기도 합니다.
　　'3세간'은 아래 '3세간도'를 참조하십시오.

　　[32상(相)] 32상은 부처님의 32종의 좋은 상(種好·相好)이라

하는 성인상(聖人像)이고, 또한 전륜왕(轉輪王:신화적인 뛰어난 군주)의 신체에 갖추어 있다고 하는 32가지 특징, 곧 대인상(大人相)이라고도 하는 상입니다.

[감공(鑑空)의 혜신(慧身)] 감공의 혜신은 감공의 혜(慧)의 내조작용(內照作用)으로 통달한 몸이라는 뜻입니다. '감공(鑑空)의 혜(慧)'라 하는 것은 곧 지혜(智慧)에는 두 가지 뜻이 있으니, 하나는 수행하면 내조(內照)작용으로 마음이 닦아지는 '감공의 혜(慧)' 슬기이고, 다른 하나는 '조유(照有)의 지(智)'라 하는 지(智) 슬기가 있습니다. '반야(般若)'라 하는 지혜 중에 '감공의 혜'는 '반야'라 하고, '조유의 지'는 '야나(若那)' 또는 '반나(般那)'라고도 하는 것입니다. 저 10바라밀 중에 여섯 번째 반야바라밀은 '감공의 혜'이고, 열 번째 지(智)바라밀은 '조유의 지(智)'입니다. 이 금강반야경의 수행법은 '감공의 혜'가 위주임도 유념할 일입니다.

삼세간도(三世間圖)

(1)중생세간(衆生世間·五陰身 世間) : 중생세간이란 12중생세간 또는 6도(道)중생세간이니, 오온신(五蘊身·四識身) 작용을 하는 등 일체의 정보(正報) 중생세간을 말하는 것입니다. 그러나 ㉗절목에서 말하는 중생은 정보중생심인 4식심(四識心) 곧 4상심(相心)을 제시한 것입니다.

(2)기세간(器世間) : 기세간이란 정보중생들이 의지하고 사는 일체의 산하대지(山河大地) 등을 기세간이라 하고, 또는 의보(依報) 중생세간이라 합니다. 그러나, ㉘절목의 기세간(器世間)은 몸[色身]의 법진(法塵) 속에 심반(心半)을 제외한 6근(根) 6진(塵)의 색을 제시한 것입니다.

(3)지정각세간(智正覺世間) : 성문(聲聞)·연각(緣覺)·보살(菩薩)·불(佛) 성현 등을 말하는 것입니다. 그러나 이 절목에서는 32상(相·聖人像身)의 지각(智覺)을 제시한 것이니 ㉗, ㉘, ㉙절

은 삼세간을 여읜 절목입니다.

※3세간(世間)의 '세(世)'는 시간(時間)이요, '간(間)'은 공간(空間)을 뜻하는 말입니다.

[사병(四病)] 사병은 원각경에서 말한 4종의 병으로, 첫째 작병(作病)은 마음으로 여러 가지 행(行)을 지어서 원각(圓覺)을 구하려는 병이고, 둘째 임병(任病)의 임(任)은 연(緣)에 따라 자성에 맡긴다는 것으로, 생사를 끊지도 않고 열반을 구하지도 않고 원각을 구하려는 병이며, 셋째 지병(止病)은 모든 생각을 그치고 고요하고 평등하게 하여 원각을 구하려는 병이고, 넷째 멸병(滅病)은 온갖 번뇌를 소멸하기만 하고 근(根)과 진(塵)을 고요하게 하기만 하여 원각을 구하려는 병을 말하는 것입니다. 그리고, '4병'을 여의는 관은 정관(正觀)이라고 하는 것입니다.

㉚ "수보리야! 만약 착한 남자나 착한 여인이 항하의 모래 수와 같은 많은 목숨으로서 보시하였더라도, 다시 어떤 사람이 이 경 가운데 사구게만을 받아 지니고 다른 사람을 위하여 설하면, 그 복이 저 복보다 더 많으니라."

須菩提야! 若有善男子善女人이 以恒河沙等身命으로 布施어 던 若復有人은 於此經中에 乃至受持四句偈等하여 爲他人說하 면 其福이 甚多니라.

이 절은 '항하의 모래 수와 같은 많은 목숨으로서 보시하였더라도, 다시 어떤 사람이 이 경 가운데 사구게(四句偈·四病을 여의는 正句)만을 받아 지니고 다른 사람을 위하여 설하였다면, 그 복이 저 복보다 더 많으니라'한 이것은 어떤 착한 사람이 거듭 환생하면서 많은 목숨으로서 보시하였다 하더라도 한 사람이 이 경 가운데 사구게(四句偈)만이라도 받아 지니고 법을 전하였다면 이 복이 저 복보다 더 많다는 것입니다.

이 절목은 앞 절의 혜신(慧身) 성취 권발이니, 이 경의 권발은 제4차입니다. 관은 '이 경' 곧 '금강반야바라밀' 제시니, 곧 적관(寂觀)인 선나관이요, 또한 그 경법(經法·無相法)에 의지하여 닦는 행(行)을 하게 하는 화엄경 4과 3과 같은 것 입니다.

㉛ 저 때에 수보리가 이 경을 설하시는 것을 듣고, 깊은 뜻을 잘 알아서 감격의 눈물을 흘리며 부처님께 사뢰오되, "거룩하신 세존이시여! 부처님께서 이렇게 심히 깊은 경전을 설하심은, 제가 예로부터 얻은 바 지혜 눈으로는 일찍이 이와 같은 경을 얻어 듣지 못하였습니다. 세존이시여! 만약 다시 어떤 사람이 있어 이 경을 얻어 듣고, 믿는 마음이 깨끗하면 곧 실상을 내리니, 마땅히 이 사람이 제일 희유한 공덕을 성취할 것입니다. 세존이시여! 이 실상이라는 것은 곧 이 실상이 아닌 것이라, 그러므로 여래께서 말씀하시되 이름이 실상이라 하신 것입니다."

爾時에 須菩提聞說是經하고 深解義趣하야 涕淚悲泣 而白佛言하되 希有世尊이시여! 佛說如是甚深經典은 我從昔來所得慧眼으론 未曾得聞如是之經호이다. 世尊이시여! 若復有人이 得聞是經하고 信心淸淨하면 則生實相하리니 當知是人이 成就第一希有功德이니이다. 世尊이시여! 是實相者 則是非相일새 是故로 如來說名實相이라 하시나이다.

이 절은 수보리가 '지혜눈(慧眼·幻觀의 智)으로는 일찍이 이와 같은 경을 얻어 듣지 못하였습니다. 세존이시여! 만약 다시

어떤 사람이 있어 이 경(經)을 얻어듣고, 믿는 마음이 깨끗하면
[淸淨·理] 곧 실상(實相)을 내리니' 하여 삼마제의 지(智·慧眼)
에서 사마타의 이(理·淸淨)로 향(向)한 실제회향(實際廻向)으로
실상(實相)을 낼 것이니, '마땅히 이 사람이 제일 희유한 공덕을
성취할 것입니다. 세존이시여! 이 실상이라는 것은 곧 이 실상이
아닌 것'이라, 그러므로 실상이라 이름한다 하였습니다. 위의 '지
혜눈으로… 듣지 못하였습니다'라고 한 말은 또한 안근(眼根)과
색진(色塵)의 호용(互用)을 뜻하는 것입니다.

　이 절목의 관은 삼회향(三廻向) 중 실제회향(實際廻向)이니,
곧 삼마제관의 지(智·慧眼)를 돌려 사마타관의 이(理·實相法)
로 향한 실제회향(實際廻向)이며 교락관이기도 합니다.

　육조(六祖) 혜능스님은 이 대목에서 "제 성품이 어리석지 아
니한 것이 이름이 지혜의 눈이고, 법을 듣고 스스로 깨달은 것
을 법의 눈이라 이름한다. 수보리는 아라한이다. 오백 제자 가운
데서 공(空)을 아는 것이 으뜸이며, 이미 일찌기 부지런히 많은
부처님을 받들었으니 어찌 이런 깊은 법을 얻어듣지 못하고 이
제 석가모니 부처님 처소에서 비로소 들었겠는가. 그러나 혹시
수보리가 옛적에 얻은 것은 성문의 혜안(慧眼)에 불과하였는데
이제 비로소 이렇게 깊은 경을 얻어듣고 비로소 부처님의 뜻을
깨닫게 되니 옛적에 깨닫지 못한 것을 슬퍼하여 눈물을 흘리고
울으신 것이다."하였습니다. '육조혜능' 스님은 ㉓절 '육조' 주해
를 참조하십시오.

　한정섭(韓定燮) 법사 '금강경 오가해'의 이 대문 중에서 "실상
(實相)은 법보화(法報化) 3신의 참 모습이다. 그러니 이 경은 실
상을 깨달아 제일 희유한 공덕을 이루게 하는 경이고, 4상(相)을
공하게 하여 부처님과 똑같이 되게 하는 공덕을 가진 것이며,
아법이공(我法二空)을 통하여 제일바라밀을 성취시키는 것이라

는 것이다. 어찌 듣지 않고 읽지 않고 쓰지 않으며 전하지 않겠는가"하였습니다.

[한정섭(韓定燮)] 한정섭은 동국대학교 불교대학 졸업. 한국불교태고종 중앙포교사. 한국불교 조계종 포교원 부원장. 한국불교 금강선원이사장. 저서;『생의 실현』,『금강경 오가해』석편,『천수경 강의』,『불교설화연구』,『법화삼부경』등 다수.

[실상(實相)] 실상은 모든 것의 있는 그대로의 진실한 모습이며, 상주불변(常住不變)의 이법(理法)이라고 합니다. 제법실상(諸法實相)설에 곧 선종(禪宗)에서는 제법실상을 불조(佛祖)의 현성(現成)·본래(本來)의 면목(面目)이라 합니다. 진실의 이법(理法), 불변의 이(理), 진여(眞如), 법성(法性), 실성(實性), 열반(涅槃), 무위(無爲) 등도 실상의 이름이 될 만큼 많은 의미를 포함하고 있습니다. 곧 모든 존재의 진리의 현상을 말하고 있고, 최후구경(最後究竟)의 것으로써 생각되어진 것을 이 말로 나타내고 있습니다. 이 실상의 양상은 말이나 마음으로 짐작할 수 없는 것이라 하나 '실상반야(實相般若)'라 하는 경우 곧 반야에 의하여 관조(觀照)되는 경계로써, 반야로 증득한 바 이체(理體)입니다. 이것은 무상공(無相空)이라 한다던가 또는 감공(鑑空)의 혜(慧)라 하는 공리(空理)가 아니라, 반야의 슬기를 내는 실상(實相)의 이(理) 그것이라 합니다.

[혜안(慧眼)] 혜안은 사물을 바르게 관찰하는 눈, 철학적 통찰력, 진리를 보는 눈입니다. 아래 '5안 4지도'를 참조, '실제회향'은 ㉝절 '3회향도'를 참조하십시오.

5안도(眼圖)

(1)육안(肉眼) - 중생의 육신에 갖고 있는 눈.
(2)천안(天眼) - 초인적인 눈이니, 신통력에 의해 모든 것을

간파하는 지혜의 눈.

(3)혜안(慧眼) - 사물을 바르게 관찰하고, 철학적 통찰력으로 진리를 바르게 보는 눈.

(4)법안(法眼) - 법의 진리에 대한 밝은 눈이니, 진실을 보는 밝은 눈.

(5)불안(佛眼) - 깨달은 자의 눈이니, 멀리 볼 수 있고, 모든 것을 다 아는 눈.

※천안은 6식(識)의 오(悟)로, 혜안은 전오식의 증(證), 법안은 7식의 요(了)로, 불안은 8식 및 모든 식을 여읜 눈이라는 학설도 있으니 연구해 볼 일이기도 합니다.

※여래 무진안(無盡眼) - '무진안'이란 다함이 없는 눈. 여래안(如來眼)입니다. 이 눈은 5안에 넣지 않고, 또 무진안을 넣어 6안이라고 한 데가 없는 것도 유념해 볼일이고, '여래(如來)'는 경에 "여래라 하는 자는 여의자(如意者)요, 불자(佛者)는 각의(覺意)라" 한 부처님의 말씀도 참고하시고, '무진안'은 물론 5안(眼)을 모두 갖춘 헤아릴 수 없는 눈입니다.

㉜ "세존이시여! 제가 이제 이 경전을 얻어듣고 믿어 알고 받아 지니는 것은 어려운 일이 아니오나, 만약 이 다음 세상 뒤 오백 세에 그 있는 중생들을 이 경을 얻어 듣고 믿어 알게 하고 지니게 하면, 이 사람이 곧 제일 희유함이 될 것입니다. 왜냐 하오면 이 사람이 아상·인상·중생상·수자상이 없음이오니, 어째서 그러냐 하오면 아상이 곧 상이 아니오, 인상·중생상·수자상이 곧 상이 아닌 까닭입니다."

世尊이시여! 我今得聞如是經典하고 信解受持는 不足爲難이

어니와 若當來世後五百歲에 其有衆生을 得聞是經하고 信解受持케하면 是人이 則爲第一希有니다. 何以故오? 此人이 無我相 人相 衆生相 壽者相일새니 所以者何오? 我相이 卽是非相이며, 人相 衆生相 壽者相이 卽是非相일새니라.

이 절은 '제가 지금 이 경전을 얻어 듣고 믿어 알고 받아 지니는 것[經의 理를 알고 受持·靜觀]은 어려운 일이 아니오나, 만약 이 다음 세상 뒤 오백 세(後五百歲)에 그 있는 중생들을 이 경을 얻어듣고 믿어 알게(解·智) 하고 지니게 하면[衆生濟度·幻觀], 이 사람이 곧 제일 희유함이 될 것[衆生廻向]입니다. 왜냐 하오면 이 사람이 아상·인상·중생상·수자상이 없음(四相이 없음)이오니, 어째서 그러냐 하오면 아상이 곧 상(相)이 아니오, 인상·중생상·수자상이 곧 상이 아닌 까닭(四相이 相이 아니고 識이 없으니)'이라고 하였습니다.

이 절목의 관은 삼회향(三廻向) 중 중생회향(衆生廻向)이고, 교락관이기도 합니다. 다시 말하면 '경전을 얻어 듣고 믿어 알고 받아 지니는 것[經의 理를 受持 ·사마타]'에서 '이 경을 얻어 듣고 믿어 알게[智·삼마제관·幻觀] 하고 지니게 하여 수행하게 하면' 하였으니 곧 사마타관의 이(理)를 돌리어 삼마제관의 지(智)로 향(向)한 것으로 회자향타(廻自向他)니, 중생회향(衆生廻向)입니다. 이 절은 '이 경을 얻어 듣고 믿어 알게 하고 지니게 하면, 이 사람이 곧 제일 희유함이 될 것이라 한 것이 요지입니다.

'중생회향'은 ㉝절 '삼회향도'를 참조하고 '교락관'은 이 경 뒤 '중요도식' 중 '25륜도'를 참조하십시오.

[사상(四相)] 사상은 아상(我相·전5식)·인상(人相·제6식)·중생상(衆生相·제7식)·수자상(壽者相·제8식)이라고, 앞에 ⑧절에서 '4상'이 '4식(識)'과 다른 것이 아니라는 뜻을 제시한 바가 있습니다. 그러나 이 사상을 모두 잘 못 보아서 이 금강경

해석이 잘 못 되었기 때문에 연습 겸 다시 말씀드리겠습니다.

(1)아상(我相 : 色·受蘊)은 <원각경>에 "어떤 것이 '아상(我相)'인고, 이르되 모든 중생의 마음에 '증(證)'하는 바 자(者)니" 하여 받아들이는 마음을 증득(證得)하여, 수온(受蘊)의 증(證)자라는 뜻을 말하고 있습니다.

(2)인상(人相·想蘊)은 <원각경>에 "어떤 것이 '인상(人相)'인고, 이르되 모든 중생의 마음에 증(證)을 오(悟·깨달음)하는 자"라는 뜻을 말하여서 상온(想蘊)이 오(悟)와 같은 뜻을 제시하고 있습니다.

(3)중생상(衆生相·行蘊)은 <원각경>에 "중생의 요증(了證) 요오(了悟)도 다 '아상'과 '인상'이 되나니, '아상'과 '인상'이 미치지 못하는 자가 조금 알음알이(末那識은 前想陰中殘餘末那半分微細) 곧 그 요(了)가 있는 것을 이름하여 '중생상'이니라" 라고 하여서 행온(行蘊)의 요(了)자와 같은 뜻을 제시하고 있습니다.

(4)수자상(壽者相·識蘊)은 <원각경>에 "어떤 것이 수명상(壽命相)인고, 이르되 모든 중생의 마음에 비치는 조(照가 밝은 것)가 있는 것이니, 각한 이가 알 바요"라고 하여서 마음의 뿌리가 되는 식온(識蘊)의 조자(照者)와 같은 뜻을 제시하고 있습니다.

그러므로 사상(四相)과 오온(五蘊)이 다른 것이 아님을 알 것이요, 4식(識)과도 같은 것임을 알게 될 것입니다. 본경 뒤에 첨부한 원각경의 '4상(相)'을 참조하십시오.

㉝ "어찌하여 그런고 하오면, 일체 모든 상을 여읜 것이 곧 모든 부처님이라 이름하기 때문입니다."

何以故오? 離一切諸相이 則名諸佛일새니다.

이 절은 '일체 모든 상(諸相)을 여읜 것(離·理體·사마타)이 곧 모든 부처님이라(諸佛·智·삼마제) 이름하기 때문입니다' 한 것입니다.

이 절목의 관은 삼회향 중 보리회향(菩提廻向)이니, 곧 사마타관의 이(理)와 삼마제관의 지(智)인 인(因)을 돌이켜 선나관의 보리과(菩提果)로 향한 보리회향이고, 해탈신(解脫身) 성취입니다. 관은 또한 교락관(較絡觀)이라고도 합니다. 이 절은 '모든 상을 여읜 것이 곧 모든 부처님이라' 하여 그러니까 '진여상회향(眞如相廻向)' 및 '무박무착해탈회향(無縛無着解脫廻向)' 경계도 제시한 것이요, 그리고 또한 그러한 부처님이 된 그런 사람을 의지하여 증(證)해 들어가 덕을 이루라 하는 암시도 있는 것이니, 이 3회향 수행 절목은 화엄경 4과의 4 사람을 의지하여 증(證)해 들어가 덕을 이룬다는 것과 같은 뜻이 숨겨진 것입니다.

'교락관'은 뒤의 '중요도식'의 '25륜도'를 참조하시고, '보리회향'은 아래 '3회향도'를 참조하십시오.

※㉛절부터 이 ㉝절까지는 수보리의 말이고, 이하 ㉞절부터는 부처님이 수보리의 약설(略說)을 보완(補完)한 것입니다.

3회향도(廻向圖)

회향(廻向·回向)이라 하는 것은 '돌이켜 향한다'는 뜻이니, 자기가 닦아온 선근공덕(善根功德)을 다른 중생에게나 또는 자기의 불과(佛果)에 돌이켜 향하는 것입니다.

(1)중생회향(衆生廻向)-'회자향타(廻自向他)'니, 사마타의 이(理)에서 삼마제의 지(智)로 돌이키면 '중생회향'입니다. 곧 중생회향이라는 것은 자신이 수행하여 얻은 공덕을 다른 중생에게 돌려서 공덕과 이익을 베푸는 것입니다.

(2)보리회향(菩提廻向)-'회향인과(廻向因果)'니, 삼마제의 지(智)와 사마타의 이(理)인 인(因)을 선나로 돌이켜 보리과(菩提

果)로 향하는 것이나, 또 회인향과(廻因向果)의 이(理)인 사마타에서 지(智)인 삼마제로 돌이키는 인(因)이 보리과(선나)로 향하는 것이 '보리회향'이니, 이 ㉝절은 후자입니다. 곧 제가 닦아서 얻은 선근(善根)을 불과보리(佛果菩提)에 돌이켜 그 과덕(果德)을 얻는 것입니다. 다시 말하면 자기의 만선만행(萬善萬行)을 정토의 인(因)으로 돌리는 것입니다.

(3)실제회향(實際廻向)-'회지향이(廻智向理)'니, 삼마제의 지(智)에서 사마타의 이(理)로 돌이키면 '실제회향'입니다. 곧 자기가 닦아서 얻은 선근공덕(善根功德)을 돌이켜 무위열반계(無爲涅槃界)에 이르려고 하는 것입니다. 실제(實際)의 뜻은 진실의 이법(理法)입니다. 또한 만선만행(萬善萬行)을 정토의 인(因)으로 돌이키는 것을 실제회향이라 합니다.

※회향의 수참요지(修懺要旨)를 말씀드리면 회향(廻向)을 닦는 다는 것은 일을 돌려서 이치로 향하고, 나를 돌려서 남에게 향하고, 원인을 돌려서 결과로 향하는 것입니다. 여기서 또 화엄경의 '10종회향'을 소개하기로 합니다. 참고하십시오.

[십종회향(十種廻向)] 십종회향은 (1)나를 돌려서 남에게 향한다(廻自而向大). (2)작은 것을 돌려서 큰 것으로 향한다(廻少而向大). (3)나의 인행(因行)을 돌려서 남의 인행이 되도록 향한다(廻自之因行而向他之). (4)원인을 돌려서 결과(果)로 향한다(回因而向果). (5)낮은 것(劣)을 돌려서 훌륭한 것(勝)으로 향한다(廻劣而向勝). (6)번뇌를 돌려서 보리(菩提)로 향한다. (7)일을 돌려서 이치로 향한다(回事而向理). (8)차별(差別)을 돌려서 원융(圓融)한 행(行)으로 향한다. (9)세간(世間)의 일을 돌려서 불법(佛法)의 일로 향한다. (10)이치에 따르는 일의 행(順理之事行)을 돌려서 이치로 이루어진 일(理所成之事)로 향하는 것입니다.

이 열 가지 뜻 중에서(十義中) 맨 앞의 (1), (2), (3)은 중생에게 회향하는 것이고, 그 다음 (4), (5), (6)은 바른 깨달음, 즉 보리로 회향하는 것이요, 다음 (7), (8)은 실제(實際)에 회향하는 것이요, 끝으로 (9), (10)은 보리(菩提)와 실제(實際)에 다 통하는 것입니다.<華嚴經 大疏抄>

㉞ 부처님께서 수보리에게 이르시되, "옳고 옳다! 만약 다시 어떤 사람이 있어 이 경을 얻어 듣고, 놀라지 않고, 겁내지 아니하고, 두려워하지 아니하면, 마땅히 알라. 이 사람이 참으로 희유한 사람인 것이니"

佛告須菩提하사대 如是如是니라. 若復有人이 得聞是經하고 不驚不怖不畏하면 當知是人이 甚爲希有니,

이 절은 '옳고 옳다! 만약 다시 어떤 사람이 있어 이 경의 말을 얻어 듣고, 놀라지 않고, 겁내지 아니하고, 두려워하지 아니하면[經을 믿고 因을 닦으면], 마땅히 알라. 이 사람이 참으로 희유한 사람인 것[證位 수행으로 들어선 사람]'이라는 것입니다. 그러니까, 앞 절까지는 수보리의 약설(略說)이고, 이 절부터 이하(以下)는 여래께서 보완(補完)한 것입니다.

이 절목은 경을 이미 굳게 믿고 증위(證位) 수순 수행에 들어선 사람이고, 이는 신(信)이니, 관은 삼마제관입니다. 그리고, 믿으면 '희유한 사람이 된다' 하여 화엄경 4과 1, 과를 들어 낙을 권하여 신(信)을 내게 한 것과 같은 것입니다.

한정섭 법사 『금강경 오가해』의 이 대문 중에서 "공생의 희유한 말이 묘하게 이치에 계합하므로 '그렇고 그렇다' 찬탄하신 것이다. 중생이 깨달음을 어겨 등져 온지 오래다. 부처님께 듣고 열어 보이고 많은 생에 놀래고 두려워하나니, 진실로 놀래고 두려워하지 아니하면 심히 희유하다. 비유하면 가난한 아이가 비척비척 외롭게 노숙하여 온지 이미 오래다가 아버지 왕을 얻

어 보는 것이 진실로 천행이나, 그러나 그 아버지는 문과 뜻이 높고 높고 가난한 아이는 뜻이 낮고 낮아 보고 놀래고 두려워 도망치기를 면치 못하니, 보고 놀래고 두려워하지 않은 것은 심히 희유함이 된다." 하였습니다. '한정섭' 법사는 ㉛절 주해를 참조하십시오.

㉟ "어찌하여 그러냐 하면, 수보리야! 여래가 말하는 제일바라밀은 제일바라밀이 아닌 것이 제일바라밀이라 이름하기 때문이니라. 수보리야! 인욕바라밀도 여래가 설하기를 인욕바라밀이 아닌 것이라 하셨나니 무슨 까닭이냐? 수보리야! 내가 옛날 가리왕이 되어서 몸을 베이고 잘리움을 당할 적에, 나는 그 때에 아상이 없고 인상이 없고 중생상이 없고 수자상이 없었나니, 무슨 까닭이냐? 내 몸을 그 옛날 마디마디 자를 때에 만약 아상·인상·중생상·수자상이 있었다면 응당 성을 내고 원망하는 마음이 났을 것이니라."

何以故오? 須菩提야! 如來說第一波羅蜜은 非第一波羅蜜이 是名第一波羅蜜일새니라. 須菩提야! 忍辱波羅蜜도 如來說非忍辱波羅蜜이라 하시나니 何以故오? 須菩提야! 如我昔爲歌利王하야 割截身體홀제 我於爾時에 無我相 無人相 無衆生相 無壽者相이니 何以故오? 我於往昔節節支解時에 若有我相 人相衆生相 壽者相이면 應生瞋恨이니라.

이 절의 '제일바라밀(第一波羅密)은 제일바라밀이 아닌 것이 제일바라밀이라 이름하기 때문'이라 한 이것은 "6바라밀의 제일 첫 번째 제일바라밀(보시바라밀)이란 뜻이 아니라 전후의 문맥과 원어(原語)의 본래의 뜻과 현장(玄奘) 역본에 최승바라밀(最

勝波羅密)로 되어 있는 것 등으로 보아서 최고바라밀경이라는 의(義)라” 하는 뜻을 각묵스님 ‘금강경 역해’에서 밝히고 있듯이 이 경의 풀이도 그렇게 보기로 하였습니다. 그러나 ‘보시’도 법공양(法供養·布施)의 무주상보시(無住相布施)로 볼 때에는 ‘최승바라밀’일 것이니 곧 6바라밀 중의 보시와 같은 뜻으로 볼 수도 있으니 더 연구해 볼 일이기도 합니다. ‘수보리야! 인욕바라밀도 여래가 설하기를 인욕바라밀이 아닌 것이라 하느니, 무슨 까닭이냐? 수보리야! 내가 옛날 가리왕(歌利王·善歌利王)이 되어서 몸을 베이고 자름을 당할 적에’ 나는 4상(相)이 없었나니, 곧 가리왕 당시[善歌利王時]에 제석(帝釋)이 포악(暴惡)한 전타라(旃陀羅)로 변신하여 나의 팔 다리를 자를 적에 나에게 4상(相·四識)이 없었나니[因地의 수행 時], 무슨 까닭이냐 하면 ‘내 몸을 마디마디 자를 적에 만약 아상·인상·중생상·수자상이 있었다면 응당 성을 내고 원망하는 마음이 났을 것’이라는 것입니다.

이 절목은 부처님 전생의 가리왕(歌利王·善歌利王) 시절에 전타라(旃陀羅·帝釋天王 변신)에 당한 이야기입니다. 그리고 다음 ㊱절과 같이 곧 부처님 전생에 인욕(忍辱) 수행으로 4상(相·四識)이 없는 경계 곧 인욕 할 것도 없는 행을 보인 것입니다. 이 절은 인(因·忍)을 닦아 과에 계합하는 해(解)를 내는 것입니다.

이 절의 한문 원본 ‘여래설비인욕바라밀(如來說非忍辱波羅蜜)’ 다음에 ‘시명인욕바라밀(是名忍辱波羅蜜)’ 7자가 많은 금강경에 삽입되어 있는데 ‘정역주해 금강경 명봉 조응준 역저(譯著·丙午 1966년 秋刊行)’에는 없습니다. 이 문제에 대해서는 김용옥 교수님의 ‘금강경 강해’ 중에서 말한 부분을 다음에 소개합니다. 참고하십시오.

도올 김용옥의 금강경 강해 통나무사 간행본에, (本經 앞의

㉖절 속의 문제) '수보리(須菩提) 불설반야바라밀(佛說般若波羅蜜) 즉비반야바라밀(則非般若波羅蜜)' 다음의 '시명반야바라밀(是名般若波羅密)' 7자(字)에 대하여, "우리 해인사 『고려대장경』본에도 『대정(大正)』본에도 '시명반야바라밀(是名般若波羅密)'이라는 구문은 존재하지 않는다. 이것은 『오가해(五家解)』에 기초한 세조(世祖) 언해본(本)에 나타나고, 현암신서(玄岩新書)의 김운학 역주(金雲學 譯註), 『신역 금강경오가해(新譯 金剛經五家解)』속에 영인되어 있는 일제시대 판본으로 보이는 현토본에 나타날 뿐이다. 고익진 선생(高翊晉 先生)이 책임 교열한 동국대학교 『한국불교전서』속에 들어가 있는 득통 기화(得通 己和)의 『금강반야바라밀경 오가해 설의(金剛般若波羅蜜經 五家解 說誼) 본(本) 속에도 '시명반야바라밀(是名般若波羅蜜)'은 존재하지 않는다.

이러한 문제가 사소한 것 같이 보일 수도 있지만, 이는 학문의 기저가 왔다갔다할 수 있는 매우 중대하고 심각한 사태에 속하는 것이다."하엿습니다. 그리고 또 이 ㉟절 '여래설비인욕바라밀(如來說非忍辱波羅蜜)' 다음의 '시명인욕바라밀(是名忍辱波羅蜜)'은 여러 금강경해에 첨가되어 있으나, 본래 구마라집 한역 정본에는 없는 것이라 고려대장경본에 없다고 하는 뜻을 말했습니다. 정석 주해 금강경 명봉 역저에도 없는 것이니, 본래 원본에 없는 것으로 긍정이 갑니다. 유념하십시오.

[김용옥(金容沃)] 김용옥은 고려대 철학과 졸업·국립대만대학 철학과 석사·동경대학 철학과 석사·하바드대학 철학박사·고려대학교 교수 등 역임. 미국 뉴잉글랜드 복잡계연구소 철학분과위원장. 도올서원 강주. 저서에 『나는 불교를 이렇게 본다』 『동양학 어떻게 볼 것인가』 『노자 철학(老子 哲學)은 이것이다』 외 다수.

[각묵] 각묵은 1979년에 출가한 승려. 송광사 등 여러 선방에

서 정진하고 80년에 **빠알리** 삼장을 한글로 옮기려는 원을 세우고, 10여년 인도에 가 유학함. 지금은 **빠알리** 삼장의 번역작업을 하고 있음. 저서에 『금강경 역해』(금강경 산스끄리뜨 원전 분석 및 주해).

한정섭 법사『금강경 오가해』의 이 대문에서 "인욕의 참모습은 무엇인가. 4상이다. 4상만 없으면 너 내가 없고, 너 내가 없으면 상대가 없으므로 성낼 대상을 보지 않는다. 마치 하늘이 허공을 치는 것 같아 칼은 몇 번 번득여도 하늘은 베어지거나 참는 것이 있을 수 없다. 이것이 인욕바라밀의 참모습이다. 부처님은 이렇게 5백 생을 번갈아 태어나며 눈을 보시하고 귀를 보시하고 처자권속을 보시하여 왔다. 그런데 이 경을 지니는 고행은 공연히 책만 가지고 입으로 외우는 것만이 아니라, 책을 통하여 4상의 도리를 깨닫고 4상을 여읨으로서 어떠한 괴로움도 괴로운 마음이 없이 이겨낼 수 있도록 하는데 뜻이 있는 것이라 사명공덕(捨命功德) 보다 지경공덕(持經功德)이 났다 한 것이다. … 열반은 보살의 위치(位置)가 아니다. 열반에도 머물지 않고 모든 법, 일체에 머물지 아니하여야 비로소 보살이 머물 곳이 된다. 보살은 자신의 5욕 쾌락을 위하지 않고 보시하여야 한다. 안으로 간탐심을 부수고 밖으로 일체중생을 이익 되게 하여 보시하라" 하고, 제일바라밀 보시의 중요성을 드러내었습니다.

6바라밀도(波羅蜜圖)

(1) 보시바라밀(布施波羅蜜) - 베푸는 것.
   (아끼고 탐내는 마음을 다스리는 것 … 治慳貪)
(2) 지계바라밀(持戒波羅蜜) - 계율을 지키는 것.
   (욕심에 물드는 마음을 다스리는 것 … 治染欲)
(3) 인욕바라밀(忍辱波羅蜜) - 참는 것.

(성내는 마음을 다스리는 것 … 治瞋恚)

(4) 정진바라밀(精進波羅蜜) - 노력하는 것.

(게으른 마음을 다스리는 것 … 治懈怠)

(5) 선정바라밀(禪定波羅蜜) - 마음을 깨끗이 하는 것.

(산란한 마음을 다스리는 것 … 治散亂)

(6) 지혜바라밀(智慧波羅蜜) - 참 슬기를 내는 것.

(어리석은 마음을 다스리는 것 … 治愚痴)

※6바라밀은 위와 같이 치육폐(治六蔽)에 대비(對比)해 보는 것이 좋습니다.

㊱ "수보리야! 또 생각하니, 과거 오백 세에 인욕선인 노릇을 할 적의 그 때에도 아상이 없고 인상이 없고 중생상이 없고 수자상이 없었나니, 그러므로 수보리야! 보살은 응당 일체의 상을 여의고 아뇩다라삼먁삼보리 마음을 발할 것이니라. 색에 머물러 마음을 내지 말고, 소리와 냄새와 맛과 감촉과 법에 머물러 마음을 내지 말아서 응당 머무는 바 없는 마음을 낼 것이라. 만약 마음이 머무름이 있으면 곧 머무름이 아닌 것이니, 그러므로 부처는 설하기를 보살이 마음을 응당 색에 머물지 말고 보시하라 하느니라."

須菩提야! 又念過去於五百世에 作忍辱仙人홀제 於爾所世에도 無我相 無人相 無衆生相 無壽者相이니 是故로 須菩提야! 菩薩이 應離一切相하고 發阿耨多羅三藐三菩提心이니 不應住色生心하고 不應住聲香味觸法生心하야 應生無所住心이니 若心有住하면 則爲非住일새 是故로 佛說菩薩心이 不應住色布施하라 하노라.

이 절에서는 '과거 오백 세에 인욕선인 노릇을 할 적의 그 때

에도 아상이 없고 인상이 없고 중생상이 없고 수자상이 없었나
니'하여 인행시의 이야기를 하고, '그러므로 수보리야! 보살은 응
당 일체상을 여의고 아뇩다라삼먁삼보리 마음을 발할 것'과, 색
진 등 6진(塵)에 머물러서 마음을 내지 말아서 '응당 머무는 바
없는 마음을 낼 것[理·사마타]이라. …보살의 마음을 응당 색(6
塵 등)에 머물지 말고 보시하라'는 말씀입니다.

　이 절목은 인욕선인이 자기 몸을 할절 당할 때 사상(四相)이
없었던 그 이야기이니, 관은 사마타관입니다. 이상 신(信㉞절·
智 삼마제) 해(解 ㉟ 사마타)가 회지향리(廻智向理)이니 '실제회
향(實際廻向)'입니다.(악가리왕에게 당함) 곧 삼마제의 지(智) 중
에서 사마티의 이(理)로 향한 실제회향이고, 인을 닦아 과에 계
합하는 해(解)를 내는 것입니다.

　다시 한번 더 살펴보자면, '일체상을 여의고 아뇩다라삼먁삼
보리 마음을 발할 것'이라고 한 것은 수행방법으로 6진(塵) 등
일체법(一切法·18界法 등)에 머물지 말고 보시(布施·法供養修
行)하라는 뜻도 있는 것이고, '인욕선인 노릇을 할 적의 그 때에
도' 4상(相)이 없었다는 것은 부처님의 전생의 인욕선인 당시에
가리왕(歌利王·惡歌利王)에게 팔 다리를 잘림을 당할 적에도 4
상이 없었으므로 원망함이 없었다는 이야기입니다. 곧 관행 및
인욕수행으로 4상을 여읜 해(解)를 보인 것입니다.

　함허 스님의 설의(說誼)에 "인욕바라밀이란 어려움을 만나 잘
참고 피안을 구해 이르러 가는 것이고, 인욕바라밀만이 아니라
한 것은 참는 경계가 본래 공하고 참는 마음이 본래 고요하여
피안에 가히 이를 것이 없는 것을 이른 것이다. 왜 그런가. 내가
옛적에 가리왕에게 몸을 베이고 끊음에 당해서도 참는 경계와
당하는 정이 있음을 보지 않고 또 몸과 마음이 있어도 마땅히
저가 해하는 것을 보지 못했던 까닭이다. 애초에 아상 인상이
없어 오히려 참을 경계와 몸과 마음을 보지 못하거니 어찌 다시

피안에 이르러 가는 것을 볼 것인가. 그러면 무엇을 인하여 아
상이 없는 것을 아는가. 내가 저 때에 만약 아상이 있었으면 마
땅히 성내고 원망하는 마음을 내었을 것인데 이미 성내지 아니
하였으니 그러므로 상이 없어야 되는 줄 알라. 단지 일생 잘 참
고 상이 없었을 뿐 아니라 5백 생 가운데 자주 이러한 고통을
만났어도 모두 다 상이 없었다" 하였습니다. '함허' 스님은 ⑤절
주해를 참조하십시오.

[인욕선인(忍辱仙人)] 인욕선인은 석가모니 부처님이 전생에
인욕선인이 되어 수행할 시 이때 이름은 찬제파리(羼提波梨)였
습니다. 가리왕(歌利王·惡歌利王)이 인욕선인의 팔과 다리를 자
를 적에도 태연하여 괴로워하지 않았다는 이야기입니다. 곧 가
리왕(歌利王·惡歌利王)이 사냥 갔을 때 왕은 나무 밑에서 자고,
궁녀들은 인욕선인에게 법문을 듣게 되었는데, 왕이 깨어보니
궁녀들이 인욕선인에게 가 있으므로 화가 나서 먼저 인욕선인의
사지(四肢)를 자르고 코를 빼는 등 포악한 행동을 한 연후에 네
가 무엇 하는 놈이야 물으니 인욕선인은 인욕수행을 하는 중이
라 대답하니 인욕 수행을 한다면 그 수행한 그것을 무엇으로 증
명할 수 있느냐 물었다. 이 때 찬제파리는 "내 진실로 인욕하는
마음이 지성으로 하여 거짓됨이 없다면, 내 흘린 피가 모두 젖
이 되리라, 그리고 모든 잘린 몸이 제자리로 돌아오리라!" 한 이
말이 끝나자마자 피가 드디어 우유빛 같은 젖이 되고, 예전과
같이 몸이 온전하게 되돌아왔다는 이야기와 또 '도할(塗割)에 양
무심(兩無心)이라' 한 말이 현우경(賢愚經)에 전한다고 합니다.

[가리왕(歌利王)] 가리왕의 '가리(歌利)'는 '가리(迦利)' 또는
'가리(哥利)'라고도 하며, 투쟁이라 번역합니다. 부처님이 과거세
에 인욕선인(忍辱仙人)이 되어 수도할 때에 부처님의 팔 다리를
끊은 포악한 임금(歌利王·惡歌利王)이 있고, 그리고 또 다른 가
리왕(歌利王·善歌利王) 이야기도 있습니다. 곧 부처님 전생에

가리왕(歌利王·善歌利王)이 되었을 때에 포악한 전다라(旃陀羅·帝釋天 변신)에게 팔 다리 등을 잘림을 당한 이야기가 있는 것입니다.

㊲ "수보리야! 보살은 일체 중생의 이익을 위하여 응당 이와 같이 보시하거든"

須菩提야! 菩薩은 爲利益一切衆生하야 應如是布施어던.

이 절은 '보살은 일체중생의 이익을 위하여[理法 廻自·사마타] 응당 이와 같이 보시(布施·向他·삼마제)하거든' 한 것입니다.

이 절목의 관은 삼회향 중 중생회향(衆生廻向)이니, 회자향타(廻自向他)입니다. 곧 나를 돌이키어 너에게 향하는 것입니다. 사마타관의 이(理·法)에서 삼마제관의 지(智)로 향한 중생회향이며, 교락관이기도 합니다. 다시 말하면 '보살은 일체 중생의 이익을 위하여 응당 이와 같이 보시(布施·法供養 수행)'하거든 한 것입니다. 저 보살이 일체 중생의 이익을 위한 법, 이 법(法)을 의지하여 닦는 행(行)을 하는 탁법진수성행분(託法進修成行分)이라 하는 화엄경 4과의 3과와도 같은 것입니다.

한정섭 법사 '금강경 오가해'의 이 대문에서 "열반은 보살의 위치(位置)가 아니다. 열반에도 머물지 않고, 모든 법 일체에 머물지 아니하여야 비로소 보살이 머물 곳이 된다. 보살은 자신이 5욕 쾌락을 위하지 않고 보시하여야 한다. 안으로 간탐심(慳貪心)을 부수고, 밖으로 일체중생을 이익 되게 하여 보시하라" 하였습니다.

'회자향타(廻自向他)'는 ㉝절 '삼회향(三廻向)'을 참조하고, '보시' 곧 '법공양'은 ⑨절 주해를 참조하십시오.

㊳ "여래는 일체 모든 상이 곧 상이 아니라 설하였으며,
또 일체 중생이 곧 중생이 아니라 설하느니라."

如來는 說一切諸相이 卽是非相이라 하시며 又說一切衆生이
卽非衆生이라 하시나니.

　　이 절은 '일체 모든 상이 곧 상이 아니라[理·사마타] 설하였
으며, 또 '일체 중생(一切衆生)이 곧 중생이 아니라[衆生:智·삼
마제] 설하느니라' 하였습니다.
　　이 절목은 인을 돌이킴(廻因)입니다. 인(因)을 돌이키는 그
'회인(廻因)'이란 사마타 이(理)와 삼마제 지(智)의 인(因)을 돌이
켜 보리과(菩提果)로 향하는 것이며, 교락관이기도 합니다. 그러
므로, 이 절은 회인(廻因)이고 다음 절은 향과(向果)입니다.

㊴ "수보리야! 여래는 참된 말을 하는 자며, 실다운 말을
하는 자며, 여실한 말을 하는 자며, 허황된 말을 하지 않는
자며, 다른 말을 하지 않는 자(者)이니라."

須菩提야! 如來는 是眞語者며 實語者, 如語者, 不誑語者,
不異語者시니라.

　　이 절에서는 '여래는 참된 말을 하는 자며, 실다운 말을 하는
자며, 여실한 말을 하는 자며, 허황된 말을 하지 않는 자며, 다
른 말을 하지 않는 자'라고 하였으니, 이는 향과(向果)입니다. 다
시 말하면, '진어자'란 불성이 있다는 참말이요, '실어자'란 악업
을 지으면 고과(苦果)를 받는다는 실다운 말을 하는 자요, '여어
자'란 선법(善法)을 닦으면 즐거운 과보를 받는다는 한결같은 말
이라 하는 여실한 말을 하는 자요, '불광어자'란 반야바라밀법이
헛되지 않는 법이라 허황된 말을 하지 않는 자요, '불이어자'란

곧 여래의 말은 처음·중간·뒤가 모두 다르지 않은 말을 하는 자라는 뜻 등입니다. 그러니까, 부처님의 말씀과 얻은 법이 둘이 아닌 것을 밝힌 것입니다.

이 절목의 관은 3회향 중 향과(向果)로, 보리회향(菩提廻向)이니, 보리과(菩提果)의 진어자(眞語者) 등을 제시한 교략관이기도 합니다. 향과(向果)란 회인향과(廻因向果)의 과(果)입니다. 이 절은 '여래는 참된 말을 하는 이며' 등 거짓 없는 여래 곧 사람을 의지하여 닦으라는 뜻도 암시하고 있는 것이니, 저 화엄경 4과의 4 사람을 의지하여 증(證)해 들어가라는 것과 같은 것입니다.

위의 '회인향과'의 '보리회향'은 ㉝절 '삼회향'을 참조하시고, '화엄경 4과'는 ⑬절을 참조하십시오.

한정섭 법사의 '금강경 오가해'에 "이 경을 지니는 것이 보리를 얻는 원인이 된다 하겠는가? 이 의심에 대하여 부처님은 '여래는 참된 말만 하는 이이고 실다운 말만 하는 이이며, 여실한 말만 하는 이이고, 속이지 않는 말만 하는 이이며, 다르지 않는 말만 하는 이이니' 조금도 의심하지 말라 하고, 그 이유는 '여래의 얻은 법은 진실도 아니고 거짓도 아니기 때문이다' 하였다."고 하였습니다.

함허스님의 설의(說誼)에 "제법실상(諸法實相)을 말할 것은 다 말하시고 이에 이르시기를 내가 설한 법이 참되어 거짓이 없으며 진실하여 허(虛)가 없고 위로는 진여의 이치에 어기지 않고 아래로는 중생을 속이지 않는 것이다. 부처와 부처가 다 그러하여 처음과 다르지 않는 말을 한다 하신 것이다. 그러니 여기서는 부처님의 말씀과 얻은 법이 둘이 아닌 것을 밝힌 곳이다." 하였습니다.

그 자리

달빛이 바람 타고
가도 가도 그 자리요

다리가 물에 흘러
가도 가도 그 자리요

정혜(定慧)가 관력(觀力) 따라
돌고 도나 그 자리네.

〈詩·明峰〉

⑩"수보리야! 여래가 얻은 바 법은 이 법이 실다움도 없고, 허망함도 없느니라.

須菩提야! 如來의 所得法은 此法이 無實無虛니라.

이 절은 '여래가 얻은 바 법은 그 법이 실다움도 없고[本分邊은 無實이요], 허망함도 없느니라[新薰邊은 無虛라]' 한 것입니다.

이 절목은 법계회향(法界廻向)이니, 법진리로 회향한 진리법입니다. 이 절은 무실 무허의 경지니, 증득(證得)한 법 진리 그 자체라는 뜻입니다. 그러니까, 무실 무허의 진리, 법계회향(法界廻向)입니다.

'법계(法界)'란 본래 있는 우주 법계의 진리입니다. 법(法)은 중생심(衆生心)이며 일체의 진리 모든 법이고, 계(界)는 분계(分界)의 뜻입니다. '여래가 얻은 바 법은 그 법이 실다움도 없고'라고 한 것은 본분진리 면으로 본 것(本分邊 無實)이고, '허망함도 없느니라'고 한 것은 신훈변(新薰邊 無虛)의 진리 면으로 본 것이니, 허망하지 않다 하여, 얻을 것이 있다는 것을 제시한 것입니다. 그러므로 여래가 얻은 바 법 그 '아뇩다라삼먁삼보리'는 실다움도 없고(無實) 허망함도 없느니라(無虛) 한 뜻입니다. 그러니까, 이 법계회향에는 이 금강경에 은기(隱寄)한 십지(十地)와 불지(佛地)를 넘어 묘각의 '아뇩다라삼먁삼보리' 법계에 회향하는 암유도 있는 것입니다. 그리고, 이 절목은 '여래가 얻은 바법'을 말하고 있는 것이니, 그러한 사람을 의지해서 증(證位)한 저 화엄경 4과 4와도 같은 것입니다. 이 법계회향 절목에서 '입법계심(入法界心)'이 등각(等覺)이고, 적멸심(寂滅心)은 묘각(妙覺)이라는 뜻 등을 가지고 연구해 보시면 '해탈지견신'도 짐작할 수가 있을 것입니다.

[법(法)] 법은 진리 인식의 규범, 법칙이라 하고, 또는 진리요 이법(理法)이며 중생심(衆生心)이라고도 합니다. 또한 중생심에는 진연기(眞緣起)를 내는 진(眞)과 망연기(妄緣起)를 내는 망(妄)이 있으니, 진(眞) 가운데 불변(不變)과 망(妄) 가운데 체공(體空)은 참진리문(眞如門)이고, 진(眞) 가운데 수연(隨緣)하는 것과 망(妄) 가운데 성사(成事)하는 것은 생멸하는 문(生滅門) 곧 허망한 것이라 합니다.

그리고 중생의 동분업력(同分業力)으로는 우주 3계(界) 3세간(世間)이 구성되고 별업(別業) 업력(業力)으로는 개체가 구성되는 것입니다. 그러므로 일체가 중생이요 법입니다.

모든 것은 수연(隨緣)하기 때문에 성사(成事)가 있고, 불변(不變)하기 때문에, 체공(體空)의 법이 있는 것입니다.

앞생각 뒷생각이 서로 넘지 아니하는 것이 생성(生成)하는 법칙이기 때문에, 그것을 법(法)이라 하는 것입니다. 이 절에서는 법의 이치를 보인 것이니, 여래께서 얻은 바 '법(法)은 그 법이 실다움도 없고 허망함도 없느니라'하였습니다. 이것은 불법대의

(佛法大意)의 이종근본(二種根本)인 진(眞)과 망(妄)의 의(義)를 밝힌 것이기도 합니다.

㊶ "수보리야! 만약 보살이 마음을 법에 머물러 보시하면 사람이 어두운데 들어가 아무 것도 볼 수 없는 것과 같고, 만약 보살의 마음이 법에 머무르지 않고 보시하면 사람의 눈이 있어 햇빛 아래서 여러 가지 색을 밝게 비쳐 볼 수 있는 것과 같으니라."

須菩提야! 若菩薩이 心住於法而行布施하면 如人이 入暗에 則无所見이요, 若菩薩이 心不住法而行布施하면 如人이 有目하고 日光이 明照하야 見種種色이니라.

이 절은 '만약 보살이 마음을 법에 머물러 보시하면[法에 집착하여 布施를 하는 것은] 사람이 어두운데 들어가 아무 것도 볼 수 없는 것과 같고, 만약 보살이 마음을 법(法·理·사마타)에 머무르지 않고 보시하면(布施·삼마발제) 사람의 눈이 있어 [본래 밝은 눈이 있어] 햇빛 아래서 여러 가지 색을 밝게 비쳐 볼 수 있는 것[明數門·선나]과 같으니라'한 것입니다.

이 절목은 보살이 법에 집착하는 것, 곧 법집(法執)을 경계(警戒)하는 것이고, 관은 사마타관과 삼마제관을 돌이켜 선나관으로 향(向)한 교락관(較絡觀)이며, 증위(證位)이고, 오분신 중에는 해탈신(解脫身) 수증을 설해 마친 곳입니다.

이는 법에 집착함이 없이 밝게 닦아 나가면, 사람에게는 본래 밝은 눈이 있어, 햇빛과 함께 가지가지 색을 밝게 비쳐볼 수[明照]가 있다는 뜻이니, 곧 부처님 말씀대로 법에 머물지 않고 관행(觀行)을 하면, 사람의 눈이 본래 밝은 것이라[性覺이 必明한 것] 밝은 햇빛 아래에서 여러 가지 색을 밝게 비쳐볼 수가 있다는 제시도 있는 것입니다. 곧 '보살(사람)의 마음이 법에 머무르지 않고, 보시(布施·修行)하면 … 밝게 비쳐 볼 수 있는 것'과 같다 하였으니, 그러므로 법에도 집착함이 없는 선지식을 의지하여 닦으라는 깊은 은유도 있는 것입니다. 저 화엄경 4과 4의, 사람을 의지하여 증(證)해 들어가 덕을 이루는 의인증인성덕분(依人證人成德分)과 같은 것이기도 합니다.

그리고 이 절의 명봉한문원본 중에 암(暗)자가 고려대장경 판본에는 암(闇)자로 되어 있습니다. 곧 암(暗)자의 속자가 암(闇)자니 같은 글자라 줄입니다.

잠시 이 절목에서 이 경의 수행 점차를 한 번 살펴보자면, 처음 총설은 계신·정신·혜신·해탈신·해탈지견신 수행 점차(漸次)를 설하였고, 다음 별설의 인문(因門)에서 다시 신·해·행·증 곧 계(戒)·정(定)·혜(慧)·해탈신(解脫身) 점차로 ㉝절에 와서 보리회향(菩提廻向)으로 해탈신 수증(修證)을 말하고, 수보리의 설한 바를 여래가 보완(補完)한 설로서 신·해·행·증으로 다시 해탈신 성취를 보인 것입니다. 이 ㊶절 다음 ㊷절은 권발이고, 다음 ㊸절부터 사가행(四加行) 신·해·행·증으로 세제일위(世第一位)를 넘어 해탈신 성취를 하여 마친 것으로 상권(上卷)이 끝나고, '해탈지견신'은 하권(下卷) 전부입니다. 보살수행계위 12위로 본다면 세제일위 위에 견도위(見道位)·무학위(無學位)가 있는데 다 생략하고, 또한 보살계위 52위로 볼 때에는 십지(十地)·등각(等覺) 등을 생략하고, 이 금강경에선 하권(下卷) 해탈지견신설로 들어갔으니, 의문이 있을 것입니다. 연구해 볼 문제입니다. 이 금강경은 앞에서 말했듯이 '등각후심'이 금강심 중에 들어 다시 건혜(乾慧)에서 보살(十地보살 등)이 닦아 올라가 '해탈지견신'을 닦는 것 등을 생각하면서 참구해 볼 일입니다.

육조 혜능 스님이 구결(口訣)하였습니다. "모든 법에 마음이 주착하면 곧 삼륜(三輪)의 체가 공한 것을 알지 못하는 것이 장님이 곳마다 어두워 아는 것이 없는 것과 같다. 화엄경에 이르되, 성문이 여래의 법회(法會) 가운데 있으면서도, 법을 듣는 것이 장님과 같고 귀머거리 같은 것은, 법상에 주한 까닭이다. 만약 보살이 항상 반야바라밀다의 무착 무상행(無着 無相行)을 하면, 사람이 눈이 있어 곳마다 밝은 빛 가운데 있는 것 같으니 무엇을 보지 못하겠는가.

장차 오는 세상이란 여래께서 열반하신 뒤 후 5백세 탁악(濁惡)의 때이다. 사법(邪法)이 다투어 일어나 바른 법을 행하기 어렵다. 이러한 때에 만약 선남자 선여인이 이 경을 얻어 만나 스승으로부터 가르침을 받고 마음으로 읽고 외어 오로지 잊지 않고 뜻을 의지하여 닦고 행하며, 부처님의 지견을 깨달아 들어가면, 곧 아뇩다라삼먁삼보리를 성취할 것이니 이로서 3세의 모든 부처님들이 알지 아니함이 없다" 하였습니다.

[삼륜(三輪)] 삼륜은 (1)풍륜(風輪)·수륜(水輪)·금륜(金輪) 곧 이 세계의 밑에 있어서 세계를 받치고 있는 것. (2)무상륜(無常輪)·부정륜(不淨輪)·고륜(苦輪). (3)부처님 교화작용 등을 신(身)·구(口)·의(意)에 붙여 신륜(身輪)·구륜(口輪·說法輪)·의륜(意輪·記心輪) 등을 말합니다.

㊷ "수보리야! 이 다음 세상에 만약 착한 남자나 착한 여인이 이 경을 능히 받아 지니고 읽고 외우면, 곧 여래가 부처의 지혜로써 이 사람이 헤아릴 수 없고, 가없는 공덕을 성취하는 것을 다 알고 다 보느니라."

須菩提야! 當來之世에 若有善男子善女人이 能於此經受持讀

誦하면 則爲如來以佛知慧로 悉知是人 悉見是人이 皆得成就無量无邊功德이니라.

　　이 절은 '이 경을 받아 지니고(經受持·至靜·사마타) 읽고 외우면(讀頌·憶想·삼마제), 곧 여래가 부처의 지혜로써 이 사람이 한량없고 가없는 공덕을 성취하는 것을 다 알고, 다 보느니라[無盡眼·선나]'고 한 것입니다.

　　이 절목은 해탈신(解脫身) 증위 권발이니, 이 경의 권발은 제5차입니다. 관은 사마타관과 삼마제관이 선나관으로 향(向)한 교락관(較絡觀)입니다. '해탈신'은 5분법신 중의 한 법신이고, 번뇌의 속박에서 벗어나 자유자재한 몸입니다. 이 절은 '여래가 부처의 지혜로써 이 사람이 한량없고 가없는 공덕을 성취하는 것을 다 알고, 다 보느니라'고 하여 여래가 말하는 뜻대로 이 경을 믿고 수행을 하라는 암시도 있는 것입니다. 그러므로 이 절은 저 화엄경 4과 4의 '사람을 의지하여 믿고 닦는' 것과 같은 뜻입니다. '사마타'와 '삼마제'와 '선나'와 '교락관' 등은 ⑥절의 '3관(觀)'과 뒤의 '중요도식편' 중의 '25륜관도'를 참조하십시오.

　　종경(宗鏡) 스님이 이 대문에서 "공생(空生)이 이 경을 설함을 듣고 뜻을 알고 슬퍼 눈물을 흘리시고 선인이 자비를 널리 드리워, 웃음이 눈 같은 칼날로 어지럽게 허공을 치셨다. 이렇게 인가하고 그렇게 말씀하시니, 능히 일체 모든 상을 여의였다. 살피지 못하겠다 깨달은 곳에 무슨 기록이 있는가. 훤히 지혜의 눈을 밝게 해와 같이 여시니, 도리어 미진 세계의 공을 비친다 하고 또,

　　"선길친문철견원(善吉親聞徹見源)
　　비흔교집찬자존(悲欣交集讚慈尊)
　　심공법랑초진제(心空法郞超眞際)

감보종전불보은(堪報從前不報恩)

선길(善吉)이 친히 듣고 훤히 근원을 보니
슬픔과 기쁨이 엇갈려 부처님을 찬탄했네
마음이 비면 법이 밝아 진제(眞際)를 뛰어나게 되니
전에 갚지 못한 은혜를 갚는다."는 게송을 하고 또 이어,

"보이는 것으로 보는 것만 삼으면 보이지 않는 것이 많고, 보이지 않는 것으로서 보는 것을 삼으면 안 보이는 것이 없다. 주하고 주하지 않는 보시의 차이가 이만큼 다르다. 아무 것도 없는 깨끗한 물에다가 소금을 치면 짜고 초를 치면 시고 설탕을 타면 달고 쓴 것을 넣으면 쓰고, 기름을 넣으면 고소하고 고추를 넣으면 맵다. 그리하여 이 물을 마시는 사람은 짜다 시다 달다 쓰다 고소하다 맵다 각기 주를 단다. 그러나 물의 본 맛은 쓴 것도 아니고 단 것도 아니고 그저 담담할 뿐이다. 쓴 것을 좋아하면 쓴 병이 생기고 단 것을 좋아하면 단 병이 생기며 신 것을 좋아하면 신병이 생긴다. 그러나 세상 사람들은 제가 좋아하는 그 맛에만 집착되어 있을 뿐 그 본래의 맛은 까마득히 잊고 있다. 그래서 부처님은 까마득히 잊고 있는 본연청정의 물맛을 보여주기 위하여 이 경을 설하셨다. 이 맛을 아는 이는 이 맛을 앎으로 다시 다른 맛에 속지 않고 필요에 따라 단 것도 쓴 것도 찬 것도 더운 것도 각각 알맞게 타먹는다. 마치 일성불토(一性佛土) 위에 여래의 종자를 심는 이는 여래(如來)가 되고, 보살의 씨를 심는 이는 보살이 되듯—연각, 성문, 아수라, 아귀, 축생, 천, 인 등 온갖 씨를 마음대로 뿌려 마음대로 열매를 거둠으로서 그 맛에 집착되어 벗어나지 못하고 있는 중생들을 건지게 하나니, 그러므로 이 경의 공덕이 한량이 없는 것이다." 하였습니다.

㊸ "수보리야! 만약 어떤 착한 남자나 착한 여인이 있어 아침때에 항하의 모래 수와 같은 몸으로써 보시하고, 점심 때에 다시 항하의 모래 수와 같은 몸으로 보시하고, 저녁 때에도 또 항하의 모래 수와 같은 몸으로써 보시하여 이렇게 헤아릴 수 없는 백 천만억겁에 몸으로써 보시하였더라도, 다시 어떤 사람이, 이 경전을 듣고 믿는 마음으로, 그르다고 하지만 아니하여도 그 복이 저 복보다 더 많거든, 어찌 하물며, 이 경을 쓰고 받아 지니고, 읽고 외워 남을 위하여 해설함이겠는가? 수보리야! 중요로움을 말하자면, 이 경은 가히 생각할 수 없고 가히 측량할 수도 없는 가없는 공덕이 있는 것이니, 여래는 대승의 마음을 발한 자를 위하여 이 경을 설하며 가장 높은 마음을 발한 자를 위하여 설하느니라."

須菩提야! 若有善男子善女人이 初日分에 以恒河沙等身으로 布施하고, 中日分에 復以恒河沙等身으로 布施하고, 後日分에 亦以恒河沙等身으로 布施하야, 如是無量百千萬億劫에 以身布施어던 若復有人은 聞此經典하고, 信心不逆하면 其福이 勝彼온 何況書寫受持讀誦하고, 爲人解説가. 須菩提야! 以要言之컨대 是經이 有不可思議 不可稱量無邊功德일새니, 如來爲發大乘者説하시며, 爲發最上乘者説하시나니라.

이 절은 '헤아릴 수 없는 백천만억 겁에 몸으로써 보시하였더라도, 다시 어떤 사람이 이 경전을 듣고 믿는 마음(信心·信位加行임)으로 그르다고 하지만 아니하여도, 그 복이 저 복보다 더 많거든(勝彼·信位加行 중 煖位), 어찌 하물며 이 경을 쓰고, 받아 지니고, 읽고 외워 남을 위하여 해설함이겠는가? … 이 경은 가히 생각할 수 없고 가히 측량할 수도 없는 가없는 공덕이 있는 것(功德果)이니, 여래는 대승의 마음을 발한 자에게 이 경을 설하며, 가장 높은 마음을 발한 자[世第一位]를 위하여 설'한 것이라는 뜻입니다. 이 절목의 신(信)자를 주시할 것이고, 또한 받아 지니고(受持) 읽고 외우라 하는 독송을 제시한 것을 유의해 보고, 다시 이 경의 권발에 10여 번 사구게 수지 독송의 간절한 뜻 등을 깊이 새겨서 이 금강경은 꼭 암송을 하여야 하겠다는 다짐들도 있었으면 합니다.

이 절목은 신위가행(信位加行)이니 곧 사가행위(四加行位) 중의 난위(煖位) 권발이고, 이 경의 권발 제6차이며, 관은 신(信)이니, 곧 삼마제관입니다. '난위(煖位)'의 경계는 삼마제관행을 용맹정진(勇猛精進)하면 마치 두 나무를 서로 대고 비비면 따끈해지는 것[煖位]과 같은 경계에 이른 것과 같다 합니다. 그리고 '여래는 대승의 마음을 낸 자[信心을 이미 낸 사람]에게, 곧 설교를 할 수도 있는 대승의 마음을 낸 사람에게 이 경을 설하며 가장 높은 마음을 낸 자[世第一位]를 위하여 설하느니라' 하였으니, 저 화엄경 4과의 1, '과를 들어 낙을 권하여 신(信)을 내게 하는'것과 같은 것으로 '신위가행'입니다. '세제일위'는 아래 '보살 수행계위도'를 참조하십시오.

함허 스님은 설의(說誼)에서 "하루에 세 번씩 신명을 버리기를 다겁에 싫어함이 없이 하였다하니 이 일은 희귀하여 무엇으로도 비길 것이 없다. 이 말을 들은 사람들은 털이 꼿꼿이 설 것이다. 그런데 이제 경을 지닌 복을 저 보다 낫다 하시니, 이 경을 믿고 아는 것이 참으로 훌륭한 일이다. 부처님께서 보시가 났다고 말씀하신 것은 집착을 없애주기 위해서 하신 것이다. 보시하는 마음에 주착(住着)이 없으면 그것이 곧 보살행이다. 이 경의 복은 헤아리기가 어렵다. 지혜인을 위하여 말씀한 것이기 때문이다. 이 경이 이미 최고 지혜인을 위하여 말씀하여진 것이

라면 어떤 사람이 이것을 지니고 해설하면 이는 반드시 최고 지
혜인으로서 부처님의 지견(知見)을 얻어 깨달음을 얻은 사람이
라 의심할 여지가 없다. 무엇 때문에 이 경이 대승을 발한 이들
을 위하여 설하며, 내지 이와 같은 사람들은 곧 아뇩보리를 짊
어진다 하였는가. 이 경은 바로 대인의 경계를 보인 까닭에 소
근기 소지혜인으로서는 감당하지 못하기 때문이다." 하였습니다.

[사가행위(四加行位)] 사가행위는 난(煖)·정(頂)·인(忍)·세
제일위(世第一位) 네 가지 가행위(加行位)를 말하는 것이고, 4位
는 견도(見道)에 들어가기 위해 유효한 행을 더하는 위(位)이기
때문에 가행이라고 말하는 것입니다. 보살수행계위 12위 중 곧
1.건혜, 2.신위, 3.해위, 4.행위, 5.증위 다음으로 이 ㊸절은 6.난위
입니다. 자세한 것은 아래 '보살수행계위도'를 참조하십시오.

보살 수행 계위도(12·52·55위)

<12位>
1. 건혜(乾慧) – [유루(有漏)의 지혜(智慧)]
2. 신위(信位) – [10신(信) – ①信心 ②念心 ③精進心 ④慧心
⑤定心 ⑥不退心 ⑦護法心 ⑧廻向心 ⑨戒心 ⑩願心]
3. 해위(解位) – [10주(住) – ①發心住 ②治地住 ③修行住 ④
生貴住 ⑤具足方便住 ⑥正心住 ⑦不退住 ⑧童眞住 ⑨法王子住
⑩灌頂住]
4. 행위(行位) – [10행(行) – ①歡喜行 ②饒益行 ③無瞋恨行
(無違逆行) ④無盡行(無屈撓行) ⑤離癡亂行(無癡亂行) ⑥善現行 ⑦
無着行 ⑧尊重行(難得行) ⑨善法行 ⑩眞實行]
5. 증위(證位) – [10회향(廻向) – ①救護一切衆生離衆生相廻向
②不壞廻向 ③等一切諸佛廻向 ④至一切處廻向 ⑤無盡功德藏廻向
⑥入一切平等善根廻向　⑦等隨順一切衆生廻向(隨順等觀一切衆生

廻向) ⑧眞如相廻向(如相廻向) ⑨無縛無着解脫廻向 ⑩入法界無量
廻向]

6. 난위(煖位)　　　　┐
7. 정위(頂位)　　　　├─[(四加行位・資糧位)…(四善根位)]
8. 인위(忍位)　　　　│
9. 세제일위(世第一位)┘

10. 견도위(見道位)　　<十地> ①歡喜地
11. 수도위(修道位)　　②離垢地 ③發光地 ④焰慧地
　　　　　　　　　　　⑤難勝地 ⑥現前地 ⑦遠行地
12. 무학위(無學位)　　⑧不動地 ⑨善慧地 ⑩法雲地

　등각(等覺・入法界心・묘각위(妙覺・寂滅心)

　※55위는 10신・10주・10행・10회향・4가행・10지에 등각 묘
각을 1로 합한 것이고, 52위는 55위 중에서 4가행을 빼고, 등각
묘각을 둘로 나눈 것이고, 12위는 도표 그대로이니, 등각 묘각이
빠진 것입니다.
　[등각후심(等覺後心)이 묘각복도(妙覺複道)]는 곧 신훈(新薰)
보살은 순단(順斷)해 올라가고 여래는 역류(逆流)하는 것이니 서
로 각제(覺際)에 입교(入交)하는 자리를 등각이라 하는 것이고,
등각은 본각(本覺) 시각(始覺) 둘 아닌 경계입니다. 등각위에 이
르러선 금강심(金剛心) 중에 들어 처음 건혜지(乾慧地)를 얻게
됩니다. 이같이 단수(單修) 복수(復修)하고 12위를 마지막으로
영단(永斷)을 수행해, 바야흐로 묘각을 다해서 무상도(無上道)를
이룬다 하였습니다. <수능엄경 등각・묘각조>를 참조하십시오.

　㊹ "만약 어떤 사람이 능히 이 경전을 받아 지니고 읽고
외우며 널리 남을 위하여 설하면, 여래가 가히 이 사람이

한량없고 끝이 없고 말할 수도 없고 생각할 수도 없는 공덕을 성취함을 다 알고 다 보나니, 이와 같은 사람들은 곧 여래의 아뇩다라삼먁삼보리를 걸머짐이 되느니라. 무슨 뜻이냐? 수보리야! 만약 작은 법을 좋아하는 자는 아견·인견·중생견·수자견에 집착하여 곧 이 경을 능히 듣고 읽으며, 남을 위하여 해설하지 못할 것이니라. 수보리야! 어느 곳이든지 만약 이 경이 있으면 일체 세간의 하늘사람과 인간과 아수라 등이 응당히 공양할 바이니, 마땅히 알라. 이곳은 곧 탑이 됨이라. 다 응당 공경하여 예배하고, 돌면서 모든 꽃과 향으로 그 곳에 흩을 지니라."

若有人이 能受持讀誦하고 廣爲人說하면 如來悉知是人 悉見是人이 皆得成就不可量 不可稱 無有邊不可思議功德이시니, 如是人等은 則爲荷擔如來의 阿耨多羅三藐三菩提니라. 何以故오? 須菩提야! 若樂小法者는 着我見 人見 衆生見 壽者見하야 則於此經에 不能聽受讀誦하고 爲人解說이니라. 須菩提야! 在在處處에 若有此經이면 一切世間 天 人 阿修羅所應供養이니, 當知此處는 則爲是塔이라. 皆應恭敬하야 作禮圍繞하고 以諸華香으로 而散其處니라.

이 절은 '이 경전을 받아 지니고 읽고 외우며(因을 닦고) 널리 남을 위하여 설하면(解하면), 여래가 가히 이 사람이 한량없고 끝이 없고 말할 수도 없고 생각할 수도 없는 공덕을 성취함을 다 알고 다 보나니' 하여 가행(加行)의 정위(頂位)를 암시하고, '이와 같은 사람들은 곧 여래의 아뇩다라삼먁삼보리를 걸머짐이 되느니라' 하여 4가행(加行)의 정위(頂位)에 오른 이는 아뇩다라삼먁삼보리에 결정적으로 수순(隨順)하고 있는 위(位)임을

131

제시하는 것입니다. '무슨 뜻이냐? 수보리야! 만약 작은 법(小乘法)을 좋아하는 자는 아견·인견·중생견·수자견에 집착하여 곧 이 경을 듣고 읽으며, 남을 위하여 설명하지도 못할 것'이라고 하여 소승수행의 작은 법(小乘法)을 좋아하는 자는 4견(見:我見·人見·衆生見·壽者見)에 집착하여 이 경(金剛經)을 읽지 않을 뿐만 아니라 남을 위하여 전법(傳法)하지도 못한다는 뜻을 말한 것입니다. '수보리야! 어느 곳이든지 만약 이 경이 있으면 일체 세간의 하늘사람과 인간과 아수라 등이 응당 공양하여야 할 배[존경심을 가지고 섬길 배이니, 마땅히 알라. 이 곳이 곧 탑(塔:가장 소중한 책)이 됨이라. 다 응당 공경하여 예배하고, 돌면서 모든 꽃과 향으로 그 곳에 흩을 지니라' 한 것입니다.

이 절목은 해위가행(解位加行)이니, 보살수행 계위 사가행위(四加行位) 중 정위(頂位)가행 권발이고, 이 경의 권발 제7차이며, 관은 사마타관입니다. 그리고 이는 인(因)을 닦아 과에 계합하는 해(解)를 내는 것입니다.

위의 아견(我見), 인견(人見), 중생견(衆生見), 수자견(壽者見)이란 아상·인상·중생상·수자상의 4상(相)에 집착하는 견해를 말하는 것입니다. 그리고 '작은 법'은 소승 법을 말하는 것이며, '하늘 사람' '세상 사람' '아수라' 등은 육도 중생들이니 아래 '10법계도'를 참조하십시오.

그리고, '시인등직위하담(擔)여래'는 명봉원본이고, 고려대장경에는 '담'자가 약자로 되어 있으니 참고하십시오.

육조 혜능스님은 "앞의 다겁에 몸을 버려 보시한 공덕 백 천 만억 보다 뛰어나 가히 비유하지 못한다 하였다. 잠깐 사이라도 경을 들으면 그 복이 오히려 많은데 어찌 하물며 다시 능히 글로서 쓰고 받아 지니고 읽고 외우고 사람을 위해 설함이겠는가. 마땅히 알라. 이 사람은 결정코 아뇩보리를 성취할 것이다. 이러므로 여러 가지 방편으로 이와 같이 깊고 깊은 경전을 말씀하여 모든 상(相)을 여의게 하고 아뇩보리를 얻게 하신 것이니 얻은 공덕 또한 가이없다.… 근기가 뛰어난 사람은 이 깊은 경을 듣고 부처님의 뜻을 깨달아 얻어 제 마음의 경을 가져 마침내 자성을 보고 다시 능히 남을 이롭게 하는 행을 일으켜 사람을 위하여 해설하여 모든 학자들로 하여금 스스로 무상(無相)의 이치를 깨달아 여래의 본성을 얻어 보아 위 없는 도를 이루게 할 것이니, 마땅히 알라. 설법하는 사람의 얻은 공덕이 갓과 끝이 없어 가히 헤아리기 어렵다." 하였습니다.

[정위(頂位)] 정위는 정법(頂法)의 지위라고도 함. 4가행위(四加行位) 중의 제2위이고, 이 '정위'는 사가행위 중의 인위(忍位)에 들어 퇴타(退墮)함이 없는 견도위(見道位)에 이르든지 또는 난위(난위)에 빠지던지 하는 중간의 위(位)입니다.

10계도(界圖)

(1) 지옥(地獄) - 탐심(貪心)의 조(造).

(2) 아귀(餓鬼) - 만심(慢心)의 영향(影響).

(3) 축생(畜生)┌ 축생-치심(癡心)의 결과(結果)
　　　　　　└ 방생(傍生)-의심(疑心)의 소조(所造)

(4) 아수라(阿修羅) - 하품(下品) 선심(善心)의 결과로 '아수라'의 과를 얻었으나 현행은 악(惡)이니, 곧 진심(瞋心)의 현행(現行)임.

(5) 인간(人間) - 중품(中品) 선심(善心)의 결과.

(6) 천상(天上) - 상품(上品) 선심(善心)의 결과. 천은 종(縱)으로 28천, 횡(橫)으로 33천이 있음.

(7) 성문(聲聞) - 이승(二乘) 곧 소승(小乘) 보살.

(8) 연각(緣覺) - 이승(二乘) 곧 소승 보살.(一名 獨覺)

(9) 보살(菩薩) - 일승(一乘) 곧 대승(大乘)보살(因覺).

(10) 불(佛)┌불(佛) - 불각(佛覺·佛眼)이고,
　　　　　└여래(如來)-여의자(如意者·無盡眼).

※화엄종에서는 삼승(三乘) 밖에 불승(佛乘)이 있다고 함.

㊺ "또 수보리야! 착한 남자나 착한 여인이 이 경을 받아 지니고 읽고 외우면서도 만약 남에게 천대를 받는다면, 이 사람은 전생에 지은 죄업으로 응당 악도에 떨어질 것이지만, 지금 세상 사람들에게 천대를 받음으로써 전생의 죄업이 곧 소멸해져 마땅히 아뇩다라삼먁삼보리를 얻을 것이니라.

수보리야! 내가 생각하니 과거 한량없는 아승지겁 전에 연등부처님 계신 곳에서 팔백사천만억 나유타 모든 부처님을 만나서 모두 다 공양하고 받들어 섬겨 그냥 헛되이 지낸 자가 없음을 기억하느니, 만약 또 다른 사람이 이 다음 말법 세상에 능히 이 경을 받아 지니고 읽고 외워서 얻는 바 그 공덕은 내가 모든 부처님 공양한 공덕으로는 백분의 일에도 미치지 못하고, 천만억분의 일 내지 산수의 비유로도 능히 미치지 못하느니라."

復次須菩提야! 善男子善女人이 受持讀誦此經하되 若爲人輕賤하면, 是人이 先世罪業으로 應墮惡道언마는 以今世人輕賤故로 先世罪業이 則爲消滅하야 當得阿耨多羅三藐三菩提니라.

須菩提야! 我念過去無量阿僧祇劫, 於然燈佛前에, 得值八百四千萬億那由他諸佛하시와 悉皆供養承事하야 無空過者로니, 若復有人이 於後末世에 能受持讀誦此經하면 所得功德이 於我所供養諸佛功德으로는 百分에 不及一하고, 千萬億分乃至算數

譬喩로 所不能及이니라.

　　이 절은 '이 경을 받아 지니고 읽고 외우면서도 만약 남에게
천대를 받는다면, 이 사람은 전생에 지은 죄업으로 응당 악도에
떨어질 것이지만' 하여 이 금강경을 읽고 있는 공과로 악도를
면하고 아뇩보리를 얻을 것이라 하는 것이니, 곧 '지금 세상 사
람들에게 천대를 받음으로써 전생의 죄업이 곧 소멸해져[輕賤報]
마땅히 아뇩다라삼먁삼보리를 얻을 것[經法에 의지하여 智慧를
성취할 것·寂觀으로]이니라'한 뜻입니다. '수보리야! 내가 생각
하니 과거 한량없는 아승지겁 전에 연등부처님 계신 곳에서 팔
백사천만억 나유타 모든 부처님을 만나서 모두 다 공양하고 받
들어 섬겨 그냥 헛되이 지낸 자가 없음을 기억하느니' 하여 헤
아릴 수 없는 많은 사람이 부처님을 존경하고 받들어 섬기어 향
공양, 꽃 공양이며 지극 정성으로 모두 하여서 그냥 헛되이 지
낸 자가 없음을 기억하느니, 하여 먼저 말하고, 다시 '만약 또
다른 사람이 이 다음 말법 세상에[이 대승경의 행이 침체되었을
때에] 능히 이 경을 받아 지니고 읽고 외워서, 얻는 바 그 공덕
[忍位 공덕]'은 앞의 모든 부처님 공양한 공덕으로는 미치지 못
하며, 그 수를 계산함에 어떤 산수의 비유로도 능히 미치지 못
한다는 뜻을 말하였습니다. 곧 경천보(輕賤報)의 비유로 인위(忍
位)의 가행(加行) 수행의 높은 경지를 제시하였습니다.

　　이 절목은 사가행위가행(四加行位加行) 중 인위(忍位·慧身)
가행 권발이니, 이 경의 권발 제8차입니다. 관은 적관(寂觀)인
선나관이며, 경법에 의지하여 아뇩보리를 얻을 것이니, 이는 저
화엄경 4과 중의 3, 법(法)에 의지하여 닦는 행(行)을 하는 탁법
진수성행분(託法進修成行分)과 같은 것입니다.

　　육조 혜능스님은 이 대문에서 "부처님께서 말씀하시되, 경을
가진 사람들은 마땅히 모든 천인의 공경 공양을 얻을 것이니,

많은 생애 무거운 업의 장애가 있는 까닭에 비록 금생에 모든 부처님들의 깊고 깊은 경전을 받아 가지나 항상 사람들의 업신여김을 입어 사람들이 공경 공양함을 얻지 못하나, 스스로 경전을 받아 가지므로 인아(人我) 등의 상(相)을 일으키지 아니하여 원수와 친한 이를 가리지 않고 항상 공경을 행하여 마음에 뇌한(惱恨)이 없으며 탕연(蕩然)히 계교(計較)한 바가 없어 생각 생각에 항상 반야바라밀다를 행하여 일찍이 물러남이 없나니, 이렇게 능히 닦고 행하는 까닭에 마침내 한량없는 겁(劫)으로부터 금생에 이르기까지 있는 바 극히 무거운 나쁜 장애가 모두 다 소멸한다 하신 것이다. 또 이치에 약(約)하여 말하면 선세라고 한 것은 곧 앞의 망령된 생각이고 금세라고 한 것은 곧 뒷생각 깨닫는 마음이니, 뒷생각 깨달은 마음으로 앞생각 망령된 마음을 업신여겨 망령된 생각이 머무르지 못하게 하는 까닭에 이르기를 '선세 죄업이 곧 소멸한다' 한 것이다. 망령된 생각이 이미 멸하면 죄업이 이루어지지 않아 곧 보리를 얻는다." 하였습니다.

'사가행위'는 ㉞절의 '보살수행계위도'를 참조하십시오.

　[죄업(罪業)] 죄업은 악업을 말하는 것이니, 곧 몸·입·뜻으로 짓는 것입니다. 이것을 삼업(三業=身·口·意)이라 하고, 선악을 짓는 업에는 사업(思業), 표업(表業), 무표업(無表業)이 있으며, 악업 만은 단순히 업(業)이라고도 합니다.

　[아승지(阿僧祇)] 아승지는 <화엄경>에 124대수(大數) 중 제 105대수 등을 말하는 것이며, 인도에서는 아주 많은 수를 말하는 것입니다.

　[나유타(那由他)] 나유타는 천억이라 하고, 아유다의 백 배라 하며, '아유다'는 <불본경집경>에 수십 억이라 하고, 또 <혜원음의>에는 1조 등 그 설이 구구하여 생략합니다.

　[겁(劫)] 겁은 <잡아함경>에 반석겁(盤石劫)·개자겁(芥子劫)의 비유로 나타내고 있는데, 헤아릴 수 없는 시간이라 여기서는

생략합니다.

　[표업(表業)] 표업은 외면에 나타나는 행위입니다. 곧 행위자의 외면에 나타나 다른 사람에게 인식시키려고 하는 것과 같은 행위 등이고, 무표업(無表業)의 반대입니다.

　[경천보(輕賤報)] 경천보는 남의 집에서 천대를 받고 있는 노비(奴婢) 등은 전생의 죄를 사(赦)하는 보(報)라는 뜻입니다.

㊻ "수보리야! 만약 착한 남자나 착한 여인이 이 다음 말세에 이 경을 받아 지녀 읽고 외워 얻은 바 공덕을 내가 만약 다 말하면, 혹 어떤 사람은 들어서 마음이 어지러워 의심하고 믿지 않을 것이리라. 수보리야! 마땅히 알아라. 이 경의 뜻은 가히 생각할 수 없으며, 그 과보 또한 가히 말할 수 없으며, 생각할 수도 없느니라."

　須菩提야! 若善男子善女人이 於後末世에 有受持讀誦此經하야 所得功德을 我若具說者댄 惑有人聞하면 心則狂亂하야 狐疑不信하니라. 須菩提야! 當知하라 是經은 義不可思議며, 果報도 亦不可思議니라.

　　이 절은 '이 경을 받아 지녀 읽고 외워 얻은 바[삼마제관으로] 공덕을 내가 만약 다 말하면, 혹 어떤 사람은 들어서 마음이 어지러워 의심하고 믿지 않을 것이리라. 수보리야! 마땅히 알아라. 이 경의 뜻은 가히 생각할 수 없으며, 그 과보 또한 가히 말할 수 없으며, 생각할 수도 없느니라[證位·선나관·果報].'하였습니다.

　　이 절목은 증위가행(證位加行)이니, 보살수행 계위 사가행위(四加行位) 중 증위(證位)가행이요, 해탈신(解脫身) 성취 권발이니, 이 경의 권발은 제9차이며, 관은 교락관입니다. 그리고, '이 다음 말세에 이 경을 받아 지녀 읽고 외워 얻은 바 공덕을 내(如來)가 다 말하면', 모두 의심해서 믿지 않을 것이며, 더구나 '과보의 공덕은 참으로 말할 수 없고 생각할 수도 없느니라' 한 것은 마치 이 양약(良藥)을 먹기만 하면 성불한다 하여도 믿지를 않을 터니 진실로 딱하다. 어서 여래의 말대로 이 양약을 누구고 당장 마시라, 하는 간절한 뜻의 제시도 있는 것입니다. 그러므로 저 화엄경 4과 중의 4과, 사람을 의지하여 증(證)해 들어가 덕을 이루는 의인증입성덕분(依人證入成德分)과 같은 것입니다. 삼전보리는 권전(勸轉)이 끝나는 곳입니다. 그런데 사가행위 중 증(證)위가행은 세제일위(世第一位)인데, 명봉역저 '정역주해 금강경'의 이 절목에서 "해탈신이며 교락관"이라고 주(註)를 달아 놓았기로 세제일위를 넘어서 해탈신 성취로 풀이를 하였습니다만 세제일위가 언급되지 않았으니 더 연구해 볼 일이기도 합니다.

[세제일위(世第一位)] 세제일위는 4가행의 최고의 위. 유루도(有漏道)에 있어서 최상이기 때문에 세제일위라 이름하고, 곧 무루지혜를 일으키고, 그것을 경계로 하여 견도(見道)에 들어간다 하며, 유식설(唯識說)에서는 10지(地) 가운데 최초의 환희지에 나가 견도에 들어가는 위라 하였고, 대승설에서는 보살수행의 계위인 52위(位) 중 10회향의 만심(滿心)에서 바로 10지(地)의 초지인 환희지에 나아가 견도(見道)에 들어간다고 불교사전에는 기록되어 있습니다..

함허 스님의 설의(說誼)에서 "부처는 밖에서 찾을 것이 아니고 단지 마음을 향하여 찾을 것이다. 만약 부처를 보고저 하면, 오직 모름지기 안으로 비쳐 보라. 모든 부처님들을 받들은 복이 없지 않으나, 그러나 또한 밖을 향하여 어지럽게 구하지 말라. 한 생각으로 경을 들으면, 능히 깨끗한 믿음을 내어 곧 제 성품을 보아, 바른 부처가 될 것이다. 이러므로 부처님께 공양하는 것이, 경을 가지는 것에 미치지 못한 까닭에 '널리 경을 가지고 설한 공덕을 헤아리지 못한다' 하시고, 이에 이르러 이른바 공덕을 '내가 만약 다 말한다면 혹 어떤 사람은 듣고, 마음이 광란하여 의심하고 믿지 않을 것이다' 하시며, 내지 이르시기를 '과보도 또한 가히 생각으로 헤아릴 수 없다' 하시니, 경을 듣고 받아 믿지 아니하면 좋은 약이 앞에 나타날지라도 먹을 줄 알지 못하는 것 같기 때문이다. 과보를 가히 생각으로 헤아리지 못함이여, 먹으면 평지에서 당장 신선이 되어 오를 것이다" 하였습니다.

앞에서도 언급했지만 이 경문을 삼전보리로 보는 분단은 시전(示轉)이 ①절부터 계신(戒身)이 종결되는 ⑰절까지이고, 권전(勸轉)은 ⑱절 정신(定身)으로부터 사가행(四加行)이 끝나는 이 절까지이니, 곧 상권이 종결되는 여기까지이고, 이하 하권(下卷)의 해탈지견신(解脫知見身) 전문은 증전(證轉)입니다. 위의 '세제일위'는 ㊸절 '보살수행계위도'의 '4가행위'를 참조하십시오.

이상은 이 경의 별설(別說) 인문(因門) 중 사가행위(四加行位)까지 설해 마친 것입니다. 그러므로 이 절까지는 상권(上卷)이고, 이하는 하권(下卷)입니다.

이 금강경 상권은 오분신(五分身) 중 전사분(前四分)인 해탈신(解脫身)까지를 설하였고, 하권은 오분신 중에 해탈지견신(解脫知見身)을 설한 것입니다.

이상 상권은 '전사분(前四分)'이란 말을 다시 말하자면 ㉝절 보리회향으로 증위(證位) 해탈신(解脫身) 수증을 수보리가 설해 맞혔고, 다음은 여래가 보완(補完)하여 ㊷절까지 해탈신 및 해탈신 권발 등 설하고, 이어 사가행(四加行)까지 설하였으니, 곧 오분신(五分身) 중에 계신 정신, 혜신, 해탈신까지 전사분을 설해 맞혔다는 뜻입니다. 해탈신(解脫身) 및 사가행(四加行)으로 끝나고, 하권(下卷)은 과지(果地)인 해탈지견신(解脫知見身) 3덕이니,

그 사이 견도(見道)·수도(修道)·무학위(無學位)와 10지(地) 보살위 등은 언급(言及)이 없으니, 보살수행계위 12위나 52위로 볼 때 의문이 없을 수가 없습니다. 그래서 필자는 명봉스님께 물었더니, 6위·12위 다 은기(隱寄)되어 있으니, 연구하여 터득하라 하고, 10지 보살위 등은 따로 설명을 않아도 상·하권(上·下卷) 설을 미루어 다 이해하게 되었다 하였으나, 의문이 풀리지 않아 다시 물었더니, 10지보살 중 법운지(法雲地)보살이나 등각보살들은 이미 12위를 순단(順斷)하고 묘각복도를 다시 닦아야 하는 것도 생각해 보면서 참구해 보라 했습니다. 유념해 연구해 볼 일입니다.

[하권(下卷)]

2) 별설 과지(果地)

가) 과지 총설(總說)

㊼ 저 때에 수보리가 부처님께 사뢰오되, "세존이시여! 착한 남자나 착한 여인이 아뇩다라삼먁삼보리 마음을 발한 사람은 어떻게 머물며, 어떻게 그 마음을 항복시키오리까?" 부처님께서 수보리에게 이르시되, "착한 남자나 착한 여인이 아뇩다라삼먁삼보리 마음을 발한 사람은, 마땅히 이와 같은 마음을 낼 것이니, 내가 응당히 일체 중생을 멸도하리라 하여 일체 중생을 멸도해 마쳤으되, 한 중생이라도 실로 멸도할 자 없어야 하리니, 무슨 까닭이냐? 만약 보살이 아상·인상·중생상·수자상이 있으면 곧 보살이 아니니라."

爾時에 須菩提白佛言 世尊이시여! 善男子善女人이 發阿耨多羅三藐三菩提心한 이는 云何應住며 云何降伏其心이닛고. 佛告須菩提하사대, 善男子善女人 發阿耨多羅三藐三菩提心한 者는 當生如是心이니 我應滅度一切衆生하리라 하야 滅度一切衆生已하되 而無有一衆生實滅度者라야 하리니, 何以故오? 若菩薩이 有我相 人相 衆生相 壽者相이면 卽非菩薩이니라.

　　이 절은 하권 과지(果地) 총설인데, 상권 총설에서도 주심(住心) 복심(伏心) 수행법을 물은 바 있기로 여기서 비교하며 살펴볼 수 있도록 먼저 본문을 소개하겠습니다. 앞에 ⑥절에서 '아욕다라삼먁삼보리 마음을 발하려면 마땅히 어떻게 그 마음을 머물(住·住心)고, 어떻게 그 마음을, 항복(降伏·伏心)시키오리까 하였고,

　　앞에 ⑧절에 '실로 한 중생도 멸도를 얻은 자가 없어야 하리니, 무슨 까닭이냐?' 하고, 보살이 4상(相·四識)이 있으면 보살이 아니기 때문이다 한 뜻이니, 곧 무생사제(無生四諦)'의 체공(體空) 경계를 들어내어 혜신(慧身)성취를 제시하였습니다. 그리고, 이 절에서는 그 '아뇩다라삼먁삼보리 마음을 발한 사람[解脫身]은 어떻게 머물며(住·住心·靜觀), 어떻게 그 마음을 항복(降伏·伏心·幻觀)시키오리까' 하고 물은 데 대하여 답하기를 '아뇩다라삼먁삼보리 마음을 발한 사람(解脫身)은' 이와 같은 마음을 발할 것이니, 내가 일체중생을 멸도하리라 하여 일체중생을 멸도해 마쳤으되 한 중생도 실로 멸도할 중생이 없어야 하리니 하는 뜻을 말하여 앞의 '멸도를 얻은 이가 없고[無生四諦]'와 이 절의 '멸도할 자 없어야' 하여서 지음이 없는 작용 진리[無作四諦]의 수행 경계를 보인 것입니다. 그리고는 '무슨 까닭이냐? 수보리야! 만약 보살이 아상·인상·중생상·수자상이 있으면 곧 보살이 아니라'고 하여 사상(四相)을 영단(永斷)한 경계의 암유가 있는 것입니다. 그리고, 앞의 ⑥절의 물음과 이 절목의 물

음에 한문본 원문은 같은 것이라 중복(重複)으로 보는 이가 있으니 특히 조심해서 앞 절과 이 절의 토가 다름으로 중첩이 아닌 것을 유의해 보십시오.

이 절목은 과지(果地) 총설을 시작하는 곳이고, 작(作)·지(止)·임(任)·멸(滅)의 4병(病)을 여읜 정관(正觀)을 성취한 경계이니, 곧 멸도를 했는데 멸도할 자(者)가 없다 하여 무작사제의 경계를 제시한 것이니, 사상병(四相病)을 영리(永離)한 경지입니다. 초학자들을 위하여 다시 말씀드리자면 곧 앞의 ⑧절에 '멸도를 얻은 자가 없어야 하리니' 하고, '사상(四相)이 있으면 곧 보살이 아니라(卽非菩薩)'한 것은 화엄경 중 남이 없는 사제(無生四諦)와 같으니, 곧 허공은 본래 꽃이 없거니(空中無華) 어찌 가히 따겠는가(云何可摘)의 뜻과 같은 것이고, 이 절목에서 '멸도할 자 없어야 하리니' 하고, '사상이 있으면 곧 보살이 아니라(卽非菩薩)'한 것은 화엄경 중의 지음이 없는 사제(無作四諦)의 뜻과 같으니, 곧 '파도가 곧 이 물이어니, 어찌 파도를 버릴 것이냐'의 뜻(波則是水 云何去波之義)과 같은 것입니다. 삼전보리로는 증전(證轉)이 시작되는 절목입니다.

그리고, 한문 원본 '아뇩다라삼먁삼보리심(心)자 당생여시심아응멸도'는 명본원본이고, 고려대장경에는 '심(心)'자 한 자가 없습니다. 또 '중생실멸도자 하이고 수보리(須菩提)' 중 '수보리(須菩提)'가 명봉원본에는 없고 고려대장경에는 있으니 유의하여 참구하십시오.

위의 상권(上卷)에서는 관법을 각 절마다 말했습니다만 이 하권에서는 각 절마다 관행법을 정확하게 말할 수가 없는 것입니다. 말하자면 불각(佛覺)으로 들어가는 관문은 선나관·원수삼관(圓修三觀)·금강유정(金剛喩定) 등을 말하나 여래(如來)라 하는 여의자(如意者) 경지는 작·지·임·멸병을 여의는 곧 이사병정관(離四病正觀) 등 부사의한 선관행 등이 있으니, 깊이 연구해 볼 일입니다만 이 절목 하나만 거듭 다시 말씀하여 보이자면 '여래자(如來者)는 이사병정관자(離四病正觀者)라' 한 경의 말씀과 같은 관(觀)으로 보아도 된다 명봉스님은 말씀하였습니다.

부(傳) 대사가 이 대목에서 "공생이 거듭 물으니 무심(無心)으로 자신(自身)을 삼으라 하였다. 보리심을 발하고저 하면 마땅히 앞에 나타난 인(因)을 알라. 자비를 행하는 것도 망(妄)이다 지혜를 쓰는 것이 가장 훌륭한 진리다. 중생을 제도하기 위하여 일부러 아(我)를 세운 것이지만, 이치를 증득하면 곧 아(我)도 없다"하였습니다.

㊽ "무슨 까닭이냐? 수보리야! 실로 법 아뇩다라삼먁삼보리 마음을 발할 자가 없느니라. 수보리야! 네 뜻에 어떠하냐? 여래가 연등부처님 처소에서 법, 아뇩다라삼먁삼보리를 얻음이 있는가?" "아닙니다. 세존이시여! 제가 부처님께서 말씀하신 바 뜻을 알기로는 부처님께서 연등부처님 처소에서 법, 아뇩다라사먁삼보리를 얻음이 없습니다."

부처님께서 말씀하시되, "옳고 옳다. 수보리야! 실로 여래가 법, 아뇩다라삼먁삼보리를 얻음이 없느니라. 수보리야! 만약 여래가 법, 아뇩다라삼먁삼보리를 얻을 것이 있었다면 연등부처님이 곧 나에게 수기를 주시며, '네가 마땅히 오는 세상에 부처가 되어 이름을 석가모니라 하리라'고 하지 않으셨을 것이지마는, 실로 법, 아뇩다라삼먁삼보리를 얻을 것이 없는 것이라, 이런 까닭으로 연등부처님이 나에게 수기를 주실 때에 이런 말을 지어 하되 '네가 오는 세상에 마땅히 부처가 되어 이름을 석가모니라 하리라'고 하셨느니라.
어찌하여 그러한가? 여래라는 것은 곧 모든 법과 같은 뜻인
까닭이니라. 만약 어떤 사람이 여래가 아뇩다라삼먁삼보리
를 얻었다고 말하면, 수보리야! 진실로 부처님이 법, 아뇩다
라삼먁삼보리를 얻음이 없다 하라. 수보리야! 여래의 얻은
바 아뇩다라삼먁삼보리는 그 가운데 실다움도 없고 허망함
도 없느니라."

所以者何오? 須菩提야! 實無有法發阿耨多羅三藐三菩提 心
할 者니라. 須菩提야! 於意云何오? 如來於然燈佛所에 有法得
阿耨多羅三藐三菩提不아? 不也니다. 世尊이시여! 如我解佛所
說義하얀 佛이 於然燈佛所에, 無有法得阿耨多羅三藐三菩提니
다.

佛言하사대 如是如是니라. 須菩提야! 實無有法如來得阿耨
多羅三藐三菩提니라. 須菩提야! 若有法如來得阿耨多羅三藐三
菩提런들 然燈佛이 即不與我受記하사대 汝於來世에 當得作佛
하야 號를 釋迦牟尼라 하리라 하시련마는 以實无有法得阿耨
多羅三藐三菩提일새 是故로 然燈佛이 與我受記하사 作是言하
사대 汝於來世에 當得作佛하야 號를 釋迦牟尼라 하리라 하시
니라. 何以故오? 如來者는 即諸法如義일새니라. 若有人言이
如來得阿耨多羅三藐三菩提라거던 須菩提야! 實無有法佛得阿
耨多羅三藐三菩提라 하라. 須菩提야! 如來所得阿耨多羅三藐三
菩提는 於是中에 無實無虛일새.

이 절은 '실로 법, 아뇩다라삼먁삼보리 마음을 발할 자가 없
느니라. 수보리야! 어떻게 생각하느냐? 여래가 연등부처님 처소
에서 법, 아뇩다라삼먁삼보리를 얻음이 있는가? 아닙니다. 세존
이시여! 제가 부처님께서 말씀하신 바 뜻을 알기로는 부처님께

서 연등부처님 처소에서 법, 아뇩다라삼먁삼보리를 얻음이 없습니다. 부처님께서 말씀하시되, 옳고 옳다. 수보리야! 진실로 여래가 법, 아뇩다라삼먁삼보리를 얻을 것이 없느니라' [얻을 것이 없는 경지 곧 보리를 얻음을 제시]하여 아뇩다라삼먁삼보리 마음을 발할 자가 없고 또 아뇩다라삼먁삼보리를 얻을 것이 없다 하고는 '어찌하여 그러한가? 여래라는 자는 곧 모든 법과 같은 뜻인[新薰 本分 둘 아닌 모든 법 같은 뜻] 까닭이니라' 하였습니다. 그리고 또는 모든 법은 아(我)가 없는 경계라 연등불의 처소에서 아뇩다라삼먁삼보리 법을 얻었다든가, 아뇩다라삼먁삼보리를 얻을 것이 있다는 분별이 있을 수가 없는 것입니다. 결론적으로 말한 것은 '여래의 얻은 바 아뇩다라삼먁삼보리는 그 가운데 실다움도 없고 허망함도 없느니라'[本分邊은 無實이요, 新薰邊은 無虛라 한 진리] 한 것입니다.

  이 절목은 법계회향(法界廻向)입니다. 무실(無實·本分身)과 무허(無虛·新薰身) 둘 아닌 진리 법신(法身)인 아뇩보리 곧 해탈지견신(解脫知見身)입니다. 부처님이 옛날 인지(因地)인 '연등(燃燈) 부처님 처소에서 법, 아뇩다라삼먁삼보리를 얻음이 없습니다.' 하여 실다움이 없는(無實法) 진리와 허망함도 없는 법(無虛法)을 알아[무허(無虛)의 아뇩보리 진리를 알았기로] 부처가 될 수기(授記)를 받은 사실의 제시와, '아뇩보리 가운데 실다움도 없고 허망함도 없는 법'을 말한 것입니다. 곧 무실(無實)·무허(無虛)는 온 우주의 진리이며, 불법대의 이종근본(佛法大義 二種根本)인 망(妄·無實)과 진(眞·無虛)의 진리입니다. 그리고 오는 것도 없고[無實], 가는 것도 없는[無虛] 것을 제시한 그 '여래라는 것은 곧 모든 법과 같은 뜻'[新薰身과 本分身도 둘 아닌 모든 법]이라 한 것이니, 여래(如來)라는 이름의 뜻 그 진리도 곧 아뇩다라삼먁삼보리라는 것을 보여준 것입니다. '여래자(如來者)는 대열반(大涅槃·寂靜)과 무상보리(無上菩提) 둘을 굴린다는

데에 의지한 이름(二轉依號)이라' 하는 경의 말씀도 또한 유념해 볼 일이기도 합니다. 그러므로 이 절은 '아뇩보리'법 무실 무허를 말한 법계회향입니다.

그리고, 이 절의 명봉한문 원본 중에 '소이자하오? 수보리야! 실무유법발아뇩다라삼먁삼보리심(心)'의 '심(心)'자가 있는데 고려대장경 판본에는 '심(心)'자가 없고, 또 '아뇩다라삼먁삼보리자(者)연등불즉붕여아수기'는 고려대장경 판본인데, 명봉 원본에는 '자(者)'자가 없습니다. 유의하여 참구하십시오.

육조 혜능 스님은 이 대목의 해설에서, "부처님께서 수보리에게 말씀하시기를 '내가 선생님 계신 곳에서 사상(四相)을 없애지 않고 수기를 얻지 아니했느냐?' 하시니 수보리가 무상(無相)의 이치를 깊이 아는 까닭에 '그렇지 않다'고 말씀하셨다. 잘 부처님 뜻에 맞은 까닭에 '그렇다'고 인가하신 것이다. 부처님께서 말씀하시되, 실로 아·인·중생·수자(我·人·衆生·壽者)가 없어야 비로소 보리(菩提)의 기(記)를 받을 수 있다 하시니 내가 만약 보리심을 발했다는 마음이 있었으면 연등불이 곧 수기를 주지 아니했을 것인데 실로 얻은 바가 없음으로서 연등불이 비로소 나에게 보리(菩提)의 기(記)를 주었다 하였다. 이 일단의 글은 모두 수보리에게 무아(無我)의 뜻을 이루게 한 것이다." 하였습니다.

㊾ "그러므로 여래가 말하기를, 일체법이 다 이 불법이라 하는 것이니라. 수보리야! 내가 말한 바 일체법이라 하는 것은 곧 일체법이 아닌 것이므로 그 이름을 일체법이라 하는 것이니라. 수보리야! 비유하자면 사람의 몸이 크다는 말과 같으니라."

수보리가 사뢰오되, "세존이시여! 여래께서 사람의 몸이 크다고 말씀하신 것은 곧 큰 몸이 아닌 것을 큰 몸이라 이름하신 것입니다."

"수보리야! 보살도 또한 이와 같아서, 만약 '내가 이런 말을 지어 하되 마땅히 한량없는 중생을 멸도하리라' 하면 곧 보살이라 이름할 수 없느니라. 무슨 까닭이냐? 수보리야! 진실로 법 이름이 보살이라 할 것이 없음이라, 그러므로 부처가 말하기를 일체법이 아상이 없고, 인상이 없고, 중생상이 없고, 수자상이 없다 하느니라. 수보리야! 만약 보살이 이런 말을 지어 하되 '내가 마땅히 불국토를 장엄한다' 하면, 보살이라 이름할 수 없느니라. 무슨 까닭이냐? 하면 여래가 말한 바 불국토를 장엄한다는 것은, 곧 장엄이 아닌 것을 장엄이라 이름하는 것이니라. 수보리야! 만약 보살이 「나(我)」 없는 법을 통달하는 자는 여래가 설하여 참으로 보살이라 이름할 것이니라."

是故로 如來說 一切法이 皆是佛法이라 하시나니라. 須菩提야! 所言一切法者는 卽非一切法일새 是故로 名一切法이라 하시나니라. 須菩提야! 譬如人身長大니라. 須菩提言 世尊이시여! 如來說人身長大는 則爲非大身을 是名大身일새니다.

須菩提야! 菩薩도 亦如是하야 若作是言하대 我當滅度無量衆生이라 하면, 卽不名菩薩이니라. 何以故오? 須菩提야 實無有法名爲菩薩일새 是故로 佛說一切法이 無我 无人 無衆生 無壽者라 하시나니라. 須菩提야! 若菩薩이 作是言하대 我當莊嚴佛土라 하면, 是不名菩薩이니라. 何以故오? 如來說莊嚴佛土者는 卽非莊嚴이 是名莊嚴일새니라. 須菩提야! 若菩薩이 通達無

我法者는 如來說名眞是菩薩이라 하시니라.

　이 절은 '일체법이 다 이 불법이라' 한 이것은 전수(全收)입니다. 그리고, 앞의 ⑱절의 '불법이라 하는 것은 곧 불법이 아니니라' 한 그것은 전간(全揀)입니다. 그리고, 이 절의 전수에 대해서는 "각기 그 위의 편안(各安其位)에 다 집착하여 움직이지 아니함(總不動着)이라 주장함은 단 지음을 부르는 것(但主作喚)이니라"한 전수문(全收文)도 있으니 유의하여 보시고 ⑱절도 참조하시면 '전수'나 '전간'을 연구하고 이해하는데 도움이 될 것입니다. 다시 또 '수보리야! 내가 말한 바 일체법이라 하는 것은 곧 일체법이 아닌 것이므로 그 이름을 일체법이라 할 수 있는 것이니라. 수보리야! 비유하자면 사람의 몸이 크다는 말과 같으니라. 수보리 사뢰오되, 세존이시여! 여래께서 사람의 몸이 크다고 말씀하신 것은 곧 큰 몸이 아닌 것을 큰 몸이라 이름하신 것입니다.'하였습니다. '일체법이 다 불법이라'고 말한 것은 물론 일체의 법이 불법입니다. 불법이 일체의 법 진리와 같기 때문이요, 또한 내 마음 작용을 하는 18계(界:六根·六塵·六識) 법도 불법에서 말하는 일체법이기도 합니다.

　그리고 '비유하자면 사람의 몸이 크다는 말과 같다'는 말은, 우리가 보통 하는 말에 '아무개는 큰 사람이다'라고 할 때 키가 크다는 말이 아니라 그 사람의 지혜나 덕이나 도량이 큰 것을 지칭하듯이, 가설인고로 크다는 뜻입니다.

　'수보리야! 보살도 또한 이와 같아서, 만약 '내가 이런 말을 지어 하되 마땅히 한량없는 중생을 멸도(滅道·깨닫게)하리라'는 말을 지었다면, 그는 보살이라 이름할 수 없느니라. 무슨 까닭이냐? '수보리야! 진실로 법 이름이 보살이라 할 것이 없음이니라. 이러므로 부처가 말하기를 일체법[十八界法·마음]이 아상이 없고, 인상이 없고, 중생상이 없고, 수자상이 없다 하느니라. 수보리야! 만약 보살이 이런 말을 지어 하되, '내가 마땅히 불국토를 장엄한다[通達하여 장엄한다]' 하면 보살이라 이름할 수 없느니라. 무슨 까닭이냐? 하면 여래가 말한 바 불국토를 장엄한다는 것은, 곧 장엄이 아닌 것을 장엄이라 이름하는 것[四相이 있으면 보살이 아닌 것이니, 없는 것]이니라. 수보리야! 만약 보살이 「나(我·四相·四識身)」 없는 법을 통달하는 자[智德·통달]는, 여래가 설하여 참으로 이 보살이라 이름할 것이니라.'고 하였습니다. 여기서 지덕(智德)을 제시하고 있는 것을 잘 살펴보십시오.

이 절목은 과지(果地) 해탈지견신 총설 중 지덕(智德)을 설해 마친 곳입니다. 그리고, 이 절의 문중에 제시한 전수는 조사선(祖師禪)의 경계이기도 합니다. 또한 '나(我·四相身) 없는 법을 통달하는 자(智德·통달)는' 하여 지덕을 제시한 것입니다. '해탈지견신'에는 이 열반(涅槃) 삼덕인 지덕·단덕·법신덕이 있고, 매 덕마다에 상(常)·낙(樂)·아(我)·정(淨)의 4덕(德)이 있습니다. 그리고 특히 이 문장 중에는 '나(我·四識身)' 자를 주시해 볼 일입니다.

육조 혜능스님이 구결(口訣)한 이 대목은 "모든 법이 같다는 뜻이다. 말씀하신 것은 모든 법은 색성향미촉법(色聲香味觸法)이다. 이 육진(六塵) 가운데서 잘 분별하되 본체(本體)가 담연(湛然)히 물들지 않고 집착하지도 않아 일찍이 변이(變異)가 없는 것이 허공과 같이 움직이지 않아 원통영철(圓通營徹)하여 영겁(永劫)에 항상 존재하는 것이 이것을 이름하여 모든 법이 같다는 뜻이다. 보살영낙경(菩薩瓔珞經)에 이르시되, '훼예(毁譽)에 움직이지 않는 것이 이것이 여래행(如來行)이다' 하시고, 입불경계경(入佛境界經)에 이르시되, '모든 욕(欲)에 물들지 않으므로 무소관(無所觀)에 경례한다'하였다.

부처님께서 말씀하시되, '실로 얻은 것 없는 마음으로' 보리를 얻으니, 소득심(所得心)이 나지 아니하므로, 그러므로 보리를 얻은 것이다. 이 마음을 여읜, 밖에 다시 얻을 보리가 없으므로 말씀하시기를 '실이 없다' 하시고, '얻은바 마음이 적멸(寂滅)하여 일체지혜가 본래 있고, 만행(萬行)이 다 원만히 갖추어져 항사(恒沙)의 덕성(德性)이 써도 조금도 부족함이 없으므로, 말씀하시기를 허(虛)가 없다'하신 것이다.

능히 모든 법에 마음에 취사(取捨)가 없고 또 능소(能所)가 없으면 치연(熾然)히 일체법을 건립하되 마음이 항상 공적하다. 그러므로 알라. 이 일체법이 모두 불법이다. 그러나 공미자(恐迷者)는 일체법을 탐착하여 불법을 삼을까 의심하는 까닭에 이런 병을 보내기 위하여 곧 '일체법이 아니다' 말씀하시고, 마음이 능소가 없어 고요히 항상 비추면 정혜(定慧)가 고르게 행하여 체용(體用)이 일치하므로, 그러므로 '이름을 일체법이라' 하신 것이다. 여래께서 말씀하신 '사람 몸이 크다고 한 것은 곧 큰 몸이 아니니라' 하신 것은 일체중생의 법신이 둘이 아닌 것을 나타내어 한량이 없는 것을 이름하여 '큰 몸'이라 하신 것이니, 법신이 본래 처소가 없는 까닭으로 말씀하시기를, '큰 몸이 아니다' 하신 것이다. 또 색신(色身)이 비록 크나 안으로 지혜가 없으면 큰 몸이 아니다. 색신이 비록 적으나 안으로 지혜가 있으면 이름을 큰 몸이라 할 수 있고, 비록 지혜는 있으나 능히 행을 의지하지 아니하면 곧 큰 몸이 아니다. 가르침을 의지하여 닦고 행하여 모든 부처님들의 위없는 지견(知見)에 들어가 능소가 한량이 없어야 이 이름이 큰 몸이다"하셨습니다.

[사덕(四德)] 사덕은 대열반에 갖추어 있는 네 가지 덕입니다. 첫째 '상(常)'은 상주의 뜻으로, 대열반은 시간과 공간을 초월하여 생멸 변화가 없는 덕입니다. 둘째 '낙(樂)'은 안락의 뜻으로, 생멸 변화가 없는 세계에는 생사의 고뇌가 없고 무위(無爲) 안락(安樂)한 덕이 있는 것입니다. 셋째 '아(我)'는 망아(忘我)를 여읜 진아(眞我)를 말하는 것으로, 대자재(大自在)의 덕을 갖춘 아

(我)를 표하는 것입니다. 넷째 '정(淨)'은 청정의 뜻으로, 혹(惑)·업(業)의 고통을 여의고, 담연(湛然) 청정한 과덕(果德)이 있음을 말합니다. 곧 항상(常)하고, 즐겁고(樂), 참 나(我)이고, 깨끗한(淨) 열반 4덕입니다.

㊿ "수보리야! 네 뜻에 어떠하냐? 여래에게 육안이 있느냐?" "그렇습니다. 세존이시여! 여래에게 육안이 있습니다."

"수보리야! 네 뜻에 어떠하냐? 여래에게 천안이 있느냐?" "그렇습니다. 세존이시여! 여래에게 천안이 있습니다."

"수보리야! 네 뜻에 어떠하냐? 여래에게 혜안이 있느냐?" "그렇습니다. 세존이시여! 여래에게 혜안이 있습니다."

"수보리야! 네 뜻에 어떠하냐? 여래에게 법안이 있느냐?" "그렇습니다. 세존이시여! 여래에게 법안이 있습니다."

"수보리야! 네 뜻에 어떠하냐? 여래에게 불안이 있느냐?" "그렇습니다. 세존이시여! 여래에게 불안이 있습니다."

"수보리야! 네 뜻에 어떠하냐? 항하 가운데 있는 모래도 부처님이 이 모래라고 설하였느냐?" "그렇습니다. 세존이시여! 여래께서 이 모래라 설하셨나이다."

"수보리야! 네 뜻에 어떠하냐? 한 항하 가운데 있는 모래 수와 같이 그렇게 많은 항하가 있고, 이 모든 항하에 있는 모래 수효와 같은 불세계가 있다면, 많겠느냐?" "심히 많은 것입니다. 세존이시여!"

부처님께서 수보리에게 이르되, "그렇게 많은 국토 가운데 있는 중생의 여러 가지 마음도 여래가 다 아느니라. 왜냐하면 여래가 말한 모든 마음이 다 마음이 아닌 것을 이 마음이라 이름하기 때문이니라. 무슨 까닭이냐? 수보리야! 과거의 마음도 가히 얻지 못하며, 현재의 마음도 가히 얻지 못하며, 미래의 마음도 가히 얻지 못하기 때문이니라."

須菩提야! 於意云何오? 如來有肉眼不아 如是니다. 世尊이시여! 如來有肉眼이니다.

須菩提야! 於意云何오? 如來有天眼不아 如是니다. 世尊이시여! 如來有天眼이니다.

須菩提야! 於意云何오? 如來有慧眼不아 如是니다. 世尊이시여! 如來有慧眼이니다.

須菩提야! 於意云何오? 如來有法眼不아 如是니다. 世尊이시여! 如來有法眼이니다.

須菩提야! 於意云何오? 如來有佛眼不아 如是니다. 世尊이시여! 如來有佛眼이니다.

須菩提야! 於意云何오? 如恒河中所有沙도 佛說是沙不아 如是니다. 世尊이시여! 如來說是沙니다.

須菩提야! 於意云何오? 如一恒河中所有沙하야 有如是沙等恒河어던 是諸恒河所有沙數佛世界도 如是寧爲多不아 甚多니다. 世尊이시여!

佛告須菩提하사대 爾所國土中所有衆生의 若干種心도 如來悉知하시나니, 何以故오? 如來說諸心은 皆爲非心을 是名爲心일새니라. 所以者何오? 須菩提야! 過去心不可得이며, 現在心不可得이며, 未來心도 不可得이니라.

이 절은 여래에게 육안(肉眼)·천안(天眼)·혜안(慧眼)·법안(法眼)·불안(佛眼)이 있는가를 여래가 물은 것에 대해 수보리는 모두 있다고 대답하였습니다. 다시 수보리에게 '항하 가운데 있는 모래를 부처님이 이 모래라고 설하였느냐?'고 물은 바 수보리는 '그렇습니다. 여래께서 이 모래라 설하셨습니다.' 곧 '이 항하의 모래를 이 모래라'한 이것은 무진안(無盡眼)을 제시한 것입니다. 그리고, 또 '한 항하 가운데 있는 모래와 같이 이 같은 수의 항하가 있고, 이 모든 항하에 있는 바 모래 수효 같은 불세계가 있다면, 많겠느냐?'는 물음에 '심히 많은 것입니다. 세존이시여! 부처님께서 수보리에게 이르되, 그렇게 많은 국토 가운데 있는 중생의 여러 가지 마음도 여래가 다 아느니라[無盡眼으로 보신 것].' 하고, 다시 또 '여래가 말한 모든 마음이 다 마음이 아닌 것[四識마음이 永斷한 斷德]을 이 마음이라 이름할 것이니라.' 하였습니다. 그러니까, 이 '마음이 다 마음 아닌 것' 곧 없는 단덕을 분명히 밝히고, 또한 다시 '수보리야! 그것은 과거의 마음(過去心)도 가히 얻지 못하고, 현재의 마음(現在心)도 가히 얻지 못하며, 미래의 마음(未來心)도 가히 얻지 못하느니라' 한 이것은 모두 심안(心眼)을 들어 내어 보인 것입니다. 왜 어디서 눈이 나오는 것일까? 4식(識)이 끊어진 곳[斷德에서]에서 오안(五眼) 등이 나옵니다.

이 절목은 해탈지견신 총설 중 단덕(斷德)을 설해 마친 곳입니다. '항하 가운데 있는 모래를 부처님이 모래라고 설하였느냐?'부터 '그렇게 많은 국토 가운데 있는 중생의 여러 가지 마음도 여래가 다 아느니라'까지가 무진안(無盡眼)을 제시한 것입니다. '모든 마음이 다 마음(四識心)이 아닌 것[識이 永斷해 없는 것]이 다 마음이라' 하여 단덕(斷德)을 제시한 것이고, '지나간 마음도 … 미래의 마음을 얻을 수 없기 때문이니라'한 것은 심안(心眼)을 제시한 것입니다.

위의 과거심도 현재심도 미래심도 가히 얻지 못한다는 뜻의 말과 '주금강(周金剛)'과의 이야기를 여기서 또한 잠깐 소개하자면 '주금강'의 주(周)는 덕산(德山)스님의 속성이고, '금강'은 '금강경'을 뜻합니다. 금강경의 대강백인 그 덕산스님이 금강경에

미처 있었기 때문에 그를 '주금강'이라 불렀습니다. 그가 남방에서 선풍(禪風)이 크게 성하여 직지인심(直指人心) 운운하며 큰소리를 치고 있는 것들을 혼내주겠다고 생각하고 자기가 지은 '청룡소초(靑龍疏鈔)'라는 '금강경' 주석서(註釋書)를 배낭에 짊어지고 가던 중 남방 길가에서 배가 고파 잠깐 쉬는데 떡 파는 노파가 짊어진 게 무엇이오? 물으니, 덕산스님이 금강경소 '청룡소초'라 답을 한 바, 노파는 내 묻는 것을 답해 주면 점심(點心)은 거저 줄 것이라 하며, 그 금강경 가운데 있는 '과거심 불가득, 현재심 불가득, 미래심 불가득'의 말 중에 당신은 어느 마음에 점(點)하겠다는 것인가? [三世心은 도무지 얻을 수 없는 것인데 어느 곳에 참 마음이 있다 점치겠는가] 물은 데 답을 못하였고, 또 그의 지시대로 남방 용담산 용담숭신(龍潭崇信)에게 가서 크게 깨치고 그 스승의 법을 전수받았다는 이야기가 전합니다. '덕산(德山)'은 아래 주해를 참조하십시오.

그리고, 한문원본 "여(如)항하중소유사불설시사불"의 첫 글자 '여(如)자'가 명봉 원본에는 있고, 고려대장경 판본에는 없으며, 또한 "유여시사(沙)등항하 시제항하" 중의 '사(沙)'자가 명봉 원본에는 있고, 고려대장경 판본에는 없으니, 참구하십시오.

육조 혜능스님이 구결(口訣)한 이 대목은 "모든 사람이 다 오안(五眼)이 있되 미연(迷戀)이 덮어 스스로 보지 못하므로 부처님께서 미련한 마음을 없애게 하면 곧 오안(五眼)이 뚜렷이 밝아 생각생각에 반야바라밀법을 닦고 행하게 하신 것이다. 처음으로 미련한 마음을 없앤 것의 이름이 육안(肉眼)이다. 일체중생이 다 불성(佛性)이 있는 것을 보시고 가련한 마음을 일으키니 이름이 천안(天眼)이다. 어리석은 마음 나지 않는 것의 이름이 혜안(慧眼)이고 법에 집착된 마음을 없앤 것의 이름이 법안(法眼)이며, 세혹(細惑)을 길이 다하여 뚜렷이 밝아 두루 비추는 것의 이름이 불안(佛眼)이다. 또 이르되 색신(色身) 가운데 법신이 있는 것을 본 것의 이름이 육안이라 하고, 일체중생이 각기 반야의 성품을 갖춘 것을 보는 것의 이름이 천안(天眼)이라 하고, 반야바라밀이 능히 삼세 일체법 내는 것을 보는 것의 이름이 혜안이라 하고, 일체 불법이 본래 스스로 갖추어져 있는 것을 보는 것의 이름이 법안(法眼)이라 하고, 성(性)이 명철(明徹)하여 능소(能所)를 영원히 없앤 것 본 것을 이름하여 불안(佛眼)이라 한다. 항하는 인도 기원정사 옆 근처에 있는 강이다. 여래께서 설법하실 때 항상 이 강을 비유로 지적하였는데, 부처님께서 말씀하신 이 강 가운데 모래 한 모래로 한 불세계에 비유하여 많음이 되느냐 하시니 수보리가 말씀하시기를 '심히 많습니다. 세존님!'하시니, 부처님이 이렇게 많은 국토를 든 것은 그 가운데 있는 중생들이 모두 가지고 있는 심수(心數)를 밝히기 위한 것이다.

이 국토 가운데 있는 중생의 낱낱 중생이 다 약간 차별한 심수(心數)가 있으니, 심수(心數)는 비록 많으나 모두 이름이 망심이다. 마음이 마음 아닌 줄을 알지 못하면 이 이름이 마음이다. 이 마음이 곧 진심(眞心)이고 상심(常心)이며 불심(佛心)이고 반야바라밀심 청정보리 열반심이다.

과거심도 가히 얻지 못한다고 한 것은, 앞 생각 망심(妄心)이 별이기과(瞥尒己過)하여 찾아도 처소가 없고, 현재심을 가히 얻지 못한다 한 것은 진심(眞心)이 상(相)이 없으니 무엇을 의지하여 얻어 볼 것인가. 미래심을 가히 얻어 보지 못한다고 한 것은 본래 가히 얻을 것이 없는지라 습기(習氣)가 이미 다하여, 다시 또 나지 아니하리니, 이 삼심(三心)을 얻지 못하는 것을 부처라 한다."

[구결(口訣)] 구결이란 말은 본래 구수(口授)·구전(口傳)이라고도 하고, 면수구결(面授口訣)과 연용(連用)하는 수도 있습니다. 원래 인도에서는 경률(經律) 등을 필록(筆錄)하는 것을 신성한

뜻을 해친다고 하여 구수(口授)로서 이를 전하는 경우가 많았습니다. 밀교에서는 특히 구전(口傳)이 필요한 것으로 했고, 미회(未會 · 再治를 거치지 않은 책) · 난탈(爛脫 · 前後文句의 의미 不通 등) 연(連)의 문장을 특히 전후를 가려서 기재하는 것 등 여러 가지가 있습니다. 여기 '구결'은 구전(口傳) 등 비밀한 뜻을 풀어 보인다는 뜻이니, 곧 육조 혜능스님이 엮으신 '금강반야바라밀경 구결(口訣)'을 뜻하는 것입니다.

'5안(眼)' 및 '무진안'은 ㉛절의 '5안도'를 참조하십시오.

[덕산(德山 ; 782~865)] 덕산은 당나라 승려. 이름은 선감(宣鑑) 속성은 주(周). 별명은 주금강(周金剛)이고, 용담숭신(龍潭崇信)의 문하에서 법을 전수 받앗음. 덕산정사(德山精舍)에서 종풍을 크게 일으키고, 입적(入寂)함. 시호는 견성대사(見性大師).

[열반삼덕(涅槃三德)] 열반삼덕은 첫째 '지덕(智德)'으로, 있는 그대로 진실을 아는데 장애가 없는 깨달음을 말하는 것입니다. 이것은 모든 부처님이 갖추고 있는 3덕(德) 중의 하나입니다. 둘째는 '단덕(斷德)'으로, 번뇌를 모두 끊은 덕입니다. 셋째는 법신덕(法身德)으로, 상주불변의 법성을 신(身)으로 삼는 것을 말하는 것으로 열반에 갖추어지는 3덕의 하나입니다.

(51) "수보리야! 네 뜻에 어떠하냐? 만약 어떤 사람이 삼천대천 세계에 가득찬 칠보로써 보시하면, 이 사람이 이 인연으로써 복 얻음이 많겠느냐?" "그러합니다. 세존이시여! 이 사람이 이 인연으로써 복 얻음이 매우 많을 것입니다."

"수보리야! 만약 복덕이 실로 있는 것이라면 여래가 복덕을 얻음이 많다고 말하지 아니하였을 것이지마는, 그러한 복덕이 있을 수 없으므로 여래가 복덕을 얻음이 많다고 말하는 것이니라."

須菩提야! 於意云何오? 若有人이 滿三千大千世界七寶로 以用布施하면, 是人이 以是因緣으로 得福多不아? 如是니다. 世尊이시여! 此人이 以是因緣으로 得福甚多니다.

須菩提야! 若福德有實이면 如來不說得福德多라 하시련마는, 以福德無故로 如來說得福德多라 하시나니라.

이 절은 '삼천대천 세계에 가득찬 칠보로써 보시하면[七寶布施·財施함]' 한 것은 '그러한 복덕이 있을 수 없으므로[假說인 고로] 여래가 복덕을 얻음이 많다고 말하는 것'이라 한 뜻입니다.

이 절목은 과지(果地) 열반삼덕(涅槃三德) 총설 중 권발입니다. 이것은 이 재시(財施)가 복덕이 많다고 가설(假說)해 말을 한 것이니, 앞의 ⑩절의 이 경 상총설(上總說) 중의 권발은 내재(內財) 법시(法施)로만 했고, 이 하총설(下總說) 중의 권발은 외재(外財) 재시(財施)로만 했습니다. 앞에 ⑩절의 상총설 해탈신(解脫身) 권발은 법시(法施)이므로 '복덕을 가히 헤아리지 못할 것이라' 하여 실제로 많다는 뜻을 말했고, 이 하총설(下總說)의 삼덕(三德) 총설 중 권발은 재시(財施)인 것이라 '그러한 복덕이 있을 수 없으므로 여래가 복덕을 얻음이 많다고 말하는 것'이라 하여, 곧 보리과(菩提果)에 들어가는 수행이 아니므로 '공덕이 없다'는 뜻을 제시하고 있습니다. 그러니까 전자 후자 둘을 합하면 법시 재시가 완전하지 않은가? 깊이 유념해 볼일이고, 이 권발은 이 경의 제10차 권발입니다.

육조 혜능스님이 구결(口訣)한 이 대목은, "오보(五寶)의 복이 능히 불과보리(佛果菩提)를 성취하지 못하는 까닭에 '없다'고 말씀하신 것이고, 그 수량이 있는 까닭에 이름하여 '많다'고 한 것이니, 능히 수량을 초과하면 곧 많다고 말하지 안 했을 것이다." 하였습니다.

부(傅) 대사는 이 대목에서 "삼천대천 세계에 칠보를 가득 채워 보시한다면 복을 얻는 것이 바람과 같다. 간탐자(慳貪者) 보다는 훌륭하지만 진종(眞宗)을 깨달은 것만은 못하다. 마침내 사구게(四句偈)를 깨달으면 완전한 공(空)을 증할 것이다."하였습니다.

㊾ "수보리야! 네 뜻에 어떠하냐? 부처님을 가히 모두 갖춘 색신으로 보느냐? 아니냐?" "아닙니다. 세존이시여! 여래를 응당히 모두 갖춘 색신으로 볼 수 없습니다. 왜냐하오면 여래께서 설하신 모두 갖춘 색신은 곧 모두 갖춘 색신이 아님을 이 모두 갖춘 색신이라 이름한 까닭입니다."

"수보리야! 네 뜻에 어떠하냐? 여래를 가히 모두 갖춘 상으로써 보느냐? 아니냐?" "아닙니다. 세존이시여! 여래를 응당히 모두 갖춘 구족한 상으로 볼 수 없습니다. 왜 그런가 하오면 여래께서 말씀하신 모두 갖춘 구족상은 곧 모두 갖춘 구족상이 아닌 것을 이 모두 갖춘 구족상이라 이름하신 까닭입니다."

"수보리야! 너는 여래가 생각하기를 '내가 마땅히 법을 설한 것이 있다'고 이르지 말라. 이런 생각을 하지 말지니, 무슨 까닭이냐? 만약 어떤 사람이 여래께서 법을 설한 바가 있다고 한다면 곧 부처를 비방함이요, 능히 내가 말한 뜻을 알지 못한 것이니라. 수보리야! 법을 말한다는 자도, 법을 가히 설할 것이 없는 것을 이 이름 법을 설한다 함이니라."

須菩提야! 於意云何오? 佛을 可以具足色身으로 見不아?

不也니다. 世尊이시여! 如來를 不應以具足色身으로 見이니다. 何以故오? 如來說具足色身은 卽非具足色身을 是名具足色身일새니다.

　須菩提야! 於意云何오? 如來를 可以具足諸相으로 見不아? 不也니다. 世尊이시여! 如來를 不應以具足諸相으로 見이니다. 何以故오? 如來說諸相具足은 卽非具足을 是名諸相具足일새니다.

　須菩提야! 汝勿謂如來作是念호대 我當有所說法이라 하라. 莫作是念이니 何以故오. 若人이 言如來有所說法이라 하면 卽爲謗佛이요, 不能解我所說故니라. 須菩提야! 說法者는 無法可說이 是名說法이니라.

　이 절은 '부처님을 가히 모두 갖춘 색신으로 보느냐?'는 물음에 '아닙니다. 세존이시여! 여래를 모두 갖춘 색신으로 볼 수 없습니다. 왜냐하면 여래께서 설하신 모두 갖춘 색신은 곧 모두 갖춘 색신이 아님을 이 모두 갖춘 색신이라 이름한 까닭입니다.'라고 하였습니다. 다음 상으로 보는 것도 그렇습니다. 곧 부처님은 무위(無爲)의 법신(法身)이라 법신을 모두 갖춘(三十二相·八十種好) 색신(色身)으로 보는 것은 세속제(世俗諦)로 보는 것이니, 그리보면 안 된다는 것입니다.

　여래는 다시 '수보리야! 너는 여래가 생각하기를 내가 마땅히 법을 설한 것이 있다'고 이르지 말라. 이런 생각을 하지 말지니, 무슨 까닭이냐? 만약 어떤 사람이 여래께서 법을 설한 바가 있다고 한다면 곧 부처를 비방함이요, 능히 내가 말한 뜻을 알지 못한 것이니라' 한 것입니다.

　다시 말하자면, 앞의 '모든 상을 다 갖추었다는 것은 곧 모두 갖춘 것이 아니므로 상을 모두 갖추었다 이름 할 수 있는 것'이라는 말은 제상(諸相)을 다 비운 것이니, 32상(相) 80종호(種好)라는 이름도 붙일 수가 없는 32상 80종호상이라는 뜻을 제시한 것이고, '법을 설한 바가 있다고 한다면 곧 부처를 비방함'이라 한 이것은 다음 말씀을 잘 새겨 터득하십시오. '수보리야! 법을 설한다는 것은, 법을 가히 설할 것이 없어야 비로소 법을 말한다 이름 할 수 있는 것이니라' 하였습니다. 이것은 인(人)과 법(法)을 다 여의고, 색심(色心)도 법상(法相)도 다 없어 이 모두 가히 말할 것이 없는 법이기 때문입니다.

이 절목은 과지 총설 해탈지견신 법신덕(法身德)입니다. 곧 일체 상이 없는 것이니, 저 상총설 ⑪절의 '모든 상이 상 아닌 것임을 보면 곧 여래를 볼 것이니라'고 한 것과 같은 것입니다. ⑪절의 해석을 꼭 읽어보시고 연구하여 볼 일입니다. 상총설 하 총설 법신이 둘 아닌 경계입니다. 그러하므로 이 절은 과지(果地) 삼덕 총설이 끝난 곳이고, 이 3덕(德) '법신덕'에 대하여 "'지덕' '단덕' 합하면 '법신덕'이니, 따로 설할 것이 없다. 지상(智相)은 보리(菩提)고, 복상(福相·斷)은 열반이니, 지상 복상이 불상(佛相)이다." 명봉스님은 말씀하셨습니다.

이 대목을 부(傅)대사는 "팔십수형호(八十隨形好)요 상분삼십이(相分三十二)다. 물(物)을 따라 온갖 모습 나타내나 진리 가운데는 일(一)도 이(異)도 아니다. 인(人)과 법(法)을 함께 다 보내고, 색심(色心)을 함께 놓아버린 후 깨달은 보리(菩提)는 진실하여 모든 상(相)을 여읜다" 하였습니다.

이시혜명(爾時慧命)…일절목(一節目)은 구마라집(鳩摩羅什) 한역의 『금강반야바라밀경』 본문에는 본래 없는 것이라 하고 명봉 역본에는 해설을 하지 아니한 것임으로 이 『바른 한글 금강경』에도 생략(省略)하기로 하고, 참고로 본문만을 소개하여 둡니다.

〈本文解釋 省略分〉
爾時 慧命須菩提 白佛言 世尊 頗有衆生 於未來世 聞説 是法 生信心不 佛言 須菩提 彼非衆生 非不衆生 何以故 須菩提 衆生衆生者 如來 説非衆生 是名衆生.

※도올 김용옥의 『금강경 강해』의 이 대목에서 "이 부분은(爾時부터 是名衆生까지 2절 전체) 나집역(羅什譯)이 아니라 보리유지역본(菩提流支譯本)에서 보입(補入)된 것이다. 이 단의 62자(字)는 장경(長慶) 2년(822)에 승(僧) 영유(靈幽)가 진역(秦譯·羅什本)에 없는 것을 위역(魏譯·流支本)에서 보입(補入)한 것으로 알려져 있다. 유지(流支)는 자기의 번역 속에서는 일관되게 '혜명(慧命)'을 쓰고 있다. 많은 사람들이 이 부분이 유지(流支)의 것인지 모르고 나집역(羅什譯)이라는 전제 하에 주를 달고 있는데 이것은 잘못된 것이다. 나카무라도 이러한 오류를 범하고 있다."고 서술하고 있습니다.

그런데 명봉스님은 이 절목은 '유명선사속가분(幽冥禪師續加分)이라 이(此)는 해석(解釋)치 않음'이라 하여 해석을 생략(省略)하였는데 김용옥 교수님은 '유지(流支)'의 글이라 하여 의문입니다. '유명(幽冥)'과 '유지(流支)'가 동일인인지는 앞으로 확인해 보아야 할 일입니다. '김용옥'은 ㉟절 주해를 참조하십시오.

나) 과지 별설(別說)

㉝ 수보리가 부처님께 사뢰오되, "세존이시여! 부처님께서 아뇩다라삼먁삼보리를 얻었다 함은 얻은 바가 없다는 것입니다." 부처님께서 말씀하시되, "옳고 옳으니라. 수보리야! 내가 아뇩다라삼먁삼보리에 조그만 법도 가히 얻을 것이 없는 것을 이름하여 아뇩다라삼먁삼보리라 하며 다시 또 수보리야! 이 법이 평등하여 높고 낮음이 없으므로 이 아뇩다라삼먁삼보리라 이름하는 것이니, 아상이 없고 인상이 없고 중생상이 없고 수자상이 없음으로써, 온갖 착한 법을 닦으

면 곧 아뇩다라삼먁삼보리를 얻느니라. 수보리야! 말하는 바 착한 법이라는 것은 여래가 말하되, 착한 법이 아닌 것(善이 끊어진 것)을 이 착한 법이라 이름하는 것이니라."

須菩提白佛言하되 世尊이시여! 佛이 得阿耨多羅三藐三菩提는 爲無所得耶잇가.

佛言하사대, 如是如是니라. 須菩提야! 我於阿耨多羅三藐三菩提에 乃至無有少法可得을 是名阿耨多羅三藐三菩提라 하며

復次須菩提야! 是法이 平等하야 無有高下를 是名阿耨多羅三藐三菩提라 하나니, 以無我 無人 無衆生 無壽者로 修一切善法하면 即得阿耨多羅三藐三菩提니라. 須菩提야! 所言善法者는 如來說非善法을 是名善法이라 하시나니라.

이 절은 '부처님께서 아뇩다라삼먁삼보리를 얻었다 함은 얻은 바가 없다는 것입니다.' 부처님께서 말씀하시되, '옳고 옳으니라. 수보리야! 내가 아뇩다라삼먁삼보리에 조그만 법(少法·작은 善法)도 가히 얻을 것이 없는 것(善이 끊어진 것)을 이름하여 아뇩다라삼먁삼보리라 하느니라. 다시 또 수보리야! 이 법은 평등하여 높고 낮음이 없으므로 아뇩다라삼먁삼보리라 이름하는 것이니, 아상이 없고 인상이 없고 중생상이 없고 수자상이 없으므로써[無四相], 온갖 착한 법을 닦으면[善惡을 끊으면·智德 등] 곧 아뇩다라삼먁삼보리를 얻느니라. 수보리야! 말한 바 착한 법(善法)이라는 것은 여래가 말하되 착한 법이 아닌 것(非善法·斷四相)을 이 착한 법[善惡이 끊어진·智德]이라 이름하는 것이니라.' 하였습니다.

이 절목은 과지삼덕(果地三德) 중의 지덕(智德)을 설해 마친 곳[善惡이 끊어진 곳]입니다. 다시 말하자면 '아뇩다라삼먁삼보리에 조그만 법(少法·작은 善法)'도 얻을 것이 없는 것이라 하

여 선법(善法)도 본래 얻을 것이 없는 것임을 제시하고, … '착한 법이 아닌 것(善法도 끊어진 것 斷四相)을 이름하여 착한 법(아뇩다라삼먁삼보리법)이라고 하느니라' 하여 선악(善惡)이 끊어진 경지를 아뇩다라삼먁삼보리라는 것을 암시하고 있습니다. 그리고 '아상이 없고 인상이 없고 중생상이 없고 수자상이 없는 것으로(四相 곧 善惡을 제거한 것으로), 온갖 착한 법을 닦으면 곧 아뇩다라삼먁삼보리를 얻을 것'이라 한 것은 해탈지견 법신의 지덕(智德)을 보인 것입니다.

그리고, 한문 원본 "불언(佛言)여시여시 수보리 아어아뇩다라" 한 것은 명봉 원본이고, 고려대장경 판본에는 '불언(佛言)' 두 글자가 없으니 참구하십시오.

육조 혜능스님은 말하기를, "보리법이란 위로는 모든 부처님께 이르고, 아래로는 곤충에 이르기까지 다 종지(種智)를 머금어 부처로 더불어 다름이 없으므로 평등하여 높고 낮음이 없다 말씀하신 것이고, 보리는 둘이 없으므로 단지 사상(四相)을 여의지 않고 일체 선법을 닦으면, 더욱 아인(我·人)만 더하여 해탈의 마음을 증하고저 하여도, 얻을 까닭이 없다. 만약 사상(四相)을 여의고 일체 선법을 닦으면, 해탈을 기약한다. 일체 선법을 닦는다는 것은 일체 선법에 염착(染着)이 없어, 일체 경계를 대하여 동요하지 않고 세출세법(世出世法)에 탐하지 않으며, 일체처에 항상 방편을 행하여 중생을 따라 환희신복(歡喜信服)케 하여, 바른 법을 설하여 보리를 깨닫게 하니, 이렇게 하여야 비로소 이름이 수행이 된다. 그러므로 일체 선법을 닦는다 말씀하신 것이다. 일체 선법을 닦아 과보를 희망하는 것은, 선법이 아니고 육(六)도만행을 부지런히 하여도 마음에 과보를 바라지 않는 것이 선법이다." 구결(口訣)하니 부(傅)대사가 "바다와 육지가 한 세계이라 비행체(飛行體)는 한결같다. 법엔 피차가 없고, 이치 위에는 친소가 끊어졌다. 자타의 분별관을 보내고, 고하(高下)의 집정(執情)을 놓으라 이렇게 평등한 성품을 알면 함께 무여(無餘)에 들 것이다" 하였습니다.

종경 스님은 "법에 고하가 없으므로 모든 부처님들의 마음속에 중생이 때때로 도를 이루고, 아인(我·人)의 상(相)을 여읜 까닭에 중생의 마음속에, 모든 부처님들이 생각 생각에 진(眞)을 증하시니 이러므로 이르되, '염불이 참선하는데 장애되지 않고, 참선이 염불에 장애되지 않는다' 하신 것이다. 생각이 지극하면 생각이 없게 되고, 참(參)이 참(參)이 아니면 본지풍광(本支風光)을 통명(洞明)하고, 오직 마음이 정토(淨土)인 것을 알 것이니, 시내와 산이 비록 다르나 구름 달은 매 한가지다. 또한 일러라. 이 속에 평등의 법이 있지 않겠는가. 알았는가. 종횡에 걸림 없는 것을 알고저 하는가. 곳곳에 푸른 버들에 말들이 매어있고, 집집의 길이 장안으로 뚫렸다. 산 꽃은 비단 같고 물은 쪽빛 같다. 전삼(前三)과 후삼(後三)을 묻지 말라. 마음과 경계가 훤히 트여 피차가 없으면 대천세계(大千世界)를 모두 포함할 것이다. 혼룡(混龍)하여 차별이 없으니 확연히 모두 무변(無邊)을 머금는다." 하였습니다.

열반3덕·3성도

1. 지덕(智德) - 문수보살(文殊菩薩)
2. 단덕(斷德) - 보현보살(普賢菩薩)
3. 법신덕(法身德) - 석가여래(釋迦如來)

<三德> <三聖>

(54) "수보리야! 만약 삼천대천 세계 안에 있는 모든 수미산왕처럼 많은 칠보 무더기를 가져 보시하는 사람이 있더라도, 다른 사람이 이 반야바라밀경 내지 사구게 등을 받아

지니고, 읽고 외우며 다른 사람을 위하여 설해 준다면, 앞의 복덕이 백분의 일에도 미치지 못하고, 백천만억분의 일 내지 산수의 비유로도 능히 미칠 수 없느니라."

須菩提야! 若三千大千世界中所有諸須彌山王 如是等七寶聚를 有人은 持用布施어던 若人은 以此般若波羅蜜經乃至四句偈等을 受持讀誦하고 爲他人説하면 於前福德이 百分에 不及하고 一百千萬億分乃至算數譬喩로 所不能及이니라.

이 절은 '삼천대천 세계 안에 있는 모든 수미산왕처럼 많은 칠보 무더기를 가져 보시하는 사람이 있더라도, 다른 사람이 이 반야바라밀경[智德 제시] 내지 사구게(四句偈・四病을 끊는 正句) 등을 받아 지니고, 읽고 외우며 다른 사람을 위하여 설해 준다면, 앞의 복덕이 백분의 일에도 미치지 못하고, 백천만억분의 일 내지 산수의 비유로도 능히 미칠 수 없느니라' 하여, 후자의 복덕이 무량함을 제시하였습니다.

이 절목은 앞의 과지삼덕(果地三德) 중의 지덕(智德) 권발이니, 곧 여기 반야바라밀을 설한 것은 지덕을 제시하고 있음을 알 수가 있고, 이것은 이 경의 제11차 권발이기도 합니다.

육조 혜능 스님이 이 대목에서 "대철위산이 높이와 너비가 이백사십만리이고, 소철위산의 높이와 너비는 일백십이만리이며, 수미산의 높이와 너비는 삼백육십만리이니, 이러므로 이름을 삼천대천 세계라 한다. 간략히 이치로 말한다면 곧 탐진치 망념(妄念)이 각기 일천 씩을 갖추었으니 저 산과 수미산 같은 칠보수(七寶數)가 다 할 때까지 가져서 보시하면 얻은 복덕이 한량없고, 갓이 없으나 마침내 유루(有漏)의 인(因)이라 해탈의 이치가 없고, 마하반야바라밀다 사구(四句)는 경문이 비록 적으나 그를 의지하여 수행하면 곧 부처가 되는 것이니, 이러므로 알라. 경을 갖는 복덕이 능히 중생으로 하여금 보리를 증득하게 하므로 가히 비유하지 못한다." 구결(口訣)하니, 부(傅) 대사가 "칠보를 모래 수와 같이 보시할지라도 유루(有漏)의 인(因)을 이룰뿐이므로, 무아(無我)를 관하는 것만 같지 못하다. 망(妄)을 알면 진(眞)이다. 무생인(無生忍)을 증하고저 하면 탐진(貪瞋)을 여의라. 사람과 법에 내가 없는 줄 알면, 마음대로 육진(六塵)을 벗어날 것이다." 하였습니다.

위의 '삼천대천 세계'는 ㉘절의 '삼천대천 세계도'를 참조하시고 '구결'은 ㊿절에, '부(傅) 대사'는 ⑫절에 참조하십시오.

[수미산(須彌山)] 수미산은 산스크리트어 Sumeru의 음역이며, 또한 수미루(修迷樓)라 음역하며, 묘고산(妙高山)이라 한역합니다. 불교의 우주관에 의하면 세계의 중심에 높이 솟은 산으로 대해(大海) 속에 있고, 금륜(金輪) 위에 있으며, 그 높이는 물 속이 팔만 유순(由旬) 물 위가 8만 유순으로 9산(山) 8해(海)가 둘러싸고 있다고 합니다. 그 주위를 해와 달이 돌고, 육도(六道)·제천(諸天)은 모두 그 측면, 또는 위쪽에 있다고 하며, 그 정상에 제석천(帝釋天)이 사는 궁전이 있다고 하며 궁전은 선견성(善見城) 안에 있다고 합니다. 또는 5층으로 보는 설에 의하면, 4층에 사천왕천(四天王天) 곧 동방 지국천(持國天·口)·남방 증장천(增長天·鼻)·서방 광목천(廣目天·目)·북방 다문천(多聞天·耳)이 주처(住處)가 있다 하고, 5층 꼭대기에 제석천(帝釋天·惱海主天)이 있다고 합니다. 이러한 사람 면목(面目) 등을 제시하고 있으므로 수미산은 오온신(五蘊身)을 상징하여 가설(假說)한 산(山)이라는 설도 있습니다.

㉟ "수보리야! 네 뜻에 어떠하냐? 너희들은 여래가 이런 생각을 짓되, '내가 마땅히 중생을 제도하리라' 한다고 이르

지 말아라. 수보리야! 이런 생각을 짓지 말지니, 무슨 까닭이냐? 진실로 어떤 중생을 여래가 제도할 자가 없나니, 만약 중생을 여래가 제도할 자가 있으면 여래가 곧 아상·인상·중생상·수자상이 있음이니라."

"수보리야! 여래가 「아(我)」가 있다고 말한 것은 곧 「아(我)」가 있지 않음이거늘, 범부들은 「아(我)」가 있다고 하며, 수보리야! 범부도 여래가 곧 범부 아니므로 이를 법부라 말하느니라."

"수보리야! 네 뜻에 어떠하냐? 가히 삼십이상으로써 여래를 볼 수 있느냐?"

수보리가 사뢰오되, "그렇고 그렇습니다. 삼십이상으로써 여래를 볼 수가 있습니다."

부처님께서 말씀하시되, "수보리야! 만약 삼십이상으로써 여래를 볼 수 있다고 한다면 전륜성왕도 곧 여래라고 하겠구나."

수보리가 부처님께 사뢰오되, "세존이시여! 제가 부처님께서 말씀하신 바의 뜻을 알기로는 응당히 삼십이상으로써 여래를 보지 못합니다."

저 때에 세존께서 게송으로 말씀하시되,

"만약 색으로써 나를 보거나,
음성으로써 나를 구하면,
이 사람은 삿된 길을 가는 것이라,
능히 여래를 보지 못하리라."

"수보리야! 네가 만약 이런 생각을 짓되 여래가 구족한 상(相)을 쓰지 않으므로 아뇩다라삼먁삼보리를 얻는다 하거든, 수보리야! 이런 생각을 짓되 여래가 구족한 상을 쓰지 아니하므로 아뇩다라삼먁삼보리를 얻는다 하지 말아라. 수보리야! 네가 만약 이런 생각을 짓되, 아뇩다라삼먁삼보리 마음을 발한 자는 모든 법에 단멸한다 하거든, 이런 생각을 짓지 말지니, 무슨 까닭이냐? 아뇩다라삼먁삼보리 마음을 발한 자는 법에 아무 것도 없는 상을 말하지 아니하느니라."

須菩提야! 於意云何오? 汝等이 勿爲如來作是念하되 我當度衆生이라 하라. 須菩提야! 莫作是念이니 何以故오? 實無有衆生如來度者니 若有衆生如來度者면 如來卽有我 人 衆生 壽者니라.

須菩提야! 如來說有我者는 卽非有我어늘 而凡夫之人이 以爲有我라 하며, 須菩提야! 凡夫者도 如來說卽非凡夫를 是名凡夫라 하나니라.

須菩提야! 於意云何오? 可以三十二相으로 觀如來不아.

須菩提言 如是如是니다. 以三十二相으로 觀如來니다.

佛言하사대 須菩提야! 若以三十二相으로 觀如來者댄 轉輪聖王이 則是如來로다.

須菩提白佛言하되 世尊이시여! 如我解佛所說義하얀 不應以三十二相으로 觀如來니다.

爾時世尊이 以說偈言하사대

若以色見我커나

以音聲求我하면

是人은 行邪道라

不能見如來하리라.

須菩提야! 汝若作是念하되 如來不以具足相故로 得阿耨多羅三藐三菩提라커던, 須菩提야! 莫作是念하되 如來不以具足相故로 得阿耨多羅三藐三菩提라 하라.

須菩提야! 汝若作是念하되 發阿耨多羅三藐三菩提心한 者는 說諸法斷滅相이라커든 莫作是念이니 何以故오? 發阿耨多羅三藐三菩提心한 者는 於法에 不說斷滅相이니라.

이 절은 '여래가 이런 생각을 짓되 내가 마땅히 중생을 제도하리라고 한다 이르지 말라. 수보리야! 이런 생각을 짓지 말지니, 무슨 까닭이냐 하면 진실로 어떤 중생을 여래가 제도할 자(중생이) 없나니[斷德이니 衆生이 없다], 만약 중생을 여래가 제도할 자 (중생이) 있으면 여래가 곧 아상·인상·중생상·수자상이 있음이니라[斷德에는 四相이 있을 수 없다], 수보리야! 여래가 아(我·몸)가 있다고 말한 것은 곧 아(我·四相身)가 있지 않음이거늘, 범부들은 아(我:五蘊身·몸)가 있다고 한다. 수보리야! 범부도 여래가 곧 범부 아닌 것[斷德身이 보면 凡夫도 本覺地뿐임]을 범부라 이름하느니라. 수보리야! 어떻게 생각하느냐? 가히 삼십이상(三十二相)으로써 여래를 볼 수 있느냐? 수보리가 사뢰오되, 그렇고 그렇습니다. 삼십이상으로써 여래를 볼 수가 있습니다. 부처님께서 말씀하시되, 수보리야! 만약 삼십이상으로써 여래를 볼 수 있다고 한다면 전륜성왕(轉輪聖王)도 곧 여래라고 하겠구나.[王은 果地 三德이 없다] 수보리가 부처님께 사뢰오되, 세존이시여! 제가 부처님께서 말씀하신 바의 뜻을 이해하기로는 삼십이상으로써 여래를 보지 못합니다.[前者는 아니고, 이것은 바른 답이다]' 그때 세존께서 게송으로 말씀하시되,

'만약 색(色身)으로써 나를 보거나,

음성(音聲·말)으로써 나를 구하면,

이 사람은 삿된 길을 감이라[斷德은 색이나 말 분별이 없다],

능히 여래를 보지 못하리라.'

'수보리야! 네가 만약 이런 생각을 짓되 여래가 구족한 상(相)을 쓰지 아니하므로 아뇩다라삼먁삼보리를 얻는다 하거든, 수보리야! 이런 생각을 짓되 여래가 구족한 상(相)을 쓰지 아니하므로 아뇩다라삼먁삼보리를 얻는다 하지 말아라. 수보리야! 네가 만약 이런 생각을 짓되 아뇩다라삼먁삼보리 마음을 발한 자는 모든 법 단멸(斷滅)을 설한다 하거든 이와 같은 생각을 짓지 말지니, 무슨 까닭이냐? 아뇩다라삼먁삼보리 마음을 발한 자는 법에 아무 것도 없는 상(斷滅相)을 말하지 아니하느니라.'고 하였습니다.

이 절목은 과지삼덕(果地三德) 중의 단덕(斷德)을 설해 마친 곳[濟度할 자와 我도 相도 없는 斷德]입니다. 다시 말하면 '여래가 제도할 자 중생이 없나니' 하여 이미 단덕(斷德)의 경계에는 제도할 자나 제도를 받을 자가 없다는 것을 제시하고, 만약 제도할 자가 있으면 여래가 곧 사상(四相)이 있음이니라, 하고 여래가 구족상(具足相)을 쓰지 않는 고로 아뇩다라삼먁삼보리를 얻는다 하지 말라 하고, 법에 단멸상(斷滅相)을 말하지 않는다 하여 구족상도 없지 않음도 제시하였습니다. 그러니까 32상의 색상(色相)이나 음성(音聲ㆍ말ㆍ念佛)이 없다 하고, 다시 단멸상을 말하지 않는다 하여 과지(果地) 단덕 경계를 보인 것입니다.

그리고, '범부자(凡夫者)도 여래설즉비범부(如來說卽非凡夫)' 다음에 '시명범부(是名凡夫)라 하나니라' 한, '시명범부(是名凡夫)'가 명봉 역본에는 있고 고려대장경 본에는 없습니다. 또 '여약작시념, 발아뇩다라삼먁삼보리심(心)자설제법단멸상' 중에 '심(心)' 자가 명봉원본에는 있고, 고려대장경 판본에는 없으며, 또한 '관여래 이시 세존이 이(以)설게언' 중의 이(以)자로 명봉 원본은 되어 있고, 고려대장경에는 이(而)자로 되어 있으니, 유의해 참구하십시오.

종경(宗鏡)스님은 이 대목에서 "무아무인(無我無人)이여, 중생이 스스로 정각(正覺)을 이루고 불생불멸(不生不滅)이여, 여래가 범부가 아니라 말했다. 비록 그러나 한 가지 일이 분명하니 어찌하여 기(機)를 당하여 차과(蹉過·지나감)하는가. 옛적에 스님이 취암(翠巖)에게 이르되, '한낱 환단(還丹)이 점철성금(點鐵成金)하고, 지극한 말이 범부를 굴려 성인을 이룬다'하니 학인이 위로부터 오니 청컨대 스님께서는 한 점을 찍었습니까. 스님이 이르시되, '찍지 않았다.' 스님이 이르시되, '어찌하여 점을 찍지 않았습니까?' 선생님이 이르되, '네가 범부에 떨어질까 두려워하는 까닭이다.' 하시니, 또한 일러라. 범성에 떨어지지 않는 사람은 어떤 눈을 갖추었는가. 바로 넉넉히 성(聖)을 알고 범정(凡情)을 다할지라도 눈을 뜨고 보면 의연히 꿈 가운데 있다. 언덕에 이르는 데는 종래로 배를 쓰지 아니하니 평탄한 큰 길이 장안으로 뚫려있기 때문이다. 아는 것은 원래 남을 인하여 깨달음을 하지 않으니 면목(面目)이 분명하여 모두 한 가지이기 때문이다." 하니 함허(涵虛) 스님이 설의(說誼)하되, "부처님께서 중생을 제도하지 아니했다. 중생이 스스로 정각(正覺)을 이루고, 중생상(衆生相)이 적멸(寂滅)이라 여래가 범부가 아니라 말했다. 비록 사람사람이 구족하나 어찌 날로 앓을 쓰지 않겠는가? 취암(翠巖)이 일찍이 점치지 않은 것은 범성(凡聖)의 길이 떨어질까 걱정한 까닭이다. 또한 일러라. 범성에 떨어지지 아니한 사람은 어떤 눈을 가졌는가. 바로 넉넉히 범성의 길에 떨어지지 않는다 할 지라도 감히 오히려 눈을 갖추지 못했다 이를 것이다.

깨달음에 마땅히 방편을 지키지 말라. 어찌 다시 남에게 장안을 묻겠는가. 일조(一條) 살 길이 현(絃) 같이 곧으니 천성(千聖)이 다 이 길로부터 돌아간다." 하였습니다.

육조 혜능스님이 구결(口訣)하였습니다. "세존이 대자(大慈)로 수보리의 집상병(執相病)을 없애지 못할까 걱정하여 이 물음을 하시니 수보리가 부처님 뜻을 알지 못하여 이에 말씀하시기를

'그렇고 그렇습니다' 하시니 벌써 이것은 어두운 마음이고, 다시 삼십이상(三十二相)으로써 여래를 본다 말씀하신 것은 더 한겹 어리석은 마음이다. 진(眞)을 여의고 굴러 떨어지므로 여래가 위하여 말씀하기를 저 미심(迷心)을 없애게 하시기 위하여 만일 삼십이상(三十二相)이 있으나 어찌 여래와 같겠는가. 세존이 이 말씀을 인용하신 것은 수보리의 집상병(執相病)을 보내게 하여 그를 깊이 깨닫게 하고자 하신 것이다. 수보리가 물음을 받고 어리석은 마음이 담박 풀어진 까닭에 말씀하시기를 '제가 부처님께서 말씀하신 바의 뜻을 이해하기로는 삼십이상으로써 여래를 보아서는 안 된다는 것입니다' 하신 것이다. 수보리는 대아라한(大阿羅漢)이다. 깨달은 것이 심히 깊지만 방편으로 그 미로(迷路)를 보이사 더욱 세존께서 세혹(細惑)을 보내게 하시니 후세 중생으로 하여금 보는 바가 그릇되지 않게 하신 것이다.

약이(若以) 두 자는 발어(發語)의 끝이다. 색(色)은 상(相)이고, 견(見)은 식(識)이며, 아(我)는 일체중생의 몸 가운데 자성청정 무위무상진상(無爲無相眞常)의 체(體)니 높은 소리로 염불하여도 성취하지 못한다. 모름지기 알고자 하면 바른 견해가 분명하여져야 바야흐로 해오(解悟)를 얻는다. 만약 색성(色聲) 이상(二相)으로 구하면 가히 보지 못한다. 이러므로 알라. 상(相)으로서 부처를 보거나 소리 가운데서 법을 구하면 마음에 생멸이 있어 여래를 깨치지 못한다.

부(傅) 대사가 '열반에 네 가지 덕을 머금고 있으니, 유아(唯我)가 진상(眞常)에 계합한다.' 한 가지로 이름을 입자재(入自在)라 하지만 유독 내가 가장 영장(靈長)하다. 색(色)도 아니고 소리도 아니니 심식(心識)으로 어떻게 헤아리겠는가. 보아도 보지 못한다. 깨달으면 곧 모양이 나타날 것이다." 하였습니다.

[전륜성왕(轉輪聖王)] 전륜성왕은 수미사주(須彌四洲)의 전 세계를 통솔한다고 생각하는 신화적 이상적인 왕으로 몸에 여래의

32상을 갖추고 있다 합니다. 전륜왕 가운데는 4종이 있어 금륜왕(金輪王)은 수미4주를, 은륜왕(銀輪王)은 동·서·남 3주를, 동륜왕(銅輪王)은 동·남 2주를, 철륜왕(鐵輪王)은 남섬부주 1주를 통치한다는 설도 있습니다.

[환단(還丹)] 환단은 신선(神仙)이 비밀하게 전하는 묘약으로, 한 알을 쇠에다 놓으면 단번에 금이 된다고 하는 것입니다. 곧 훌륭한 스님의 한 마디 말이 능히 범부를 고쳐서 성인을 이루게 한다는 뜻에 비유하는 말입니다.

㊌ "수보리야! 만약 보살이 항하의 모래 수와 같은 세계에 가득찬 칠보를 가지고 보시하여도, 만약 다시 어떤 사람은 일체법이 나(我)가 없는 것임을 알아, 확실한 인(忍·印)을 이룬다면, 이 보살이 앞의 보살의 얻은 바 공덕보다 나으리니, 무슨 까닭이냐? 수보리야! 모든 보살들은 복덕을 받지 않는 때문이니라."

수보리가 부처님께 사뢰오되, "세존이시여! 어찌하여 보살이 복덕을 받지 않는다고 하십니까?"

"수보리야! 보살은 지은 바 복덕에 응당히 탐내고 집착하지 아니하여야 하는 것이니, 그러므로 복덕을 받지 아니하는 것이라 말하느니라."

須菩提야! 若菩薩이 以滿恒河沙等世界七寶를 持用 布施어던 若復有人은 知一切法無我하야 得成於忍하면 此菩薩이 勝前菩薩의 所得功德이니, 何以故오? 須菩提야! 以諸菩薩이 不受福德故라.

須菩提白佛言하되 世尊이시여! 云何菩薩이 不受福德이닛

고.

須菩提야! 菩薩은 所作福德에 不應貪着일새 是故로 説不受
福德이라 하노라.

　이 절은 '보살이 항하의 모래 수와 같은 세계에 가득찬 칠보
를 가지고 보시하여도, 만약 다시 어떤 사람은 일체법이 나(我)
가 없는 것(無我: 我法無我・斷德)임을 알아[四相을 끊어 알아]
확실한 인(忍・印)을 이룬다면, 이 보살이 앞의 보살이 얻은 바
공덕보다 나으니라. 무슨 까닭이냐? 수보리야! 모든 보살이 복덕
을 받지 않는 때문이니라. 수보리가 부처님께 사뢰오되, 세존이
시여! 어찌하여 보살이 복덕을 받지 않는다고 하십니까? 수보리
야! 보살은 지은 바 복덕에 응당히 탐내고 집착하지 아니 하여
야 하는 것이니, 그러므로 복덕을 받지 않는 것[不貪不受・斷德
경계]이라 말하느니라.' 하였습니다.

　이 절목은 앞의 과지삼덕 중의 단덕(斷德) 권발이니, 이 경의
제12차 권발입니다. 위의 인(忍)은 글자가 참을 인자나, '인가(忍
可)'란 뜻으로도 사용하는 것이니, '인가'라 하는 것은 확실히 인
증한다는 뜻입니다. 명봉스님은 인(印)자와 같은 뜻으로 보라 하
였으니 곧 인(印)은 결정되어 변동되지 않는다는 뜻입니다.

　그리고 본문의 '칠보(七寶)' 다음에 '지용(持用)'과 또한 '승전
보살소득공덕(勝前菩薩所得功德)' 다음에 '하이고(何以故)'가 명
봉 역본에는 있고 고려대장경 본에는 둘 다 없으니 유의해 참구
하여 보십시오.

　함허(涵虛)스님은 이 대목에서 "상(相)에 머물지 않고 보시한
것을 앞에서는 복이 시방허공과 같다 칭찬하시고, 법이 무아(無
我)인 것을 알아 인(忍)을 얻어 성취한 것을 항하(恒河)의 보시
복보다 뛰어나다 하시니, 이제 한 이 말씀이 가히 앞의 주・항
(住・降) 등의 뜻에 포섭된다. 이른 바 불탐불수(不貪不受)를 한

마디로 말한다면 모두 주수·항복(住修·降伏)한다는 뜻이다. 법과 무아(無我)를 알아 인(忍)을 얻어 성취한 것이 어찌하여 보시의 복보다 뛰어난 것인가? 보시는 단지 상(相)에 주(住)한 것이라 복덕이 끝나면 그만이지만, 보살은 곧 그렇지 아니하여 법성이 공(空)한 것을 통달하니 복덕은 오히려 받지 아니하므로, 그러므로 뛰어나다 한 것이다. 복덕이 원래 자성이 없는 것을 알면 마땅히 그 가운데 염착(染着)을 내지 않는다. 탐구(貪求)를 이미 없애 철저히 공(空)하게 되면 하루에 만금이 들어올 지라도 걱정할 것이 없다." 하였습니다. 이는 규봉 스님의 주해에 설의(說誼)지만, 다시 종경 스님의 주해를 설의한 중에 인(忍)자의 설을 "사상만 없으면 복덕이 있어도 복덕을 받지 않은 것이고, 탐착하지도 않은 것이다. 그러므로 무심복덕(無心福德)은 이미 모든 부처님들이 인증하신 법칙이라 하여 인자(忍字)를 썼다. 여기서 인(忍)은 참을 인자가 아니라 도장인자다. 도장은 나를 대표하는 것이고, 일반이 나를 인증하여 주는 실다운 것이다. … 행이 진실(眞實)과 계합하지 못하는 것은 실행이 아니다. 해가 서쪽에서 뜨고 산이 물이되고 물이 산이 될지라도 변함 없는 진리, 그것이 바로 인(忍)이고 인(印)인 것이다." 하였습니다.

㉗ "수보리야! 만약 어떤 사람이 있어 말하되 여래가 온다, 간다, 앉는다, 눕는다고 말한다면 이 사람은 내가 말한 바의 뜻을 알지 못함이니, 무슨 까닭이냐? 여래는 어디로 좇아 온 바가 없으며 또한 가는 바가 없는 것이니, 그러므로 여래라 이름하느니라."

須菩提야! 若有人이 言如來若來若去 若坐若臥라 하면 是人이 不解我所說義니, 何以故오. 如來者는 無所從來며 亦無所去

175

일새 故名如來니라.

이 절은 '만약 어떤 사람이 있어 말하되 여래가 온다, 간다, 앉는다, 눕는다고 말한다면 이 사람은 내가 말한 바의 뜻을 알지 못함이니, 무슨 까닭이냐? 여래는 어디로 좇아 온 바가 없으며 또한 가는 바가 없는 것(若來 若去함이 없는 것이 如來)이니, 그러므로 여래라 이름하느니라.'고 하였습니다.

이 절목은 오고 감이 없는 것이 여래라 하였음. 과지삼덕(果地三德) 중의 법신덕(法身德)을 설해 마친 곳입니다. 곧 지덕(智德) 단덕(斷德)을 합한 것이 법신덕입니다. 다시 말하자면 여래는 '어디로 좇아 온 바가 없으니' 지덕(智德)이 없으며, '또한 가는 바도 없는 것이니' 단덕(斷德)이 없는 것이라, 지덕 단덕 이 둘이 아닌 하나를 법신덕이라 합니다. 성성(惺惺)과 적적(寂寂)이 둘이 아니듯이 지덕과 단덕이 둘이 아닌 그것이 법신덕입니다. 그러니까 성성이 없는 적적은 잠자는 적적이요, 적적이 없는 성성은 취한 자의 성성입니다. 적적에는 반드시 성성이 있어야 참 적적이요, 성성에는 반드시 적적이 있어야 참 성성입니다.

종경(宗鏡)스님이 이 대문에서 "앉고 눕고 경행에 본래 스스로 거래가 없으니 위의가 움직이지 아니하여 자연히 동요하지 않는다. 여래의 설하신 뜻을 알고자 하는가? 인연 따라 나아가 미불주(靡不周) 하되 항상 보리좌에 있다. 하시고 다시

「외외하여 움직이지 않는 법 가운데 왕이여,
어찌 원숭이가 육창(六窓)을 날뜀이 있겠는가.
웃으며 진공(眞空)이 면목(面目) 없음을 가르쳐 연이은 구름이 가니
달을 천강에 내렸다.」

하고 시를 읊자 함허가 '외외하여 움직이지 않는 이여, 법 가운데

176

왕이로다. 옛집이 고요하여 항상 발을 놓으니 육창(六窓)이 허정(虛靜)하여 훤번(暄煩)을 끊었네. 참으로 깨끗한 세계 가운데 머물러 주저하지 않고 자비를 일으키고 지혜를 움직여 기(機)를 위해 온다. 기(機)를 위해 옴이여, 푸른 버드나무 꽃다운 풀 언덕에 곳곳이 석존(釋尊) 아님이 없다.'고 해설하였다.

와도 옴이 없고 가도 감이 없고, 앉아도 앉음이 없고 누워도 누움이 없으면 물 속에 달도 헛되지 않고 빈 산에 메아리도 의미심장함이 있음을 알 것이다." 하였습니다.

[법신덕(法身德)] 법신덕이라 하는 것은 열반의 3덕 중의 하나로, 상주불변(常住不變)의 법성을 신(身)으로 삼는 것을 말합니다. 곧 법신은 지덕·단덕을 합한 것입니다. 오는 것이 없으니 지덕이 없고, 가는 것이 없으니 단덕이 없어, 지덕·단덕 둘이 아닌 것이 법신입니다. 법신(法身)은 '원적신(圓寂身)'이기도 하니, '원적(圓寂)'은 곧 성성(惺惺)과 적적(寂寂)이 둘이 아니듯이 지덕과 단덕이 둘이 아닌 것이니, 이것이 원적신입니다. 그러하므로 성성(惺惺)이 없는 적적(寂寂)은 잠자는 적적(寂寂)이요, 적적이 없는 성성은 취한 자의 성성이라, 적적에는 반드시 성성이 있어야 참 적적이요, 성성에는 반드시 적적이 있어야 참 성성이라 해석들을 함도 미루어 생각해 볼 일이기도 합니다.

(58) "수보리야! 만약 착한 남자나 착한 여인이 삼천대천세계를 부수어 티끌을 만든다면, 네 뜻에 어떠하냐? 이 티끌들을 많다 하겠느냐?"

"매우 많습니다. 세존이시여! 왜냐 하오면 만약 이 티끌이 참으로 있는 것이라면 부처님께서 곧 티끌이 많다고 아니 하였을 것이리니, 그 까닭은 부처님께서 티끌이 많다 말씀하심은 곧 티끌이 많은 것이 아닌 것을 티끌이 많다고 이름 하셨기 때문입니다."

"세존이시여! 여래께서 말씀하신 삼천대천 세계도 곧 세계가 아닌 것을 세계라 이름하시었나니, 어째서 그러냐 하면, 만약 세계가 진실로 있는 것이라면 곧 이 하나로 합한 상(한뭉치)이나, 여래께서 말씀하신 하나로 합한 상도 곧 하나로 합한 상이 아님을 이 이름 하나로 합한 상이라 할 것입니다."

"수보리야! 하나로 합한 상이라는 것은 곧 이 가히 설하지 않을 것이나, 다만 범부들이 그 일에 탐내어 집착하느니라."

須菩提야! 若善男子善女人이 以三千大千世界로 碎爲微塵하면 於意云何오? 是微塵衆이 寧爲多不아?

甚多니다. 世尊이시여! 何以故오? 若是微塵衆이 實有者댄 佛이 卽不說是微塵衆이라 하시리니, 所以者何오? 佛說微塵衆은 卽非微塵衆을 是名微塵衆일새니라.

世尊이시여! 如來所說三千大千世界도 卽非世界를 是名世界라 하시나니, 何以故오? 若世界實有者댄 卽是一合相이나 如來說一合相도 卽非一合相을 是名一合相일새니다.

須菩提야! 一合相者는 卽是不可說이나 但凡夫之人이 貪着其事하나니라.

이 절은 '삼천대천 세계를 부수어 티끌을 만든다면(가루로 만들면), 네 뜻에 어떠하냐? 이 티끌을 많다 하겠느냐? 매우 많습니다. 세존이시여! 왜냐 하오면 만약 이 티끌이 참으로 있는 것이라면 부처님께서 곧 이 티끌이 많다고 하지 아니 하였을 것

(假說인고로)이리니, 그 까닭은 부처님께서 티끌이 많다 말씀하심은 곧 티끌이 많은 것이 아닌 것을 티끌이 많다고 이름하셨기 때문입니다. 세존이시여! 여래께서 말씀하신 삼천대천 세계도 곧 세계가 아닌 것(비유로 三世間一合相을) 세계라 이름하시었나니(三世間 세계·器世間 등), 어째서 그러냐 하오면, 만약 세계가 참으로 있는 것이라면 곧 이 하나로 합한 상(一合相·三世間이 하나로 합한 한뭉치)이나, 여래께서 말씀하신 하나로 합한 상도 곧 하나로 합한 상(한뭉치)이 아님을(一合相이 아닌 것) 이름 하여 하나로 합한 상(一合相)이라 하신 것입니다(一合相·三世間). 수보리야! 하나로 합한 상이라는 것은 곧 이 가히 설하지 않을 것[가히 설하지도 못할 것]이나 다만 범부들이 그 일에 탐내어 고집하느니라.' 하였습니다.

이 절목은 과지(果地) 삼덕 중의 단덕(斷德)을 설해 마친 곳입니다[全一切의 집합(一合相)이 있고 없고, 의 둘 아닌 說 등으로 斷德을 제시]. 일합상은 말할 수 없는 것이나, 말을 하자면 이박취일합상(二博取一合相)이라 곧 둘을 두들겨 부셔 하나로 합한 것이라, 온 세계를 일합상(一合相)으로도 보라는 뜻을 제시하고, 그것도 아닌 것이라 하였으니, 삼세간(三世間)이 없는 단덕(斷德)을 보인 것입니다. 다시 말하자면 곧 '삼천대천 세계를 부수어 티끌로 만든다면 … 삼천대천 세계도 곧 세계가 아닌 것을 세계라 이름하시었습니다' 하여 삼세간(三世間·器·衆生·智正覺世間)의 일합상(一合相·한뭉치)을 비유로 말한 것입니다. '어째서 그러냐 하오면, 만약 세계가 참으로 있는 것이라면 이것은 곧 하나로 합한 상(一合相)이나, 여래께서 말씀하신 하나로 합한 상(三世間·한뭉치)은 곧 하나로 합한 상이 아니므로 하나로 합한 상(一合相)이라 이름하는 것입니다' 하였습니다.

그러니까, 3세간(世間)을 떠나서 티끌이고 그 무엇이고 있을 수 없는 일합상을 말하고 있습니다. 티끌을 떠나서 삼천대천 세계가 따로 없고, 삼천대천 세계를 떠나서 티끌이 따로 있을 수 없습니다. 그러니 티끌과 세계는 둘이 아니지만 그러면서도 역시 하나는 아닙니다. 그러므로 일합상(一合相)을 일합상으로 보아서는 안 되는 것이라 '말로 설하지 않을 것이라' 하여 곧 '말할 수 있는 것도 아니다' 한 뜻도 제시하여 그 세계의 체(體)를 찾을 수 없다는 말입니다. 세계와 티끌은 오직 마음속에 나타난 그림자이고, 그 그림자를 나타낸 마음도 역시 허망 분별에 지나지 않으니 말할 수도 없고 찾을 수도 없는 뜻을 제시한 것입니다. 둘이건 하나이건 모두 끊어진 절목이니, 요지는 단덕(斷德)을 제시한 것입니다.

동성(東星)스님은 이 대문에서 "일합상(一合相)이라 함은 근대 수학상 미적분법(微積分法) 그 이치와 맥이 통하는 바 있으니, 추량(推量)하여 참고하라. 곧 일(一)은 적분의 맨 위 값이요, 합(合)은 미분의 모임을 말함과 같다" 하였습니다.

해안(海眼)스님은 '금강반야바라밀경 해안(海眼)강의'의 이 대문에서 "먼지고, 세계고 하는 것이 거짓 이름 뿐이니, 만약 실상인 세계가 있다 하면 이것은 한뭉치의 상이라고나 말할 것이다. 그러나 여래의 경계에서 보면, 한뭉치라는 말도, 말로 한뭉치이지, 한뭉치도 아니라는 것이니, 한뭉치라는 것은, 번뇌와 보리가 둘이 아니요, 중생과 불이 둘이 아니요, 상과 비상이 둘이 아니라는 말이다.

어째서 그러냐 하면, 번뇌를 버리고 보리가 따로 없으며, 생사를 떠나서 열반이 따로 없으며, 중생을 버리고 따로 불이 없으며, 상을 떠나서 상 아닌 것이 없기 때문이니, 번뇌니, 보리니, 생사니, 열반이니, 중생이니, 불이니, 상이니 비상이니가 모두 한덩어리, 한뭉치인 세계라는 말이다.

그러나 이 한덩어리 상이라는 것도, 여래의 경지에서 보면 한덩어리가 아니요 거짓 이름한 것이니, 이 자리에는 아뇩보리니,

저 언덕이니, 부처니, 여래니 하는 것까지도, 모두 죄가 되는 망설이기 때문이다. 독자는 이 경(본심)의 진리를 묵묵히 참고하여 보라. 어찌하여 모두 마구니의 말이 된다는 것인가, 그러므로 일합상이란 이치는, 말로 다할 수 없거늘, 이것을 모르는 범부들은 이치와 일이 하나인 줄은 알지 못하고, 그 일에만 탐착하고 있으며, 하나인 줄을 알았다는 사람도 항시 둘이 되어, 아는 것과 행이 일합이 못 되니 불법을 공부한다는 자, 어찌 아는 것으로써 만족을 삼을 것인가.

실로 육도만행을 닦고 닦아, 백천생을 단련하여 타성일편(打成一片)이 될 큰 원(願)을 세워야 할 것이다." 하였습니다.

[동성(東星)] 속명 고광수(高光洙) 법명 동성 또는 원경(圓鏡). 중고등학교 교사로 근무. 운장산 천황사 명봉선사(明峰禪師) 문하에서 불교경전 공부를 하고, 명봉 정역주석 금강경 조역을 하였고, 송광사에서 득도, 출가를 하였으며, 전북 위봉사(威鳳寺) 주지를 역임하였습니다.

[해안(海眼)(1901~1974)] 해안의 법명은 봉수(鳳秀). 호 해안 소경 김성봉(金成鳳)임. 백양사에서 대선(大禪) 법계를 품수하고, 중국 북경대학에서 2년 불교 연수하고 돌아와서 동래사(東來寺)의 순회 포교사가 됨. 금산사 주지 등을 역임하였고, 저서에 '해안 강의 금강경' '시심시불(是心是佛)' 등이 있습니다.

육조 혜능 스님의 구결(口訣)에 "부처님께서 삼천대천 세계로서 낱낱 중생의 티끌 수와 같은 망념이 삼천대천 세계 가운데 있는 티끌 수와 같음을 설하시고 일체중생의 성상(性上)의 티끌 같은 망념이 곧 티끌이 아니라고 한 것은 경을 듣고 도를 깨달아 깨달은 지혜로 항상 비추어 보리(菩提)에 나아가며, 생각 생각에 머물지 않아 항상 청정에 있으니 이와 같은 청정한 티끌이 이 이름이 티끌이다.

삼천은 이치에 부쳐서 말하면 탐진치 망념이 각기 일천 수를 갖추었고, 마음은 선악의 근본이라 능히 범부도 되고 성인도 되어 동정(動靜)을 헤아리지 못하여 넓고 커서 갓이 없으므로 이름이 대천세계이다. 마음 가운데서 밝은 깨달음이 자비와 지혜의 두 법에 지나지 아니한다. 이 두 법을 말미암아 보리를 얻는다. 말한 바 한 덩이 상(相)이란 마음에 얻은 바가 있으므로 곧 한 덩이 상(相)이 아니다 하고, 마음에 얻은 것이 없으므로 이 이름을 한 덩이 상(相)이라 한 것이다. 한 덩이 상(相)은 거짓 이름을 파괴하지 않고 실상(實相)을 말한 것이다. 자비 지혜 두 법을 말미암아 불과 보리(佛果菩提)를 성취한다. 말로 가히 다 하지 못할 것이며, 묘하여 가히 말하지 못할 것인데 범부들은 문자에 탐착하는 것을 일로 삼아 자비 지혜 두 법을 행하지 않고 위없는 보리(菩提)를 구하니 어떻게 되겠는가." 하였습니다.

부(傅) 대사는 이 대문에서 "세계와 티끌이 같기만 하고 또 다르기만 하겠는가. 보신(報身)과 화신(化身)도 또한 그렇다. 인(因)도 아니고 과(果)도 아니거니, 어느 것이 먼저이고 뒤이겠는가. 일이 1승으로 통하지만 진리는 둘 다 버린다. 무생(無生)의 길을 알고자 하면 마땅히 본원(本源)을 알라." 하였습니다.

㊟ "수보리야! 만약 어떤 사람이 말하기를 부처님께서 아견, 인견, 중생견, 수자견을 말했다고 하면, 수보리야! 네 뜻에 어떠하냐? 이 사람이 내가 말한 바 뜻을 아는 것이냐?"

"아닙니다. 세존이시여! 이 사람은 여래께서 말씀하신 바 뜻을 알지 못하였습니다. 어째서 그러냐 하오면 세존께서 말씀하신 아견, 인견, 중생견, 수자견이라 말씀하신 것은 곧 아견, 인견, 중생견, 수자견이 아닌 것을 이름하여 아견, 인견, 중생견, 수자견이라 하셨기 때문입니다."

"수보리야! 아뇩다라삼먁삼보리 마음을 발한 사람은 일체법에 응당히 이와 같이 알고, 이와 같이 보고, 이와 같이 믿어 앎으로써 법의 상을 내지 않느니라. 수보리야! 법의 상이라 말한 바 그것은 여래가 곧 법의 상이 아닌 것을 법의 상이라 이름하여 말한 것이니라."

須菩提야! 若人이 言佛說 我見 人見 衆生見 壽者見이라 하면, 須菩提야! 於意云何오? 是人이 解我所說義不아.

不也니이다. 世尊이시여! 是人이 不解如來의 所說義니이다. 何以故오. 世尊說 我見 人見 衆生見 壽者見은 卽非我見 人見 衆生見 壽者見을 是名 我見 人見 衆生見 壽者見일새이다.

須菩提야! 發阿耨多羅三藐三菩提心한 者는 於一切法에 應如是知 如是見 如是信解하야, 不生法相이니라. 須菩提야! 所言法相者는 如來說卽非法相을 是名法相이라 하시나니라.

이 절은 '수보리야! 만약 어떤 사람이 말하기를 부처님께서 아견(我見), 인견, 중생견, 수자견을 말했다고 한다면, 수보리야! 어떻게 생각하느냐? 이 사람이 내가 말한 바 뜻을 아는 것이겠느냐? 아닙니다. 세존이시여! 이 사람은 여래께서 말씀하신 바 뜻을 알지 못하였습니다. 어째서 그러냐 하오면 세존께서 말씀하신 아견, 인견, 중생견, 수자견이라 말씀하신 것은 곧 아견, 인견, 중생견, 수자견이 아닌 것[四相見永斷 智德]을 이름하여 아견[我相見을 끊으면 成所作智], 인견[人相見을 끊으면 妙觀察智], 중생견[衆生相見을 끊으면 平等成智], 수자견[壽者相見을 끊으면 大圓鏡智]이라 하신 제시입니다. 수보리야! 아뇩다라삼먁삼보리 마음을 발한 사람은 일체 법에 마땅히 이와 같이 알고, 이와 같이 보고, 이와 같이 믿어 앎으로써 법의 상을 내지 않느니라. 수보리야! 법의 상이라 말한 바 그것은 여래가 곧 법의 상이 아닌 것을 법의 상이라 이름하여 말한 것이니라'한 것입니다.

이 절목은 과지 삼덕 중의 지덕(智德)을 설해 마친 곳이니 사상견이 아닌 것, 다시 말하자면 사상(四相) 소견이 아닌 사상 소경의 뜻이 사상견(四相見)을 영단(永斷)한 것입니다. 곧 아뇩다라삼먁삼보리입니다. 이것은 신훈오분(新薰五分) 중 해탈지견신의 지덕을 설해 마친 그것입니다.

그리고, 본문에 '해아소설의불(解我所說義不)아' 다음에 '불야(不也)니다'가 명봉 역본에는 있고 고려대장경 본에는 없으니 유념해 참구하십시오.

규봉(圭峰) 스님은 '법상(法相)은 법상이 아니므로 법상이라 한다'는 설을 "본래 고요한 진리는 순일무잡(純一無雜)하여 다른 어느 것과도 타협함이 없는 제일의제(第一義諦)이므로 '법상이 아니다' 하였고, 그 진리가 움직여 형상화 될 때는 삼라만상(森羅萬象)이 모두 진리 아님이 없으므로 '법상이라 한다' 하였다. 그러나 법상과 법상 아님은 한 물위에 나타난 동정(動靜)의 양면성(兩面性)을 놓고 한 말일 뿐이다. 그러니 그것이 둘인가, 하나인가 따지는 것은 진리에 맞지 않는다는 말이다. 허공은 내가 허공임을 자랑하지 않는다. 그러면서도 온갖 것을 그 안에 포근히 감싸고 있지 않은가. 우리의 마음도 본래 그러하여 따로 구분할 것이 없다. 그러니 도를 구하는 자들아, 도를 보고자 하거든 먼저 그것을 보고싶어 하는 사량분별(思量分別)을 놓아버려라." 하였습니다.

⑥⓪ "수보리야! 만약 어떤 사람이 한량없는 아승지 세계에 가득한 칠보를 가지고 보시하더라도, 만약 착한 남자나 착한 여인이 보리심을 발한 자가 있어 이 경을 가지되 사구게 등만 받아 지니고 읽고 외우고 남을 위하여 연설하면 그 복

이 앞의 것보다 나으리니, 어떻게 남을 위하여 법을 설함이
겠는가? 상을 취하지 아니하여야 여여하여 동하지 않느니
라. 무슨 까닭이냐?

　　일체의 함이 있는 법은
　　꿈과 꼭두각시와 물거품과 그리매와 같으며,
　　이슬 같고 또 번개같은 것이니,
　　응당히 이와 같은 관을 잘 할지니라."

　須菩提야! 若有人이 以滿無量阿僧祇世界七寶로 持用布施어
던 若有善男子善女人이 發菩提心한 者 持於此經하되 乃至四
句偈等을 受持讀誦하고 爲人演說하면 其福이 勝彼니, 云何爲
人演說고? 不取於相하야 如如不動니라, 何以故오
　一切有爲法이
　如夢幻泡影이며
　如露亦如電이니
　應作如是觀이니라

　　이 절은 '어떤 사람이 한량없는 아승지 세계에 가득한 칠보를
가지고 보시하더라도, 만약 착한 남자나 착한 여인이 보리심을
발한 이가 있어 이 경을 가지되 사구게(四句偈·四病을 끊는 正
句) 등만 받아 지니고 읽고 외우고 남을 위하여 연설하면 그 복
이 앞의 것보다 나으리니, 어떻게 남을 위하여 법을 설함이겠는
가? 상을 취하지 아니하여야 여여하여 동하지 않느니라.[如如不
動·法身德] 무슨 까닭이냐?'하였습니다. 곧 '여여부동'은 '여여불
(如如佛·法身佛)' 경계니, 법신덕신(法身德身)인 해탈지견신입니
다. 그리고 또 이어 '일체의 함이 있는 법은 꿈과 꼭두각시와 물
거품과 그리매와 같으며, 이슬 같고 또 번개같은 것이니, 응당히
이와 같이 관을 잘할지니라.'한 것입니다.

이것은 처음 총설 중의 ⑤절 부좌이좌(敷座而座)에 결부시켰습니다. 가히 호랑이 머리를 쥐고 호랑이 꼬리를 거두었다 하겠습니다.

이 절목은 '여여(如如)하여 동(動)하지 않으니라' 하는 등, 법신덕(法身德)을 권발한 것이니, 이 경의 권발 제13차로 마무리한 결사(結詞)이고, 다음은 유통(流通)입니다.

육조(六祖) 혜능스님이 말했습니다. "칠보의 복이 비록 많으나 어떤 사람이 보리심을 발하여 이 경의 사구게(四句偈) 등을 받아 가지고 다른 사람을 위하여 연설해 주는 것만 같지 못하다 하니 그 복이 저의 백천 배나 뛰어나 가히 비유할 수 없다. 법을 설하되 선교방편으로 법을 근기(根機)를 보고 양(量)을 따라 여러 가지를 알맞게 따른다. 이것을 이름하여 사람을 위하여 연설하는 것이라 한다. 법을 듣는 사람들이 여러 가지 모양이 같지 아니한 것이 있으나 분별심을 짓지 아니하면 단지 공적일여심(空寂一如心)을 알아 소득심(所得心)이 없고 승부심(勝負心)이 없고 희망심(希望心)이 없으며 생멸심(生滅心)이 없을 것이니, 이것을 이름하여 여여부동(如如不動)이라 한다" 하였습니다.

한정섭 법사의 '금강경 오가해'이 대목에 "…상에 집착하지 않고 항상 여여(如如)하여 움직이지 않는다. 하시니 이는 항상 설법하신다는 말씀이다. 그렇다면 적멸은 고요하고 설법은 항상 떠드는 것인데 이 두 가지가 상반된 현상이니 어떻게 공존할 수 있겠는가? 그러므로 적멸에 들면 설법할 수 없을 것인데 하는 의심을 하게 된 것이다. 이에 대하여 부처님은 여섯 가지 허망한 사물을 예로 들었다. 꿈, 그림자, 꼭두각시, 거품, 이슬, 번개이 모든 것은 겉으로는 있는 것 같으나 실체가 없는 것이니 꼭 그대로 보아 속지말고 살라는 것이다. 부처님의 지혜가 지극히 평등하여(平等成智) 묘하게 관찰하고(妙觀察智) 온갖 방편을 다 나투지만(成所作智), 다 이는 큰 거울과 같은 한 마음(大圓鏡智)

에 근거를 두고 있는 것이니 말과 글에 팔리지 말고 말없이 밝게 비추는 거울처럼 삼천세계를 그 속에 비추어 사곡(邪曲)이 없게 하라."하였습니다.

함허(涵虛)스님이 이 대목을 해설하였습니다. "이 경을 연설하는데 무엇 때문에 상을 취하지 않고 여여부동(如如不動) 하여야 하는가. 일체유위(一切有爲)의 화연(化演)의 법이 만약 법경을 여의면, 자체(自體)가 없는 것이 저 여섯 가지 비유와 같기 때문에 마땅히 이렇게 관하여 상(相)을 취하지 말라 하신 것이다. 삼상(三相) 유상(有相)·무상(無相)·비유상비무상(非有相非無相)을 취하지 않는 것으로서, 말한 것은 진여자성(眞如自性)은 상(相)이 있지 않고 상(相)이 없지도 않으며, 상(相)이 있지 아니한 것도 아니다. 상견(常見)을 파(破)하기 위하여 일체공을 설하시고, 단견(斷見)을 피하기 위하여 일체 유(有)를 설하시고, 이변(二邊)에 떨어질까 두려워 비공비유(非空非有)를 설하신 것이다. 그러니 이것은 인연법이고 구경이 아니다. 이로 말미암아 마땅히 삼상(三相)을 취하지 말아 저 여여묘경(如如妙境)을 어기지 말라. 이는 단순히 화연(化演)을 밝히신 것이고, 또 세출 세법(世出世法)에 나아가 삼관일심(三觀一心)의 뜻을 밝혀 통하면, 안으로 근신(根身)과 밖으로 기계(器界)가 바른데 의지하여 더러운 것을 깨끗하게 하고, 위로 모든 부처님들과 아래로 개구리 개미에 이르기까지 범부 성인의 인과 등 법이 모두 인연으로부터 있게되어 다 유위(有爲)에 속하고, 마음에 의하여 나타난 것이라 다 자체가 없는 것이 꿈의 생각을 인하여 있는 것 같아서 자체가 없고, 환(幻)이 물(物)을 인하여 있는 것 같아 자체가 없으며, 거품이 물을 인하여 있어 자체가 없고, 그림자가 형상을 인하여 있는 것 같아 자체가 없다. 이런 까닭으로 모든 법이 공(空)하지 않은 것이 없고, 비록 자체가 없으나 바른 것을 의지하여 더러운 것을 깨끗이 하는 상(相)과 상(相)이 완전하고, 범부 성인의

인과가 없다. 가히 없다 말하지 못할 것이니 저 풀 위의 이슬과
같아 비록 항상 주(住)하지 못하여 잠깐 머물러 있을 뿐이다. 이
런 까닭으로 모든 법이 거짓 아님이 없다. 이미 꿈과 같다면 공
하고, 이슬과 같으면 거짓이고, 또한 벼락불이 문득 있는 듯 없
으며, 문득 없는 듯 있어 찰나에 났다 찰나에 멸하는 것이다. 있
다 해도 있는 것이 아니고, 없다 해도 없는 것이 아니니, 이미
있고 없는 것이 아닌 까닭에 모든 법이 중도(中道) 아님이 없다.
생(生)이 곧 생이 아니고 멸이 곧 멸이 아니니, 생멸이 이미 빈
까닭에 모든 법이 실상(實相) 아님이 없다. 이러므로 이르되 '인
연으로 생한 법을 내가 곧 공이라 말한다' 하고, '이 이름이 거
짓 이름이 되고 또한 이름이 중도의 뜻이다' 하였다. 그렇다면
삼상(三相)이 한 경계를 여의지 않고 한 경계가 뚜렷이 삼상(三
相)을 머금었다. 삼상(三相)을 말하고자 하면 완연히 삼상(三相)
이다. 3과 1, 1과 3이 원융하여 서로 비추니 이것이 여여(如如)
한 대총상법문(大總相法門)이다. 유(有)를 취하여 얻겠는가. 공
(空)을 취하여 얻겠는가. 중(中)을 취하여 얻겠는가. 삼상(三相)
을 취하여 얻겠는가. 일상(一相)을 취하여 얻겠는가. 마땅히 3이
곧 1인 것을 관하고, 1이 곧 3임을 관하여 일심삼관(一心三觀)의
문(門)에 계합하여 모름지기 3과 1의 밖을 넘어 여여묘경(如如
妙境)에 편안히 머물라 하자. 이 경을 가진 이는 이 관문(觀門)
에 들어가면 한 가지 이치를 알아 쓰지 아니하여도 한량없는 뜻
을 모두 알고, 이 경을 설하는 이가 이 관문(觀門)에 들어가면
한 글자를 말해 쓰지 않고도 항상 전법륜(轉法輪)을 굴릴 것이
다. 맨 끝 한 글귀가 묘하게 정(情)을 초월하여 천고(千古)에 사
람으로 하여금 여여락락(如如落落)하니 무릇 보고 읽는 이들은
더욱 모름지기 착안(着眼)하라." 하였습니다.

(3) 유통(流通)

⑥ 부처님께서 이 경을 설하기를 마치시니, 장로 수보리 및 모든 비구·비구니와 우바새·우바이와 일체세간의 하늘사람·인간·아수라들이 부처님께서 설하신 법문을 받아 듣고, 모두 다 크게 기뻐하여, 믿고 받들어 행하니라 하였습니다.

佛説是經已하시니 長老須菩提와 及諸比丘比丘尼와 優婆塞優婆夷와 一切世間 天 人 阿修羅 聞佛所説하고 皆大歡喜하야 信受奉行하니라.

이 절은 이 경의 유통(流通)입니다. '경을 설하기를 마치시니, 장로 수보리 및 모든 비구·비구니와 우바새·우바니와 일체 세간의 하늘사람·인간·아수라들이 부처님께서 설하신 법문을 듣고, 모두 다 크게 기뻐하여, 믿어 가지고 받들어 행하니라.' 하였습니다. 그런데 이 경 ①절에서는 큰 비구대중 천이백오십인과 함께 계시옵더니, 하였는데, 여기서는 사부대중 및 하늘 사람 등이 법문을 듣고 한 의문에 대하여는 다음 한정섭 '금강경 오가해'의 말씀을 참조하십시오. '사부대중'은 ⑮절에 참조하시고, '아수라'는 ㉕절 주해를 참조하십시오.

이 절목은 이 경의 경문(經文)을 셋으로 나눈 분과(分科) 중 하나로 '유통분'입니다. 경문의 처음은 총설(總說)이고, 다음은 별설(別說)이며, 그 다음은 이 '유통'이니, 유통은 경교(經敎)의 말씀에 환희 찬탄하며 그 공능(功能)을 널리 전할 것을 마음 깊이 다짐하면서 받들어 행한다는 결론부분입니다. 그러므로 사부대중이 '다 크게 환희하여 믿고 받들어 행하니라'한 결사입니다.

이상 금강경 명봉 역저 조역 풀이는 끝이 난 것입니다. 그런데, 고려대장경 판본에는 이 경의 결사인 '신수봉행(信受奉行)' 다음에 '금강반야바라밀경(金剛般若波羅蜜經)'을 더하여 최종의 결사로 하였습니다. 그리고 이어 진언(眞言)을 설해 놓았으니, 아래 '진언'을 참조하시고, 이 경의 마무리는 고려대장경과 같이 유통의 결사 신수봉행 다음에 이어 '금강반야바라밀경'으로 결사(結詞)하고, 이어서 진언이 있는 것으로 하여 현밀(顯密)이 온전히 갖추어진 금강경이 되었으면 하는 것이 필자의 소망입니다. 부디 반드시 낭독시에는 계속하여 낭독하시기를 권하고 싶습니다.

한정섭 법사의 '금강경 오가해' ⑥1절 이 대문에 "…마침내 수보리의 끈질긴 추적에 의하여 반야의 대법을 통달하고 거기 모인 모든 대중들은 기뻐 어쩔 줄을 모르면서 그 경을 수지독송하고 또 널리 펼 것을 마음 속 깊이 다짐하였다. 앞에서는 그 곳에 보인 대중이 큰 비구 일천 이백 오십 명이라고만 하였는데, 여기서는 비구 비구니 우바새 우바이 등 4부대중 모두 들고 있는데, 이러한 논법을 옛 조사들은 전후영약법(前後影略法)이라 하였다. 말하자면 앞 뒤에 같은 말이 있어야 할 것인데 앞에 있는 것은 뒤에서 빼고, 뒤에 있는 것은 앞에서 빼어 간략을 기한 까닭이다." 하였습니다.

진언(眞言)

나모바가바떼 쁘라갸
那謨婆伽跋帝 鉢喇壤

빠라미따예
波羅弭多曳

옴 이리띠 이실리 슈로다
唵 伊利底 伊室利 輸盧駄

비샤야 비샤야 스바하
毘舍耶 毘舍耶 莎婆訶

※이 고려대장경 소재(所載) 금강경 진언(眞言)에 대해서는 뒤
의 '고려대장경 판본에 대하여'의 말을 참조하십시오.

함허 스님은 오가해 금강경 끝부분 대목에서 "신령스런 칼날
이 홀로 들어나자 사상(四相)이 모두 부서지고 자비의 비가 널
리 뿌려지자 구(九)류가 함께 젖는다. 삼관(三觀)의 지혜 가득하
고, 일승(一乘)의 이치 원만하니 사중(四衆)이 고르게 깨닫고 뭇
의심이 담박 풀어졌다. 바른 눈이 뚜렷이 밝아 마음과 경계가
훤하니 묘체실상(妙體實相)이 눈 앞에 밝다. 믿고 받아 받들어
감이여, 묘한 이익이 여기 있도다."하였습니다.
    종경(宗鏡)스님이 다음과 같이 후서(後序)를 쓰니, 함허 스님
이 이어 해설했습니다.

<제송강요후서(提頌綱要後序)>
    "대개 최상승(最上乘)을 알고자 하면 모름지기 금강(金剛)의
바른 눈을 갖추어 석가노인이 수보리에게 대기(大機)를 나타내
어 대용(大用)을 베푸신 것을 보라. 수미산왕과 같은 칠보를 모
으고, 대천사계(大千沙界)를 가는 티끌처럼 부수어 승지겁(僧祇
劫)이 다하도록 보시할지라도, 홀로 최상승은 법을 가히 얻을 것이
다. 곧 천인(天人)이 쓸개가 상하고 마외(魔外)의 마음이 서늘
함을 얻으리니, 비록 능히 목숨을 버리고 잊고자 해도 흰구름은
만리에 옛과 같다. 이러므로 이 경을 아는 이는 팔백여가나 되
지만 이 경을 외우는 이는 손가락을 꼽게도 되지 않으니, 대개
고인이 한 자를 그릇 답하여, 오히려 들여우가 되었으니, 이 경
을 잘 못 외우면 마땅히 지옥에 들어갈 것이다. 종경(宗鏡)이 스
스로 지옥에 들어가지 않고, 어떻게 군생(群生)을 구제하겠는가.

이미 능히 법을 위하여 몸을 잊으니 어찌 하늘에 가득한 죄를 기억하겠는가. 가로 보배 칼을 잡고 거듭 게(偈)를 말한다." 하였습니다.

<함허 설의(涵虛說誼)>

"최상승 도리를 알고자 하면 모름지기 금강의 바른 눈을 갖출 것이니, 만약 눈을 갖추지 못한다면 어떻게 대가(大家)의 풍월(風月)을 볼 것인가. 대가의 풍월을 보고자 하면 저 석가 노자의 기(機)를 평등하게 베풀어 쓴 것과 살활자유(殺活自由)의 수단으로 보라. 만약 이 속에 나아가 보면 네가 금강의 눈을 갖추어서 뭇 기(機)가 밝게 최상종승(最上宗乘)을 얻었다고 허락할 것이다. 최상종승(最上宗乘)이 무엇을 인하여 이렇게 기특함을 얻게 되는가. 보배를 수미와 같이 쌓고, 세계를 가는 티끌처럼 부수어 다 승지(僧祇)를 보시할지라도 이것은 유심(有心)에 지나지 않아 모두 정견(情見)에 속하지만, 유독 최상승은 범정성해(凡情聖解)가 머물러 얻지 못하는 것이 하늘을 기댈만한 큰 칼과 같아 찬 빛이 삭삭(爍爍)하다. 늠름한 그 봉망(鋒鋩)은 가히 범하지 못 할새, 이러므로 천인(天人)이 쓸개를 상하고 마외(魔外)의 마음이 서늘하게 된다 한 것이다. 당장 어떤 사람이 능히 목숨을 버려 승당(承當)할지라도 흰구름은 옛대로 만리에 있으니 이것이 최상종승(最上宗乘)이다. 그 높음이 위험하며 오름길이 끊어진 것 같으므로 이러므로 이 종(宗)을 얻은 이는 작다는 것이다. 고인이 한 글자를 잘 못 대답하고도 오히려 들어우가 되었는데, 이 경을 그릇 외우면 마땅히 지옥에 · 떨어지게 된다. 만약 그렇다면 무슨 일로 이익 없이 스스로 그 괴로움을 구하겠는가. 단지 마땅히 단정히 손을 꽂고 스스로 자도(自度)를 구하고 남의 법문으로부터 홍패하고, 저 중생의 기도(起倒)를 마음대로 하여 말운(末運)을 부지(扶持)하고 혜명(慧命)을 이어가는 것을 가슴 가운데 걸릴 겨를이 없다. 비록 그러나 이미 법(法)을 위하지 아니하면 불조(佛祖)의 깊은 은혜를 저버리게 되고, 자기를 위하고 남을 위하지 아니하면 이승(二乘)의 경계에 떨어진다. 자신이 오히려 지옥에 들어가 백천 겁을 지낼지라도 힘써 사람들을 깨닫게 하여 혜명(慧命)을 무궁하게 하라. 이미 능히 법을 위하여 몸을 잊었다면 어찌 하늘에 가득한 죄를 두려워하겠는가. 가로 보검(寶劍)을 잡아 거듭 게(偈)를 설한다." 하였습니다.

다시 종경 스님이,

「열반심(涅槃心)을 꺾고 정법안(正法眼)을 없애며,
지견(知見)을 쓸어 없애고 명근(命根)을 절단(截斷)하라.
갚지 못할 은혜를 갚고
갚기 어려운 덕을 갚는다.」

는 시를 지으니, 함허 스님이 "열반의 바른 법안(法眼)이여, 돌재(咄哉)로다. 이것이 무엇이냐. 마침내 불조(佛祖)를 뛰어 넘었으나 지견(知見)을 세우는 것만은 허락하지 않았으니, 자취를 쓸어 없애고 뿌리와 꼭지를 없애 이름이 진실로 은혜를 갚는 자다. 이 노인의 이렇게 가지는 것을 또한 무슨 도리를 냈다고 할 것인가. 난을 평정하고 위험한 것을 붙잡으니 천지가 태평하고 사(邪)를 꺾고 바른 것을 나타내니 해와 달이 한가하다. 단하(丹霞)의 손 베푼 곳을 인하여 생각해 보니 한 별이 세계를 편안케 한다." 하였습니다.

앞의 '비구·비구니·우바새·우바이'는 ⑮절 '4부대중도'를 참조하십시오.

※고려대장경 판본에 대하여

진언(眞言)

나모바가바떼 쁘라갸

빠라미따예

옴 이리띠 이실리 슈로다

비샤야 비샤야 스바하

이 금강경의 심심미묘한 비밀장 진언(眞言)을 모두(冒頭)하고, 미진한 말씀을 좀 첨가하여야 하겠습니다. 먼저 이 금강경은 구마라집 역의 한문본 중 '정역주해 금강경' 명봉 역저를 필자가 풀이를 하였습니다. 앞의 '자서(自序)에서 언급했듯이 해인사 소장 고려대장경이라 흔히 말하는 금강경 그 '무술세 고려국대장도감봉칙조조(戊戌歲 高麗國大藏都監奉勅彫造)'가 가장 정확한 원본이라는 학설들이 있어 필자도 연구해 보려고 명봉 원본과 대조해 본 바 거의 유사하므로 틀린 문구나 글자를 각 절마다 우선 조사를 하여 보았습니다. 약자(略字)와 고자(古字) 및 뜻이 같은 글자 등을 제외하고 또 문의(文意)가 아주 다른 것만을 뽑아 본다면 이 고려대장경 판본과 가장 대동소이(大同小異)한 것이라, 그실 서로 맞지 않는 낱말 등이 몇 개 헤아릴 수 있을 정도입니다. 그러하므로, 앞으로 이 두 원본을 가지고 독자와 필자 그 누구든 연구를 더하여서 정확하고 훌륭한 금강경이 한국에서 간행되었으면 하는 소망이 필자의 숙원입니다.

이해를 돕기 위하여 김용옥 교수님의 말씀을 잠깐 소개하겠습니다. '도올 김용옥의 금강경 강해'에서 "구마라집역 금강경은 해인사의 고려대장경 판본이 가장 정밀하고 바른 본이라"는 뜻을 역설하였고, 또는 "나집역(羅什譯) '금강경' 판본 중에는 온전한 진언이 테스트로 붙어 있는 판본은 우리 나라 해인사 고려 판본 단 하나 뿐인 것이다. '대정(大正)본' 만이 우리 해인사본에 따라 진언(眞言)을 붙여 놓고 있을 뿐이다. 우리 나라의 불교도들은 '금강경'을 말할 때 그것이 나집본(羅什本)인 이상에는 반드시 이 진언(眞言)으로써 경(經)을 마무리지어야 하는 것이다. 그것이 온전한 '금강경'이요, 참다운 우리 '금강경'이요, 고려인들의 섬세하고 위대한 손길이 담긴 세계적인 '금강경'인 것이다." 하였습니다. 그러므로 단 고려대장경이나 '명봉 학설'만의 문제가 아니라 거듭 말하고 싶은 것은 '불교경전 바로 보기 운동'을 한국에서 비롯해 보았으면 하는 지심에서임에, 명봉스님도 크게 꾸짓지 않으리라 믿어보면서, 김용옥 교수님에게 먼저 감사의 뜻을 표하고 싶다는 심사를 두고, 한국 해인사 고려대장경 판본과 한국 승려 명봉 주석 오분해 금강경(五分解 金剛經)에 관한 말씀을 각필(欄筆)합니다.

끝으로 이 경의 각 절에 조사님 등의 말씀은 주로 '금강경 오가해(金剛經五家解)' 한정섭(韓定燮) 역편에서 발췌하여 소재(所載)했음을 밝히면서 한법사님께 깊은 감사의 의(義)를 표해야 하겠고, 이 경전을 간행함에 있어서 천주(泉洲) 홍순갑(洪淳甲) 법우의 큰 도움을 받았음도 새겨두고 싶습니다.

그리고 이 경의 뒤에 첨부한 명봉스님의 '금강반야바라밀경 석전사(釋前辭)', '금강반야바라밀경 석제(釋題)', '금강반야바라밀경 소고(小考)' 및 '역후향(譯後響)' '사상(四相)' '삼관(三觀)' '삼법인(三法印)' 등을 모두 다 잘 살펴보셔야 이 금강경을 이해하는 데 큰 도움이 된다는 것을 각별히 유념하여 주셨으면 합니다.

금강반야바라밀경 종(終)

「그 봄귀 울림

민들레 자락
흩어지는 씨 울림
바람살,

돌아보던 계곡
자욱 울리던 그림자

봄 울림.」

＜詩「종소리」・雲藏＞

중요 도식편(圖式篇)

금강반야바라밀다경 과판(科判)

제목(題目) - 금강반야바라밀다경(金剛般若波羅蜜經)

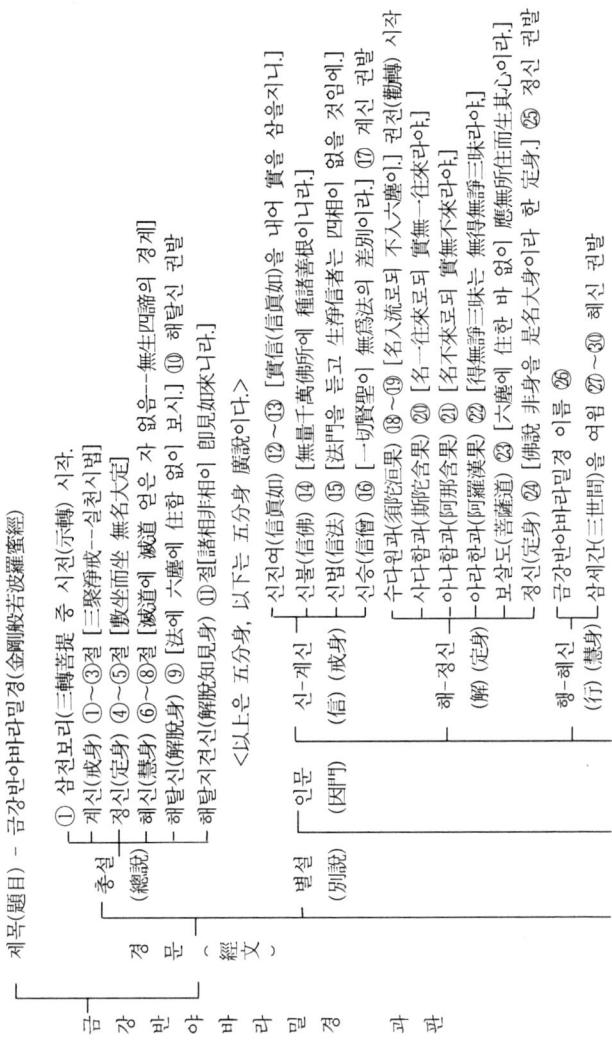

경문(經文)

총설(總說)

① 삼전보리(三轉菩提) 중 시전(示轉) 시각.
계신(戒身) ①~③절 [三聚淨戒一심으로시범]
정신(定身) ④~⑤절 [數坐而坐 無名大定]
혜신(慧身) ⑥~⑧절 [滅道에 滅名 언은 자 있음―無生四諦의 경계
해탈신(解脫身) ⑨ [法에 六塵에 住함 없이 보시.] ⑩ 해탈신 권발
해탈지견신(解脫知見身) ⑪ 절諸相非相이 卽見如來니라.]

<以上은 五分身, 以下는 五分身 廣說이다.>

별설(別說)

인문(因門)

신(信) (收身)
　신여(信如) ⑫~⑬ [實信(實如)을 내어 實을 삼음지니.]
　신불(信佛) ⑭ [無量千萬(佛)에 種善筆根이니라.]
　신법(信法) ⑮ [法門을 듣고 生淨信者는 四相이 없을 것이니.]
　신승(信僧) ⑯ [一切賢聖이 無爲法으로 差別이라.] ⑰에 게신 권발

해(解) ― 정신(定身) (解) (定身)
　수다원과(須陀洹果) ⑱~⑲ [名人流로되 不入六塵이.] 권진(勸進) 시각
　사다함과(斯陀含果) ⑳ [名一往來로되 實無一往來라야.]
　아나함과(阿那含果) ㉑ [名不來로되 實無不來라야.]
　아라한도(阿羅漢道) ㉒ [得無諍三昧는 無得無諍三昧라야.]
　보살도(菩薩道) ㉓ [六塵에 住한 바 없이 應無所住而生其心.]
　정신(定身) ㉔ [佛說 非身을 是名大身이라 한 定身.] ㉕ 정신 권발

행(行) ― 혜신(慧身) (行) (慧)
　금강반야바라밀경 이름 ㉖
　삼세간(三世間)을 여윔 ㉗~㉚ 혜신 권발

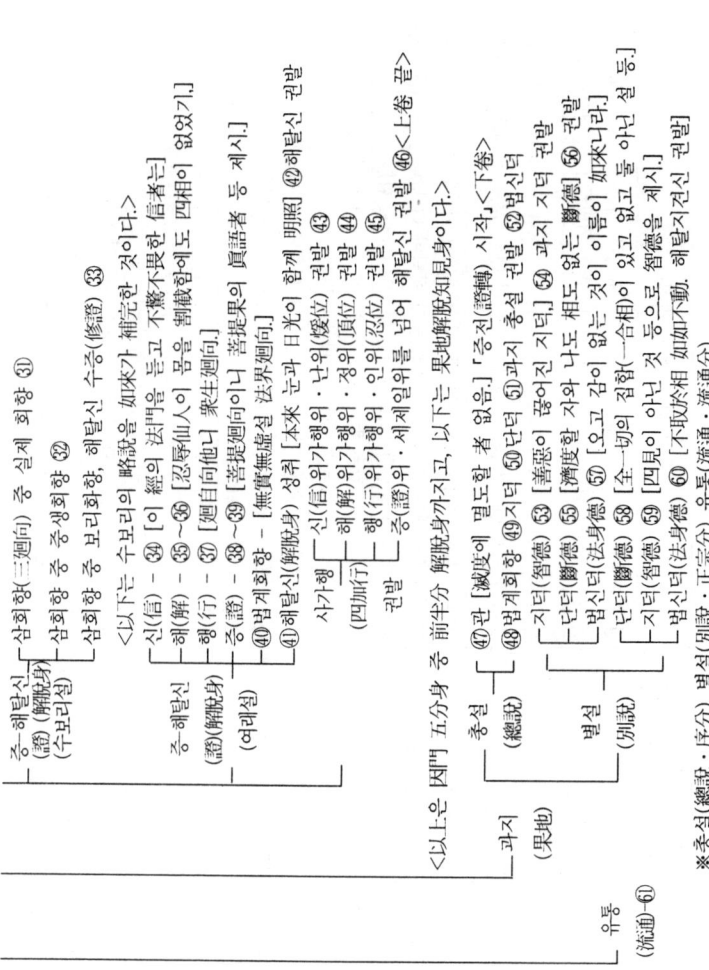

- 증-해탈신 (證)(解脫身) (수보리설)
  - 삼회향(三廻向) 중 실제 회향 ㉛
  - 삼회향 중 중생회향 ㉜
  - 삼회향 중 보리화향, 해탈신 수증(修證) ㉝

<以下는 수보리의 略說을 如來가 補完한 것이다.>

- 증-해탈신 (證)(解脫身) (여래설)
  - 신(信) - ㉞ [이 經의 法門을 듣고 不驚不畏한 信者는]
  - 해(解) - ㉟~㊱ [忍辱仙人이 몸을 割截함에도 四相이 없었기,]
  - 행(行) - ㊲ [廻自向他니 衆生廻向.]
  - 증(證) - ㊳~㊴ [菩提廻向이니 菩提果의 眞語者 등 제시.]
  - ㊵법계회향 - [無實無虛설 法界廻向.]
  - ㊶해탈신(解脫身) 성취 [本來 눈과 日光이 함께 明照] ㊷해탈신 권발
- 사가행(四加行) 권발
  - 신(信)위가행위 · 난위(煖位) 권발 ㊸
  - 해(解)위가행위 · 정위(頂位) 권발 ㊹
  - 행(行)위가행위 · 인위(忍位) 권발 ㊺
  - 증(證)위 · 세제일위를 넘어 해탈신 권발 ㊻<上卷 끝>

<以上은 因門 五分身 중 前半分 解脫身까지고, 以下는 果地解脫知見身이다.>

- 과지(果地)
  - 총설(總說)
    - ㊼관 [滅度에 멸도할 者 없음.] 「증전(證轉) 시작」<下卷>
    - ㊽법계회향 ㊾지덕 ㊿단덕 51과지 총설 권발 52법신덕
  - 별설(別說)
    - 지덕(智德) 53 [善惡이 끊어진 지덕,] 54 과지 지덕 권발
    - 단덕(斷德) 55 [濟度할 자와 나도 相도 없는 斷德] 56 권발
    - 법신덕(法身德) 57 [오고 감이 없는 것이 이름이 如來니라.]
    - 단덕(斷德) 58 [全一切의 집합(一合相)이 있고 없고 둘 아닌 설 등.]
    - 지덕(智德) 59 [四見이 아닌 것 등으로 智德을 제시.]
    - 법신덕(法身德) 60 [不取於相 如如不動. 해탈지견신 권발]
- 유통(流通)-61

※총설(總說 · 序分) 별설(別說 · 正宗分) 유통(流通 · 流通分)

금강경 권발도(勸發圖)

순서	절목(節目)	과목(科目)	오분신(五分身) 성취 권발	권발 내용(勸發 內容)
1	⑩	상총설(上總說) 중 권발(勸發)	해탈신(解脫身)	상에 머무르지 않고 보시[法布施藏]하면 사구상한 허공을 가히 헤아릴 수 없는 많은 공덕이 있다는 것을 말한 뜻임(上總說 권발로 內施·法施임).
2	⑰	별설인문(別說因門) 신위(信位)	별설 개신(成身)	삼천대천 세계에 가득 찬 칠보의 보시 보다, 이 경의 사구게[四句偈 혹은 正句]를 수지하고 전법하는 공덕이 더 났다는 뜻임(이 經은 五分法身·顗髏經·顗髏經).
3	㉕	인문(因門) 해위(解位)	정신(定身)	7보로써 항하 모래 수효와 같은 3천대천 세계에 가득히 하여 보시한 복보다 이 경의 사구게를 수지하고 전법하는 그 복덕이 더 났다는 뜻임(四句偈만이라 하는 사람 등이 공양할 바요, 부처님 塔묘와 같다고 함).
4	㉚	인문(因門) 행위(行位)	해신(慧身)	항하 모래 수효와 같은 많은 목숨(몸)으로써 보시하는 것보다, 이 경의 사구게를 수지하고 전법하는 복이 더 났다는 뜻임.
5	㊷	인문(因門) 증위(證位)	해탈신(解脫身)	착한 사람이 이 경을 받아 지니고, 읽고 외우면 큰 여래가 부처의 지혜[佛眼·無盡眼]로써 이 사람이 한량없고 가이 없는 공덕을 이루한 것을 다 알고 다 본다는 뜻임.
6	㊸	인문(因門) 신위가행(信位加行)	난위(煖位)	아침·점심·저녁 때에 항하 모래 수효와 같은 몸으로써 보시하기를 한량없는 겁을 몸으로써 보시한 복보다 이 경을 듣고 그르다고만 아니하여도 복이 더 났거든, 수지 독송하고 전법함이랴 한 뜻.
7	㊹	인문(因門) 해위가행(解位加行)	정위(頂位)	이 경을 수지 독송하여 널리 전법하면, 한량없고 끝이 없고 말할 수 없고 생각할 수 없는 공덕이 있고, 아뇩보리를 짊머짐이 되는 것이고, 이 경이 있는 곳은 탑이 됨이니, 예배하고 돌면서 공양하라는 뜻임.

8	45	인문 행위가행 (行位加行)	인위 (忍位)	이 경을 독송하는 대로 남에게 전파를 받는 이는 악업장을 면하는 경전보(經賤報)를 얻는 것이라. 아독보리를 얻을 것이니. 한량없는 부처님을 공양한 여래의공덕으로도 어떤 산수의 비유로도 저에 미치지 못한다는 뜻임.
9	46	인문 증위가행 (證位加行)	세계일위 (世第一位)	착한 사람이 다음 말세에 이 경을 수지독송해 얻은 바 공덕을 내가 다 말하면 듣고서 마음이 어지러워 믿지 못할 것이나. 이 경의 뜻은 가히 생각할 수 없으며, 과보도 가히 말할 수 없느니라, 한 뜻임.
10	51	별섬 중 과지(果地) 충섬	과지섬덕 충섬 중 견법	3천대천 세계에 가득 찬 7보로써 보시한다면 이 인연으로써 받는 복이 많겠느냐? '복이 매우 많겠습니다' 그러한 복덕이 있을 수 없음으로 많다고 한 것임. (이 下總說 견법은 外財 財施고, ⑩절 上總說 견법은 法施며 나뉘 완전함).
11	54	별섬 중 과지 별섬	해탈지견신 (解脫知見身) 지덕(智德)	3천대천 세계 안에 있는 모든 수미산들처럼 그렇게 많은 7보를 보시하더라도 이 경의 사구게를 수지독송하면, 앞의 복덕이 백천 만억분의 일에도 미치지 못하고 산수의 비유로도 능히 미치지 못한다는 뜻임.
12	56	별섬 중 과지(果地) 별섬	해탈지견신 단덕(斷德)	항하 모래 수와 같은 세계에 가득 채워 보시하더라도, 다른 이가 내救하는 것이 없는 줄을 알아서 확실한 인(印)을 이룬다면 앞의 공덕보다 더 낫다는 뜻임(보살이 복덕을 받지 않는 공덕 등).
13	60	별섬 중 과지 별섬	해탈지견신 법신덕(法身德)	한량없는 아승지 세계에 가득한 7보로써 보시하는 것 보다 사구게 수지독송하며 전법함이 더 나으리니, 이는 상을 취하지 않아야 여여부동이니라, 한 뜻을 말하는 것임. 여래불(如如佛)·法身佛의 경계를 제시하는 것임.

원각경 25종 관법도(輪觀圖) · 圓覺經 · 辨音菩薩章

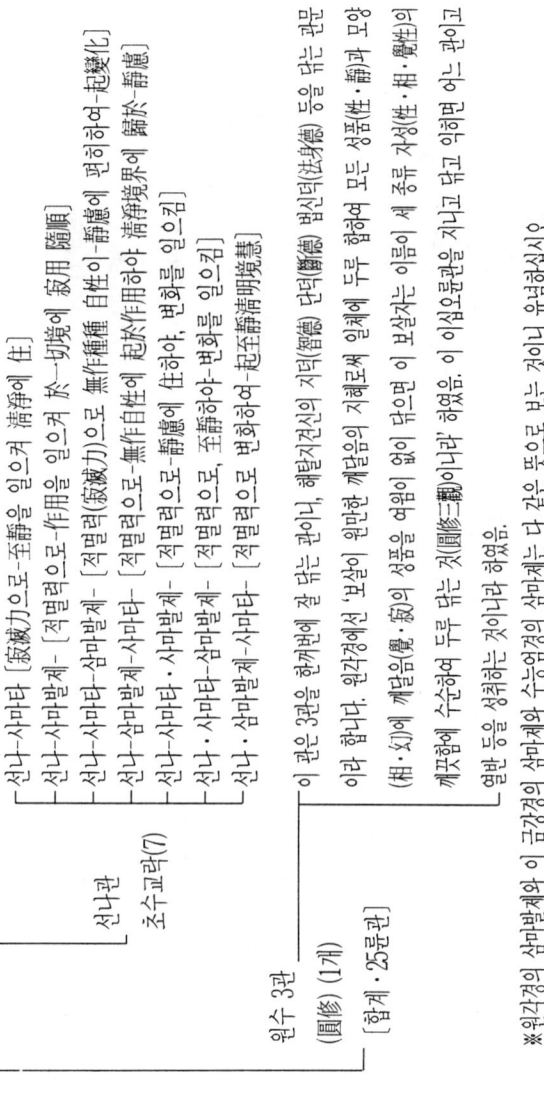

선나관
조수교탁(7)

- 선나-사마타 [寂滅力으로 至靜을 일으켜 淸淨에 住]
- 선나-사마발제- [적멸력으로-作用을 일으켜 於一切境에 寂用 隨順]
- 선나-사마타-삼마발제- [적멸력(寂滅力)으로 無作種種이 自性이 靜慮에 되어하여-起變化]
- 선나-삼마발제-사마타- [적멸덕으로-無作自性에 起於作用하야 淸淨境界에 歸於 靜慮]
- 선나-사마타·사마발제- [적멸덕으로-靜慮에 住하야, 변화를 일으킴]
- 선나·사마타-삼마발제- [적멸덕으로-靜慮로, 至靜을 일으킴]
- 선나· 삼마발제-사마타-·[적멸덕으로 변화하야-起變化하여-起至靜滿明境慧]

원수 3관
(圓修)(1개)
[합계·25문관]

이 같은 3관을 한거번에 잘 닦는 관이니, 깨달지견신의 지덕(智德) 단덕(斷德) 법신덕(法身德) 등을 닦는 관
이라 합니다. 원각경에서 '보살이 원만한 깨달음의 지혜로써 일체로 두루 함하여 모든 성품(性)과 靜과 動과 모양
(相·幻)에 깨달음覺·幻이 성품을 여읨이 없이 다은면 이 보살자는 이름이 ... 이 삼류 자성(性·相·魔性의
깨끗함에 수순하여 두루 닦는 지(圓修三觀)이나라' 하였음. 이 이중관을 지나고 닦고 익히면 어느 관이고
일반 등을 성취하는 것이니라 하였음.

※원각경의 사마발제와 이 금강경의 사마제와 수능엄경의 삼마제는 다 같은 뜻으로 보는 것이니 유념하십시오.

203

금강경 중요 한역본

순	역자	연대	역소	경명	비고
1	구마라집 鳩摩羅什	서기 402(後秦安帝弘治4)	장안초당사 長安草堂寺	금강반야바라밀경 金剛般若波羅蜜經	전문(全文) 14장
2	보리유지 菩提流支	535(後魏孝靜帝天平2)	낙양 洛陽	금강반야바라밀경 金剛般若波羅蜜經	전문(全文) 14장
3	진제삼장 眞諦三藏	566(陳臨海王天康元年)	금릉군 金陵郡	금강반야바라밀경 金剛般若波羅蜜經	전문(全文) 14장
4	달마급다 達摩笈多	590(隋文帝開皇10)	낙양 洛陽	금강능단반야바라밀경 金剛能斷般若波羅蜜經	전문 16장
5	현장법사 玄奘法師	648~(唐太宗貞觀22)	옥화궁 玉華宮	능단금강반야바라밀경 能斷金剛般若波羅蜜經	전문 18장
6	의정삼장 義淨三藏	695(唐則天證聖延載2)	불수기사 佛授記寺	불설능단금강반야바라밀경 佛說能斷金剛般若波羅蜜經	전문 12장

204

12합장도(合掌圖)

(1)견실심(堅實心) 합장 — 두 손을 합하여 손바닥을 틈 없이 꼭 붙이는 것.

(2)허심(虛心) 합장 — 두 손을 합하여 손바닥 사이가 조금 뜨게 하는 것.

(3)미개련(未開蓮) 합장 — 두 손을 합하면서 손바닥 사이를 텅 비게 하여 마치 연꽃봉우리처럼 하는 것.

(4)초할권(初割蓮) 합장 — 두 손을 합하되 세가락과 엄지손가락은 맞대고, 집게손가락 · 가운뎃손가락 · 약손가락을 조금 벌리는 것.

(5)현로(顯露) 합장 — 두 세끼손가락을 붙이고 손은 위로 펴는 것.

(6)지수(持水) 합장 — 두 손을 위로 펴면서, 열 손가락을 굽혀 서로 맞붙여 물을 움키는 모양과 같이 하는 것.

(7)금강(金剛) 합장 — 귀명(歸命) 합장이라고도 하니, 두 손을 합하고 열 손가락을 서로 엇쌓어 오른 손의 다섯 손가락을 위에 놓는 것.

(8)반차(反叉) 합장 — 두 손을 맞대며 열 손가락을 서로 엇쌓어(叉) 오른 손의 다섯 손가락을 왼 손의 다섯 손가락 위에 두는 것.

(9)반배호상착(反背互相著) 합장 — 오른 손을 왼 손 위에 제쳐놓아 손등과 손등을 합하는 것.

(10)횡주지(橫柱指) 합장 — 두 손을 제치면서 두 긴 손가락 끝만 붙이는 것.

(11)부수향하(覆手向下) 합장 — 두 손을 나란히 엎으며 두 긴 손가락 끝만을 붙이는 것.

(12)부수(覆手) 합장 — 두 손을 나란히 엎으면서 두 엄지손가락을 맞대고, 다른 손가락은 끝을 밖으로 향하는 것.

금강경 오가해(五家解)

순서	역 자 (譯 者)	제 호 (題 號)
1	당(唐)나라 규봉 종밀(圭峰 宗密)	금강경소론찬요 (金剛經疏論纂要)
2	당나라 육조 혜능(六祖 慧能)	금강경해의 구결 (金剛經解義 口訣)
3	양(梁)나라 쌍림부대사(双林 傅大士)	금강경제강송 (金剛經提綱頌)
4	송(宋)나라 야부도천(冶父 道川)	금강경착어 송 (金剛經着語 頌)
5	송나라 예장 종경(豫章 宗鏡)	금강경제강 (金剛經提綱)

　※금강경 오가해는 위의 5가(家)의 해(解)를 영락 을미(永樂
乙未·1415년) 5월에 합본으로 편집해서 간행된 것을 말하는 것
입니다.(安嚴寺本說等) 이 이전에는 규봉찬요(圭峰纂要)와 육조
해의(六祖解義)와 부대사송(傅大士頌), 야부(冶父)의 천로 협주
(川老俠注)가 별행본(別行本)으로 유포되고 있던 것인데 종경제
강(宗鏡提綱)을 합해 편집한 것입니다. 이 '오가해'는 암야진웅
(岩野眞雄)이 편집한 불서해설대사전(佛書解說大辭典)에는 함허
득통(涵虛得通)의 편(編)이라고 한 곳도 있지만, 함허 자신이 영
락을미(永樂乙未·1415년) 6월에 지은 오가해서설(五家解序說·
雲興寺板)에 누구의 편집인지 알 수 없다고 한 것으로 보아 함
허득통의 편집은 아닙니다. 이 '오가해'에다 양나라 소명(昭明)태
자의 32분장(分章)도 응용하고 함허가 '오가해설의(五家解說誼)'
를 더해 합편 간행(永樂乙未年六月刊行)하였으니, 이 현행 오가
해는 '육가해(六家解)'라고도 합니다.

금강반야바라밀경 역전사(譯前辭)와 소고(小考) 및 역후향(譯後響) 등은 병오년(서기 1966년) 가을에 발행한 명봉(明峰) 조응준(趙應俊) 역저 동성(東星・圓鏡) 고광수(高光洙) 조역본인『正譯註釋 金剛經』에 소재(所載)했던 것으로 국한문 혼용체의 문장을 도림표 안에 한자(漢字)를 넣었고, 특히 초학자들이 이해하기 어려운 곳은 좀 풀이를 쉽게 한 곳도 있어 필자의 비재천학(菲才淺學)의 탓으로 혹 흠이 없을까, 송구한 마음이 없지 않습니다.

금강반야바라밀경 역전사(譯前辭)

금강반야바라밀경(金剛般若波羅蜜經)은 비로자나법신여래(毘盧遮那法身如來)의 전모(全貌)로서 응신・화신이 자재하신 비로자나불(自在應化身毘盧遮那佛)인 석가여래(釋迦如來)의 광명(光明)에 목욕(浴)하고 구경(究竟)에 합치(合致)되도록 소개(紹介)하여 접속(接續)시킨 역할(役割)의 기록(記錄)이다. 이 기록(記錄)의 근간(根幹)은 계학 정학 혜학 삼학(戒定慧三學)과 정관 환관 적관 삼관방편(靜幻寂 三觀方便)으로 법신여래(法身如來)를 나둔 것이다. 계(戒)는 서분 중 삼취정계(序分中 三聚淨戒)니 비로자나불(毘盧佛)의 난사덕용신(難思德用身)이요, 정(定)은 자리를 펴고 앉으신 것(敷座而座)이니 비로자나불(遮那佛)의 여여부동신(如如不動身)이오, 혜(慧)는 정종분 전문(正宗分全文)이니, 비로자나불(毘盧遮那佛)의 수연부감(隨緣赴感)하는 응세묘지신(應世妙智身)이시다. 고(故)로 혜학전문(慧學全文)이 아눅다라삼먁삼보리(阿耨多羅三藐三菩提)의 문답(問答)으로 일관(一貫)하였다. 아눅다라삼먁삼보리(阿耨多羅三藐三菩提)는 위 없이 바르고 두루한 바른 깨달음(無上正遍正覺)인 해탈법신(解脫法身), 또는 비로자나불(毘盧遮那)은 넓고 크게 살아 숨쉬어 광명이 두루 비춤 등(廣大生息光明遍照)의 본분법신 등(本分法身 等)의 뜻(義)인 바, 법신여래(法身如來)의 존호(尊號)이다. 한국어 번역(韓譯)의 뜻(意)은 다만 도반(道伴)으로 하여금 법신불(法身佛)의 가피(加被)를 입게(蒙)하고 겸(兼)하여 한문(漢文)의 난해(難解)를 쉽게 하기 위(爲)함이다. 경 가운데(經中)에 보리심을 다시 하는 사이(菩提心再間)와 중간에 글을 맺음(中間結經)과 거듭거듭 말한 사상(四相)과 열 세 번 권발복덕설(十三番福德)과 주심(住心·奢摩他) 항심(降心·三摩提)의 삼관(三觀)과의 분제(分齊)와 은기(隱寄)한 육위 등(六位等 : 十信·十住·十行·十廻向·十地·佛地)은 지문당변(至文當辨)하리라. 이 경을 받아 가지고 독송하는 자(此經受持讀誦者)는 법신여래의 묘한 지혜광명에 좇아(從法身如來妙智光明)서 석가세존이 앉은자리에 들어가면(入釋迦世尊敷座之處) 항하사 만큼 많은 보배(河沙珍寶)와 삼시(三時·過現未時)의 신명(身命)으로도 비유가 미치지 못하는 바(喩所不及)의 복락(福樂)을 수용함을 다하지 못할 것(受用不盡)이니라.

壬寅 菊秋
於珠崒峰下 天皇寺　　明　峰　記

금강반야바라밀경 소고(小考)

　이 금강경(此金剛經)은 계신(戒), 정신(定), 혜신(慧), 해탈신(解脫), 해탈지견신(解脫知見)의 오분(五分)으로 근간(根幹)을 하고, 정관(靜·奢摩他), 환관(幻·三摩提), 적관(寂·禪那) 삼관(三觀)으로 방편(方便)을 하야 아뇩다라삼먁삼보리(阿耨多羅三藐三菩提) 곧 해탈법신 수증(卽 解脫法身 修證)을 부촉(付囑)하심이시다. 삼전보리(三轉菩提)로 보아 처음부터 계신을 종결하는 곳까지(自初至 戒身之終)가 시전(示轉)이요, 정신으로부터(自定身) 사가행이 종결되는 곳까지 이름(至加行之終)이 권전(勸轉)이요, 해탈지견신 전문(解脫知見身 全文)이 증전(證轉)이다.

　본분법신(本分法身)인 비로쟈나불(毘盧遮那)은 무작과체(無作果体)니, 사람사람 개체(人人個個)의 본래면목(本來面目)이다. 화엄경(華嚴經)은 법신장엄(法身莊嚴)을 현설(現說)하셨고 이 경(此經)은 해탈신이 증득하여 성취한 것(解脫身 證成)을 차전(遮詮·否定的 표현으로)하심이니, 법신(法身)과 해탈신의 분제(解脫身 分齊)는 신훈(新薰)과 본분(本分)으로 보라. 여시아문에서부터(自如是我聞) 세족이까지(至洗足已)는 삼취정계(三聚淨戒)요, 부좌이좌(敷座而坐)는 무명대정(無名大定)이오, 이시 장로수보리 이하(爾時 長老須菩提 以下)는 등각보살의 후심 금강심으로 능히 끊는 혜(等覺後心 金剛 能斷之慧·妙覺復道)다.

경 가운데(經中)에 처음 물음(初問 ⑥절)은 선남자 선여인
(善男子 善女人)이 아뇩다라삼먁삼보리 마음을 발(發阿耨多
羅三藐三菩提心)하려면 토(吐)요, 하권에 다시 물은(下卷 再
問 ㊼절) 선남자 선여인(善男子 善女人)이 아뇩다라삼먁삼보
리 마음을 발(發阿耨多羅三藐三菩提心)한 이는 토(吐·토가
다름)인 고(故)로 중첩(重疊)이 아니다.

경 가운데 권발(經中勸發)인 복덕교량(福德校量)이 무릇
십삼처(凡十三處)인 바, 인문총설 가운데 일차(因門 總說中
一次), 별시 계신 가운데 일차(別示 戒身中 一次), 정신 가운
데 일차(定身中 一次), 혜신 가운데 일차(慧身中 一次), 해탈
신 가운데 일차(解脫身中 一次), 사가행위 가운데 사차(四加
行位中 四次), 합계하면 구차(合爲 九次)요, 해탈지견 총설
가운데 일차(解脫知見 總說中 一次), 별시 가운데 지덕이 일
차(別示中 智德 一次), 단덕 일차(斷德 一次), 법신덕 일차
(法身德 一次)를 합하야 십삼차 권발(合爲十三次 勸發)이 이
노파의 간절한 마음(是 老婆心切)이요. 계위문 가운데(戒位
文中)에 이 모든 중생(是諸衆生)이 이와 같이 한량없는 복덕
중의 복덕을 얻음(得如是無量福德之福德)은 이에 결과를 들
어 낙을 권하는 뜻(乃擧果勸樂之義)이니라.

이 경을 수지독송하는 자 모름지기 말 가운데 울림이 있
을 것(受持讀誦此經者 須知言中 有響)이요, 글 속에 날카로
운 칼을 감춘 것(自裡藏鋒)이니 그 메아리를 듣고자 하는가
(欲聽其響麽), 말이나 묵언 이전(語默以前)이요, 그 칼 끝이
예리함을 알고자 하는가(欲識其鋒鋒麽), 죽고 사는 일이 자

재(殺活自在)로다.

경 가운데(經中)에 사상(四相)을 거듭거듭 설명(重重說明)하셨으니 독송하는 자 반드시 자세히 살필지(讀誦者必詳之)니라. 이 사상(此四相)은 인아사상 곧 중생이 망령되이 내 몸이라고 인식하는 것(人我四相 卽衆生 妄認之我體)이니, 소위 아상 인상 중생상 수자상(所謂 我相 人相 衆生相 壽者相)인데 이와 같이(如此) 전오식 제육식 제칠식 제팔식(前五識 第六識 第七識 第八識)이요, 아의 상(我之相)은 증(證)이요, 인의 상(人之相)은 오(悟)요, 중생의 상(衆生之相)은 요(了)요, 수자의 상(壽者之相)은 조(照)요,

사견(四見)은 아는 바(所知)에 걸려(障)서 법(法)을 집착(執)하는 자(者) 사상(四相)이 망집의 환 몸임(妄執之幻相)을 알지 못한 연고(未達故)로 사상을 봄에 망령되이 실재로 봄(妄見四相 實在之見也)이요, 이 사상이 곧 이 중생의 오음신(卽是衆生之五陰身)이요, 색음(色陰)은 아상(我相)에 합(合)하였나니 전오식(前五識)이 색음(色陰)을 의지(依)하여 작용(作用)하는 고(故)로 원각경(圓覺)에 이르되(云) 육근(六根)과 사대(四大)가 중외로 합성(中外合成)이라 하셨고,

능엄경의 견탁(楞嚴 見濁·受陰인 前五識) 문절에 이르되(文云), 너로 하여금 사대를 체로 하여 속박됨을 나타내어(汝今現搏四大爲体)서 보고 듣고 깨닫고 앎(見聞覺知)을 옹립하고 하여금 걸림에 머물(擁令留礙)고, 물 불 바람 흙 몸이 돌아다님을 하여금 깨달아 알라(旋今覺知) 하셨다. 그러한 즉(然則) 이 사상(四相)이 합해 이루어진 한 개 몸(合成

211

一個)이요, 오음신의 나 몸(五陰身之我矣)이니라. 사상(四相)이 다 이 비유로 이름을 한 것을 좇음(皆是從喩得名)이요, 갖추지 못한 성품의 이름(非詮性之名)이니라.

인문 가운데(因門中)에 만약 모든 보살(若諸菩薩)이 사상이 있으면(有四相) 곧 보살이 아님(即非菩薩 ⑧절)이 말은 같으나 뜻이 다른 것(言同意別)이니, 전자(前 : 四相·⑧절)는 망(妄)의 체공의 뜻(體空之義)이요, 후자(後 : 四相 ㊼절)는 진(眞)의 불변의 뜻(不變之義)이니 화엄경의 무생사제와 무작사제의 뜻과 같으니(如華嚴經 無生四諦 無作四諦之義), 무생사제(無生四諦)는 허공에 본래 꽃이 없는 것(空中無華)이어니 어찌 가히 딴다 이름인고(云何可摘), 무작사제(無作四諦)는 파도가 곧 이 물(波卽是水)이어니 어찌 파도를 버릴 것인가?의 뜻으로 보고 가지라 이름(云何去波之義 看取)이니라.

인문 가운데(因中)에 계신(戒身), 정신(定身), 혜신(慧身), 해탈신(解脫身)과 사가행(四加行)은 삼관의 단수 복수 원수(三觀之單 複 圓)로, 과상의 해탈지견신 삼덕(果上 解脫知見身 三德)은 사병을 여의는 정관(離四病之正觀)으로 가히 성취(可成)이니, 모든 수행인이 능히 이 관행을 수행한 연후에 비로소 성취할 것임(諸修行人 能成此觀然後)에 이 경을 받아 가져 독송함이 옳은 것(始可受持讀誦此經)이오, 타인에게 연설할 것(爲人演說)이요, 해탈법신 수증을 원만히 성취(圓成解脫法身之修證)하야서 나고 죽음을 제거하여 면할 것(免

除生死)이니, 그림을 봄(看畵)에는 모름지기 그림 속을 속속들이 실상을 볼 것(須看畵裡曜)이니라.

원각경에 이르되(圓覺經云) 동체평등(同體平等)이라 모든 수행(於諸修行)에 실로 다른 것이 있는 것이 아니언(實無有異)마는 방편수순(方便隨順)은 그 수가 한량이 없음(其數無量)이요, 돌아갈 바(因攝所歸)를 순환하는 성품에 따라 차별(循性差別)하면 마땅히 삼종이 있음(當有三種)이라, 하신 삼종(三種)이 곧 정관 환관 적관 삼관(卽 靜, 幻, 寂, 三觀)이니, 이 삼관(此三觀)의 분제(分齊)가 환관(幻觀)은 쉽게 이해하기 쉬우나(易解) 정관(靜)과 적관(寂)은 분별하기 어려운 고(難辨故)로 밝히기를 생략(略明)하노라.

원각경 규봉소(圓覺經 圭峰疏)에는 정관(靜)은 이승의 경계(二乘之境界)요, 적관(寂)은 여래의 경계(如來之境界)라고만 하여서 이 역시 해석이 어려운 고(此亦難解故)로 말하기를 정관(曰 靜)은 식념(息念) 공부(工夫)니 오히려 사람을 의지함(猶爲依人)이요, 적관(寂)은 번뇌를 끊는 경계(斷煩境界)니 법을 의지함에 가깝(近於依法)다. 망령된 마음을 쉼과 번뇌를 끊음(息妄斷煩惱)이 별로 돌이킴(廻別·다른 경계)이니라. 사람을 의지하고 법을 의지함(依人依法)이 사의를 인용한 말(引四依)로 다 사불의의 설((四不依之說·四依說)이니, 이 사불의(此四不依)를 작관(作觀)의 다른 이름(異名)으로 봄이 옳은 것(見之可矣)이니라.

삼회향(三廻向)과 지증(智增·智慧殊勝菩薩) 비증(悲增·慈悲殊勝菩薩) 비증평등(悲增平等)과, 이승이 중생을 제도하지 못함(二乘之 不度衆生)과 회향심에 들어가는 큰 소치(廻心 入大之所以)도 이 관 가운데(此觀中)에서 실행하여 체득(實行體得)하라.

원각경(圓覺經)에는 삼관 초수 방편(三觀初首方便)이 사마타의 정(奢摩他之靜)은 지정(至靜)이요, 삼마제의 환(三摩提之幻)은 정억지(正億持)요, 선나의 적(禪那之寂)은 명수문(明數門)이라고 하셨다. 지정(至靜)은 간화인(看話人)의 의정(疑情)이 몰록 발(頓發)하야 천가지 의심 만가지 의심(千疑萬疑)을 한 편 쳐부수어 이룩함(打成一片)이 곧 심여장벽 경계와 같음(卽心如墻壁境界)이니, 이 육식 칠식 이식으로써(以六, 七, 二識) 항복(降伏)하는 육칠 이식의 관(六, 七, 二識之觀)이니 간화(看話)가 최고가 됨(爲最)이요, 정억지(正憶持)는 주문을 외우거나 경을 봄(持呪看經)이 다 이 산선의 억상(散善之憶想)이요, 전오식 받아들이는 마음으로써 모든 환을 변화(以前五受 變化諸相)하야 환무리를 여는 고(而開幻衆故)로 비로소 대비를 발(始發大悲)하야 모든 중생을 제도함(度諸衆生)이요, 및 염불삼매(及念佛三昧)가 환이 머무는 장엄 등의 묘행(幻住莊嚴等之妙行)이라, 전오식으로써 전오식을 항복하는 관(以前五識 伏前五識之觀)이니, 기도(祈禱·哀懺)가 가장 묘함(最妙)이다.

선나의 초수 방편(禪那之 初首方便)인 명수문(明數門)은 수식관 등으로써 논하는 것(以數息觀等 論之)이나 흡족하지 못함(未洽)이다. 그러한 즉 팔식의 비춤(然則八識之照)으로 비추어 부수고 스스로 비추어서(照破自照) 능히 비추는 바(能所之照)가 동시에 적멸한 고(同時寂滅故)로 이르되 사병을 여원 자가 곧 청정함을 알리라(云離四病者 卽知淸淨) 하셨다. 이런 고(是故)로 이 삼관(此三觀)이 다 이 환으로써 환을 닦는 자(皆是以幻修幻者也)니라. 그러하(然而)나 비춤의 애제(照之涯際)를 논(論之)하면 원각경에 이르되(圓覺云) 일체 여래가 본래 인지에서 일으킴(一切如來 本起因地)에 다 깨끗한 각상을 원만히 비춤으로써(皆以圓照淸淨覺相) 무명을 영단함(永斷無明)이라 하고, 또 이르되(又云) 비춤이 있고(有照:第八識照·阿羅漢) 깨달음이 있음(有覺:緣覺)이 다 함께 이름이 걸림(俱名障礙)이라 이러한 고로 보살(是故菩薩)이 항상 깨달음에 머물지 아니하야(常覺不住)서 비춤과 더불어 비추는 자가 동시에 적멸하리니(照與照者 同時寂滅), 비유하면 어떤 사람이 있어서(譬如有人) 스스로 그 머리를 끊음(自斷自首)에 머리가 이내 끊어졌으므(首已斷故)로 능히 끊을 자가 없음이라(無能斷者) 하고,

능엄경(楞嚴)에는 원래 밝은 것(元明)이 비추어 생긴 바라(照生所) 하니 비추는 성품이 망령되이 선 바라(所立照性亡·無始覺) 하는 비춤(照)과 원각경의 널리 비춤이나(圓覺經之普照) 화엄경의 넓고 크게 살아 숨쉬어 광명이 두루 비춤이라(華嚴之 廣大生息光明遍照)함과 비춤의 쓰임이 때에 따라 그

비춤이 같지 아니함 등(照用不同時之照等)을 바르게 알고 바르게 수행(正解正修)하면 가히 같은 것이 아닌 바른 법 수순으로 몰록 깨친 사람이라 이를 것(可謂幷法不隨順之頓覺人矣)이니, 눈여겨볼 것(着眼)이라.

경 가운데 계위(經中戒位)는 신진여(信眞如·信自己), 신 불·법·승(信 佛·法·僧) 삼보(三寶)의 사신(四信·如起信論)이요, 계신(戒身)은 과를 들어 낙을 권하여 믿음을 내게 하는 분(擧果勸樂生信分)이요, 정신(定身)은 인을 닦아 과에 계합하는 앎(修因契果之解)이요, 혜신(慧身)은 삼세간을 여의는 행(離三世間之行)이요, 회향위(廻向位·解脫身)는 삼회향(三廻向)이니 증(證)이요. 수보리 자서 가운데(須菩提自敍中)에는 단 삼회향(但 三廻向)이요, 세존의 부연문 가운데(世尊敷演文中)에는 구족법계회향(具足法界廻向)이요, 과위의 삼덕(果位三德)은 인문 사신의 묘각(因門四身之妙覺)이니, 지덕(智德)은 계신의 과(戒身之果)요, 정신과 혜신 이신(定身慧身二身)은 해와 행 이위의 과(解行二位果)요, 법신덕(法身德)은 회향위의 과(廻向位之果)니 자세함을 가히 얻을 것(詳之可得)이요, 인문 총설 권발(因總勸發·⑩절)과 과지의 총설 권발(果總勸發·㊼절)이 내재와 외재(內財外財)를 호영함(互影)이다.

앞에서 설한 사식의 상(前說 四識之相)이 증(證), 오(悟), 요(了), 조(照)나, 초학인을 위하여 거듭 말(初學爲重辨)하리라. 전오식(前五識)의 상(相)을 증(證)이라고 함은, 증(證)은 증득하여 취한다는 뜻(證取之義)이니, 오음의 수음 가운데 신수(五受中身受) 하나로 예(例)를 들면 병든 사람(病人)이 쑥뜸이나 침(鍼艾)을 수(受)할 시(時)에 처음 깨닫는 아픔(初覺之痛)은 이 나타난 경계를 증취함(是現境證取)이요, 아픔을 깨달아 앎(知痛之覺)은 과거의 증득(過去之證)을 깨닫고 앎을 분별(悟知分別·等之識)하는 자(者)니, 증득함이 내가 아닌(非證之我) 연고(故)로 인(人)이라고 하셨으니, 내가 아니면 남이란 말이다. 전오식(五識)이 아닌 육식(六識)이란 말이다. 증득하여 취한 현경(證取現境)이 전오식(前五識)이요, 과거에 깨달은 것을 아는 것(悟知過去)이 제육식(第六識)이요, 증득하고 깨달음(悟證)이 다 요지의 뜻이 있음(皆有了知之義)이니, 곧 제칠식(卽第七識·轉相能見分)의 요(之了)가 동시인 고(同時故)로 원각경의 사상 원문(圓覺經 四相原文)에 이르되 증득하여 마치고 깨달아 마치는 것(云了證了悟)이 다 아상 인상이라 하는 것(皆爲我人)이니, 아상 인상이 미치지 못하는 자(而我人相所不及者)에 요하는 바가 존재해 있는 것(存有所了)을 이름하여 중생상(名衆生相)이라 하였다.

제칠식(第七識)의 변제(邊際)는 일어나고 멸하는 것인 고(起滅故)로, 오온과 십이지(五蘊 十二支·十二因緣) 등에 다 일러 행(皆云行)이라 하고, 능엄경(楞嚴)에는 마치 길들이지 않은 들말들이 요란스레 달림이 선명한 것과 같다(猶如野馬熠熠淸撓)하고 또 이르기를 나고 더불어 멸하는 것(生與滅)은 행의 변제(行邊際)라 하였다. 제팔식 수명상의 비춤(第八

識 壽者相 照)이 일체의 업과 지혜를 스스로 보지 못하는 바(一切業智所不自見), 마치 목숨의 뿌리와 같은 즉(猶如命根則) 문자나 언어로써 말하기 어려움(難以文字言語)을 지적함(指摘)이로되 성현의 말을 인용하여 간략히 말(引聖言略說之)하리라.

원각경 금강장장(圓覺經 金剛藏章)에 이르되 다만 모든 성문(云但諸聲聞)의 원만한 경계(所圓境界)로 몸과 마음과 말(身心言語)이 모두 다 끊어져 멸하여(皆悉斷滅)서 마침내 능히 저희 스스로 증득하여 나타난 경계로도 열반에 이르지 못하였니라(終不能至彼之親證所現涅槃) 하셨다. 이 나타난 바 열반(現涅槃)이 곧 이 사랑하는 아근을 조복받아 비추어(卽是伏愛我根之照)서 열반 상자로 함(爲涅槃者)이니, 만약 장차 일용변(若將日用邊)을 말하면 적적일념(寂寂一念)이 무념에 돌아가(歸於無念)서 법계의 깨끗함을 얻었다(得法界淨)하면 이것이 제팔식의 비춤(此是第八識照)의 경계니, 이내 이승의 함정(乃二乘之陷井)이요, 외도의 명제(外道之冥諦)와 신아(神我)와 성신 등(聖神等)이요, 잘 알지 못한 자가 이르기를 정밀하고 맑고 밝아 요란한 곳이 아니라(無智者云精明湛不撓處)하나, 경에 이르되 깨치지 못한 식인 미세식(經云陀那微細識)이며 습기가 폭류를 이룬다(成布流)하고, 폭포유수와 같고(如瀑布流水), 고요하고 편안한 것을 보는 것과 같으나(望如恬靜) 급한 흐름을 보지 못함(流急不見)이요, 이것이 흐름이 없는 것은 아니라(非是無流) 하였다.

또 앞에 삼식이 주체인 고(又前三識之主體故)로 보고 듣고 깨닫고 아는 가운데(見聞覺知中)의 관습기(串習機)라 한다. 만약 체험해 보고자(若欲体験) 하거든 고요함으로 들어가서 고요한데 합하여 보라(湛入合湛), 완연(宛然)하리라.

이것이 이 각기 시초의 씨줄 같은 목숨을 말미암음(此是各命由緒)이요, 윤회제(輪廻際)인 나고 죽는 근본(生死根本)이니, 옛 사람(古人)이 경계하여 이르되 착각하여 '정반성'을 인정함(戒云錯認 定盤星·헛눈금)이니라. 한량없는 번뇌(無量煩惱)가 모두 이 아뢰아식의 작용(都是賴耶識作用)이다.

인문 가운데에 하는 행을 함(因中行爲)은 이로움이 나는 떳떳한 도(利生常道)요, 과상(果上·果地)은 부처의 과를 내는 떳떳한 도(佛果常道)이니, 화엄경의 이세간 입법계품과 가까운 뜻(近於華嚴 離世間 入法界品義)이니라. 이 경(此經)은 혹 이르되 공교(或云 空敎)라 혹 이르되 대승시교(或云 大乘始敎)라 하야 가볍게 보나니(輕視之) 과연 그러한가(果然耶), 능엄경(楞嚴)에 이르되 이와 같이 보살(云如是菩薩)이 건혜심으로부터 등각에 이미 이르러선(自乾慧心 至等覺已) 비로소 금강심을 획득한 가운데 다시 초건혜지(始獲金剛心中 初乾慧地부터 다시 妙覺伏道)라 하셨다. 금 같은 말을 친히 베푸신 것(金口親宣)이어니 누가 감히 두 말을 할 것(誰敢貳哉)이리요. 곧 등각보살(卽 等覺菩薩)이 복수십이위(複數十二:乾慧·信·解·行·證·煖·頂·忍·世第一·見道·修道·無學)하는 등각후심(等覺後心)이요, 묘각복도(妙覺伏道)이니, 글이 아니라 할 것(文不云)인가, 이 경의 이름(是經名)이 금강반야바라밀(金剛般若波羅蜜)이니 이 이름자(以是名字)로써 너희는 마땅히 가지고 받들어라(汝當奉持), 하셨다. 그런 즉 깊고 얕음을 가히 알 것(然則 深淺可知)이로다.

수보리의 물음 가운데(須菩提問中)에 응당 어떻게 머물고(住·住心·奢摩他), 그 마음을 어떻게 항복(降伏·伏心·三摩提)하오리까(應云何住 云何降伏其心)는 이 해탈법신 수증의 방편(是解脫法身修證之方便)인 관행(觀行)을 묻는 청법을(請問) 함인데, 능엄경 가운데(楞嚴中) 아란(阿難)이 은근하고 은근하다 시방여래가 보리를 얻어 성취함을 계청하신 묘법(慇懃啓請十方如來 得成菩提妙), 사마타(奢摩他), 삼마제(三摩提), 선나(禪那) 최초 방편(最初方便)에 예(例)를 들면 선현(善現·須菩提)도 응당 삼관을 물음(應問三觀)이거늘, 단 이관을 청하여 물음(但請二觀)은 어찌인고(何也), 답하되 주심(答住心)은 사마타관(奢摩他觀)인 정(定·靜)이요, 복심(伏心)은 삼마제관(三摩提觀)인 환((幻·慧)이요, 정·혜가 둘 아닌 것(定·慧不二)이 곧 이 선나관의 적(卽是 禪那觀之 寂·滅)인 고(故)로 별도로 묻지 아니하고(不別問) 답해 보이지 아니한 가운데에 갖춤을 나타낸 것(不答示中見現)이니, 처음 총설 가운데(初總說中)에 항복한 그 마음(降伏其心)은 환관(幻觀)이요, 단 응당히 머무름을 가르친 바 같은 것(但應如所教住)은 정관(靜觀)이요, 모든 상이 상 아님이 곧 여래를 보는 것(諸相非相 卽見如來·⑪절)은 적관(寂觀)이니, 정상과 혜상의 모든 상(定相 慧相之 諸相)이 상이 아님(非相)이 곧 이 멸(卽是滅)인 법신여래(法身如來)인 고(故)로 이르되 곧 여래를 볼 것(云見如來)이라, 하였다. 이 경(此經)이

220

나 능엄경(楞嚴)이 먼저 정관을 물었으나(先問靜觀) 먼저 환관을 답한 것(先答幻觀)은 보살(菩薩)이 대비로써 체로 함이요, 초수(初首)가 억상(憶想)이라 지정(至靜) 보다 쉽게 알 수 있는(容易) 연고(故)니라.

경 가운데(經中)에 각위의 관법(各位之觀法)이 각기 그 위의 이름을 일컬어(各稱其位)서 단수 복수 원수의 이십오륜관(單複圓之二十五輪)이 구족(具足)하니 응당히 가르친 바 같이 닦을(應如所敎修)지니라. 규봉(圭峰)이 채집소서(採集疏序)에 이르되 주일십팔처(云 住一十八處)하사 비밀히 계차를 보이시고(蜜示階次), ―(指無着十八住處)― 이십칠 의혹을 끊어서(斷二十七疑) 잠통혈맥(潛通血脈)이라 하셨다.―(指天親二十七斷疑)

나(私)는 오분해탈신 계차(五分解脫身 階差)에 혈맥(血脈)이 스스로 통함에 이른 것(自通云甭)이니, 이 경을 받아 가져(受持此經)서 해탈혜신을 성취(成就解脫慧身)하면 백천세계(百千世界)가 아뇩보리(阿耨菩提)니, 보리(菩提)를 어찌 별도로 닦을 곳을 구할까((何修別處求), 꽃꽃 풀잎들에 이슬이 온전함을 기함(花花草草露全機)이로다.―(書不盡言 言不盡義).

221

금강반야바라밀경 석제(釋題)

'금강(金剛)'은 비유니 견고(堅固)하고, 날카롭고(利), 밝음(明)의 세 뜻(三義)이 있거든 실상(實相)과 관조(觀照)와 문자(文字), 삼반야(三般若)인 법(法)에 비유(比喩)함이요, 법을 합(法合)하면 견고(堅固)는 실상(實相)이요, 날카로움(利)은 관조(觀照)요, 밝음(明)은 문자(文字)이다. '반야(般若)'가 문자는 아니로되(非文字) 문자(文字)로 반야를 나타내는 고(現般若故)로 문자반야가 있어 설(有文字般若之說)하나니, 문수가 반야경의 진리에서 나온 것이라(出於文殊般若經也).

반야(般若)를 통칭 지혜(通稱智慧)라 하나 반야(般若·若那)라고 하면 혜(慧)니 감공(鑑空)이요, 분별하지 않는 자(無分別)요 현량(現量)인 증취자(證取者)요, 반나(般那·若那)는 지(智)니 조유(照有)요 분별함이 있는 자(有分別)요, 비량(比量)인 해오(解悟)다. 삼반야(三般若)의 작용(作用)을 말하면, 실상반야(實相)는 불변진리의 체(不變之体)요, 관조반야(觀照)는 수연진리의 용(隨緣之用)이니 관조(觀照)로 실상을 나타냄(現實相)이 마치 해와 달 등불 같아(比如日月燈) 스스로 밝음(自光)으로 자체를 나타냄(現自体)이요, 문자반야(文字)는 관섭하는 뜻(貫攝之義)이니 고(故)로 청량이 이르되 관섭현묘(淸凉云貫攝玄妙)라 하야서 진리의 빛이 광채를 이룸(以成眞光之彩)이라 하였다.

'바라(波羅)'는 저 언덕에 건넜다(度彼岸)니, 열반경계(涅槃

境)요. '밀다(蜜多)'는 이른다는 뜻(此云到)이니, 이어 번역하면 금강(金剛)과 같은 반야(般若)로 열반(涅槃)인 저 언덕(彼岸)에 이르는 방편(方便)의 말을 관섭(貫攝)한 글이다.

경제(經題)는 7종이 있으니(有), 법(法)과 인(人)과 유(喩) 셋을 단(單), 복(複), 구(具)로 분류하야 보면 단제(單題)가 단법(單法), 단인(單人), 단유(單喩) 삼제(三題)가 있고, 복제(複題)가 법인(法人), 법유(法喩), 인유(人喩) 삼제(三題)가 있고, 구족제(具足題)가 법(法), 인(人), 유(喩), 구족(具足)한 일제(一題)가 있는(有) 바, 예(例)를 들면 화엄경(華嚴經)은 구족제(具足題)니 대방광(大方廣)은 법(法)이요 불(佛)은 인(人)이요, 화엄(華嚴)은 비유(喩也)니, 이는(此) 구족제(具足題)요, 묘법연화경(妙法蓮華經)은 법유복제(法喩複題)요, 보살본행경(菩薩本行經)은 법인복제(法人複題)요, 불설범망경(佛說梵網經)은 인류복제(人喩複題)요, 열반경(涅槃經)은 단법제(單法題)요, 유마경(維摩經)은 단인제(單人題)요, 영락경(瓔絡經)은 단유제(單喩題)니, 예시(例示)에 의(依)하여 분류(分類)하면 이 경제(此經題)는 법유제(法喩題)니 금강(金剛)은 비유(喩)요, 반야바라밀경(般若波羅蜜經)은 법야(法也)니라.

석가세존(釋迦世尊)이 사람 가운데 모습을 나타내어(現相人中)서 수용천득(受用薦得)이 삼구를 넘지 아니하였(不出三句)으니, 삼구(三句)는 곧 삼법인(卽三法印)이요, 삼인(三印)은 무상인(無常印), 무아인(無我印), 열반적정인(涅槃寂靜印)이니, 아함방등(阿含方等)은 무상인의 산설(無常印之散說)이요, 화엄(華嚴)은 무상인의 총설(無常印之總說)이니 본분법신(本分法身)이요, 무아인(無我印)은 반야부(般若部)니 신훈해탈신(新薰解脫身)이라, 곧 계신(戒身), 정신(定身), 혜신(慧身), 해탈신(解脫身), 해탈지견신(解脫知見身)인 오분법신(五分法身)이요, 법화경에 이르되 내가 비록 열반경을 설(法華云我雖說涅槃)했으나 이 역시 진멸이 아니요(是亦非眞滅), 모든 법(諸法)이 본래로 쫓아(從本來) 스스로 적멸상이 항상하다 한 것(常自寂滅相)이라 든지, 이 법(是法)이 법위에 주(住法位)하야 세간(世間)에 항상 머무는 모양(相常住)이란 등(等)을 광설(廣說)하였으니, 시각(始覺)이 본각에 돌아감 같이(還同本覺) 하야 마땅히 삼각이 원만함(三覺當圓)에 편성한 구경각(便成究竟覺)이요, 마침내 열반을 말하여(終談涅槃)서 회통삼인 고(會通三印故)로 이르되 제행(諸行)이 무상(無常)하야 이 생멸법(是生滅法)이니, 이것(此)은 무상인(無常印)이요, 생멸(生滅)이 멸이(滅已)하면 이것(此)은 무아인(無我印)이요, 적멸이 낙이 됨(寂滅爲樂)은 열반인(涅槃印)이요, 이 삼인(三印)이 삼덕(三德)이니, 삼덕(三德)이 이여 천목과 같은 것(如伊如天目)이니 종횡으로 아울러 분별해 봄이 난분(縱橫幷別也難分)이로다. 고(故)로 임제가 이르되(臨濟云) 셋이 곧 하나이니 다 빈 것이라 무실유라(三卽一皆空無實有)하나, 또한 셋으로 돌아가는 면목(亦不無三般面目)이니 학자는 마땅히 이에(學者當於此) 세심히 살필지니라(細心詳之).

이 금강경(金剛經)은 십육회 중 제구회분(十六會中第九會

分)이요, 무아인 중에 가장 정밀하고 중요한 것(無我印中最精要)이라. 고(故)로 사상(四相)을 힘써 제거하는 것(務去四相)이니 사상(四相)이 곧 나 하나(卽一我矣)이니라. 모든 학승이 설한 바(諸家所說) 사상(四相)이 원각경의 사상(圓覺經四相)은 미지경(迷智境)이요, 이 경의 사상(此經四相)은 미식경(迷識境)이라 하야 부처님의 뜻(佛意)이나 법리(法理)에 위배(違背)하니 실다히 잘 알지라(知悉).

금강경 종통(金剛經 宗通)은 무상인(無常印), 무아인(無我印), 적정열반인(寂靜涅槃印)이니, 곧 삼법인(三法印)이니라.

「참으로 맑은 고요여, 대보름 달
마음을 그대로 닮았던가
백자접시에 반듯한 달 다시 보아도
그늘 없이 채워지는 그리운 얼굴.」

<시「고요」·운장>

금강반야바라밀경 역후향(譯後響)

　고인(古人)이 도(道)를 말하되 이 법(此法)은 마음이 있음으로써 가히 구함이 아니며(不可以有心求), 마음이 없음으로써 가히 얻음이 아니며(不可以無心得), 말로써 가히 지음이 아니며(不可以言語造), 명상과 묵언으로써 가히 통함이 아니라(不可以寂默通) 하니, 비록 사병의 체를 제거하는 것(雖爲四病出體)이나, 다만 잡초를 치니 뱀이 놀래(只是打草驚蛇)도다. 덕산이 금강경소를 처음 들어 열을 토하던 것(德山疏投於熱燄)과 오가해 전하는 지묵책(五家之解傳之紙墨)이 얻으면 다 얻을 것(得則總得)이오, 잃으면 다 잃을 것(失則總失)이라. 온전한 코끼리와 소(全象全牛)가 온전히 함께 이 몰록 잊음(俱是忘)이나, 거문고 피리 소리(絲竹)도 마음을 가히 전하는 것(可以傳心)이니, 마음에 얻음이 있고 입으로 실수함이 없으면(得之於心而莫失之於口), 금차 번역한 바 이것이(今此所譯) 마땅히 이 법신여래의 방광(便是法身如來之放光)이라. 누구고 혜택을 입지 아니할 것(孰不蒙賜)이리오.

丙午春 於蓮池洞 轉載

雲藏山珠崒峰下　天皇寺　趙明峰　誌

삼법인(三法印)

일체의 소승경(一切之小乘經)을 삼법인으로써(以三法印) 인지(印之)하야 증득할 바 그것을 불설(證其爲佛說)로 하고, 대승경(大乘經)은 실상인으로써(以實相印) 인지(印之)하야 증득함을 그 대승의 요의교로(證其爲大乘之了義教)하니라.

一. 제행무상인(諸行無常印)은 모든 행이 변천하여 흐르는 뜻이 있음(行有遷流之義)과 함이 있는 법이라 이르는 것(謂有爲法)이니, 말하되 일체 함이 있는 법(一切有爲法)이 생각 생각이 나고 멸하야(念念生滅)서 무상한 것(而無常也)이라 이 모든 행이 떳떳함이 없음을 말함(是爲諸行無常印)이오.

二. 제법무아인(諸法無我印)은 모든 행의 이름은 함이 있는 법에 국한하고(行之名局於有爲法) 법의 이름은 함이 없는 법에 통하는 것(法之名通於無爲法)이니, 말하되 일체 함이 있고 함이 없는 모든 법 가운데(言一切有爲無爲諸法中) 아의 실체가 있는가 없는가(無有我之實體) 이 모든 법은 아가 없음(是諸法無我印)이요.

三. 열반적정인(涅槃寂靜印)은 이르되 열반의 법(言涅槃之法)이 일체의 나고 죽는 괴로움을 멸한 것(滅一切生死之苦)이라. 함이 없는 적정이라 함(而爲無爲寂靜)이니, 이것이 열반적정인(涅槃寂靜印)이다.

<이상 출전은 智度論二十二法華玄義八>

모든 행이 떳떳함이 없어서 이 생하고 멸하는 법(諸行無常 是生滅法)이니, 생하고 멸하는 것이 멸해 마치면(生滅滅已) 적적 고요히 멸한 것이 즐거움이 되는 것(寂滅爲樂)이라. 한 이 게(此偈)가 곧 열반경의 대지(卽涅槃經之大旨)요, 설산동자의 망구(雪山童子之躯)어니, 어찌 가히 소홀히 볼 것(豈可忽哉)인가.

주하여 말하면 게문(註曰偈文)의 모든 행이 떳떳함이 없어서 이 생하고 멸하는 법(諸行無常是生滅法)이니는 본분법신의 지음이 없는 연기(本分法身之無作緣起)를 말함이라 화엄경의 행을 보이는 유(華嚴經行布之類)니 무상인(無常印)이요.

게문의(偈文之) 생하고 멸하는 것이 멸해 마치면 이라 한 글귀(生滅滅已句)는 신훈해탈신의 남음이 없이 섭입함(新薰解脫身之無餘攝入)을 말함이니, 반야경의 상이 없는 유(般若經無相之類)니 무아인(無我印)이요.

게문의(偈文之) 적적 고요히 멸한 것이 낙이 되느니라(寂滅爲樂)는 시각과 본각이 둘 아닌 구경각(始本不二究竟覺)을 말함이라, 법화경의 실상의 유(法華經實相之類)이니 열반적정인(涅槃寂靜印)이다.

이상(以上)의 삼법인(三法印)이 이 불교의 대절(是佛教之大節)이니, 일체 경 중에 전간(全揀)과 전수(全收)며 쌍차(雙遮)와 쌍조(雙照)가 스스로 자기 모순과 같은 것(如自家矛

盾)이요, 또 희론과 같음(又如戱論)이나 이 삼인으로써 한 연후(以此三印印之然後)에 비로소 모든 성현의 미달처와 부처님 은혜가 무궁함을 알 것(始知諸聖[諸宗敎敎主]之未達處와 佛恩之無窮矣)이라. 열반삼인(涅槃三印)이 화엄경의 삼성과 같으니(如華嚴之三聖) 유경에 이르되 삼덕(有頃曰三德)이 이같은 하늘 눈 같으니(如伊如天目), 종횡으로 아울러 분별하기가 어려운 분(縱橫幷別也難分)이라, 예컨대 능엄경의 부루나문과 같음(例如楞嚴富樓那文)에 구비 세출세간(俱非世出世間)과 구즉 세출세간설의 유(俱卽世出世間說之類)니, 구즉(俱卽)은 본분의 평상도리(本分平常道理)요, 구비(俱非)는 신훈의 바른 이로움의 경계(新薰正利境界)어늘 환소(環疏)에 도덕경의 말을 인용하여 이르되 격하고 묘한 것을 아울러 관함(引道德經而云徹妙幷觀)이라 하니 자세히(詳之) 하라.

삼법인을 요달하여 안 연후(了知三法印然後)에야 부처님의 말씀이 계리와 계기에 맞는 참된 말임을 비로소 알 것(始知佛說契理契機之眞言矣)이라.

화엄경(華嚴經)을 삼법인 가운데 무상인(三法印中無常印)이라 함을 천학(淺學)이 혹 의심하는 이가 있을까 하는 고로(或有依疑故) 화엄경의 4종 연기를 인용(引華嚴四種緣起)하야 인증하노라(印證之).

사연기 자(四緣起者)는 1. 업감연기(業感緣起)니 정이 있는 색상 등(有情色象等)이요, 2. 뢰야연기(賴耶緣起)니 중생의 마음 식 등(衆生心識等)이요, 3. 여래장연기(如來藏緣起)니 칠대가 합하고 여의는 것 등(七大合離等)이요, 4. 법계연기(法界緣起)니, 이상 사연기(四緣起)가 원만히 합한 자(圓合者)니, 연기 곧 법신(緣起卽法身)이요, 법신(法身)이 곧 무상인 고(卽無常故)로 상견(常見)이 외도(外道)니라.

「목숨들의 山水 달빛 속에 물 그늘을 입었는가 돌아눕는 난초잎

허공에 다시 허공 거북이 꼬리털, 물빛 그늘 속에 나비를 그리다 떠나간 사람.」

<시「연습장」·운장>

사상(四相·圓覺經 淨諸業障菩薩章)

…착한 남자야! 일체 중생이 비롯함이 없이 좋아옴으로 망령되이 나(我相)와 너(人相)와 중생(衆生相)과 수명(壽命相)이 있다고 고집하여 네 가지 뒤바뀐 생각을 잘못 알아서 실로 내 몸을 삼으니, 이것으로 말미암아 문득 밉고(憎) 사랑스러움(愛)의 두 경계를 낳아서 허망한 몸에 거듭 허망을 고집하여 두 망령(妄)이 서로 의지하여서 망령된 업을 낳고, 망령된 업이 있는 연고로 망령되이 나고 죽음에 굴러 흐름을 보고, 나고 죽음에 굴러 흐름을 싫어하는 자는 망령되이 열반을 보려 하느니라. 이로 말미암아 능히 깨끗한 깨달음에 들어가지 못하나니라.

    <중략(中略)>

착한 남자야! 어떤 것을 아상(我相·前五識)이라 하는가? 이르되 모든 중생의 마음에 증(證)하는 바의 것이니, 착한 남자야! 비유하면 어떤 사람이 있어 온 뼈가 고루 편안함에 문득 내 몸을 잊어버렸다가 사지가 당기고 늦추는 혈맥병(弦緩病)에 섭양치료를 방법에 어긋나게 하여 조금이라도 침이나 뜸을 더하면 곧 내(我)가 있음을 아나니, 그러하므로 증(證)함을 취함으로써 바야흐로 내 몸(体)을 나타내느니라.

착한 남자야! 그 마음을 여래가 마지막 깨달아 마친 깨끗한 열반을 증득(證)하였을지라도 다 아상(我相)이니라. 착한 남자야! 어떤 것을 인상(人相)이라 하는가? 이르되 모든 중

231

생의 마음에 증득을 깨닫는 자이니, 착한 남자야! 내가 있음을 깨닫는 자(悟者)는 다시 아상(我相)을 인정하지 아니하는 것이다. 깨닫는 바는 아상이 아니니라.

깨달음(悟)도 또한 이와 같아서 깨달음(悟)이 이미 일체 증자(證者)를 초과하더라도 다 인상(人相)이 되느니라. 착한 남자야! 그 마음이 내지 원만하게 깨달은 열반이 다 이 나인 것을 깨달아서 마음에 조금이라도 깨달음이 있으면 증득한 이치를 갖추어 다 하였더라도 그 이름이 인상(人相)이니라.

착한 남자야! 어찌 하여 중생상(衆生相·七識)이라 하는가? 이르되 모든 중생의 마음에 스스로 증득(證·我相)하여 깨닫는 것(悟·人相)이 미치지 못하는 자(幽隱妄想者)이니, 착한 남자야! 비유하면 어떤 사람이 있어 이와 같은 말을 지어 하되, 내가 이 중생(衆生相)이라 하면 곧 알지어다. 저 사람이 중생이라고 말하는 자가 나(我相)도 아니요, 남(彼人·人相)도 아니란 말이니, 어찌 하여서 내가 아닌 것인가? 내가 이 중생이라 하니 곧 이 내가 아니요, 어찌 하여 저가 어넌가? 내가 이 중생이라 하니 저가 아니고 내인(나도 너도 아닌 내인) 연고니라. 착한 남자야! 다만 모든 중생이 증득하여 마치는 것(了證·我相)과 깨달아 마치는 것(了悟·人相)도 다 아상과 인상이 되나니, 아상(我相)과 인상(人相)이 미치지 못하는 자(幽隱妄想者)가 조금 알음알이가 있는 것(了者)을 이름하여 중생상(衆生相)이라 하느니라.

착한 남자야! 어떤 것을 수명상(壽命相)이라 하는가? 이르

되 모든 중생의 마음에 비치는 것이 깨끗한 것(心照淸淨·
八識)이니, 깨달은 이가 알 바요 일체 업(業)의 지혜로는 스
스로 보지 못할 바니, 마치 목숨의 뿌리(命根)와 같으니라.

　착한 남자야! 만약 마음이 일체 깨달은 자를 비쳐 보더라
도(照見) 다 티끌과 때(塵垢)가 되나니, 깨달음(覺·能覺)과
깨달은 바(所覺)가 티끌(塵·照者도 내중에는 幻智)을 여의
지 못한 연고니라. 끓는 물이 얼음을 녹임 같은 것임에 따
로 남아 있으면 얼음이 얼음 녹임을 알지 못하는 것이어서
나를 남겨두고 나를 깨닫는 것도 또한 다시 이와 같으니라.

　착한 남자야! 말세 중생이 사상(四相)을 요달(了)하지 못
하면, 비록 여러 겁을 지나서 부지런히 괴롭게 도(道)를 닦
았더라도 다만 이름이 함이 있음(有爲)이요, 마침내 능히 일
체 성현의 과(果)는 이루지 못하는 것이니, 이 까닭으로 이
름이 정법 말세(正法末世)라 하느니라.

　<이하 생략(省略)>

　(諸觀行人은 詳察此 觀文하야 莫作塵沙微客하라).

「땅을 기울이는 긴 山그늘 앞에
바다는 너무나 넓어서 외롭구나.」

　　　　<詩「斜陽」·운장>

삼관(三觀·圓覺經 威德自在菩薩章)

…착한 남자야! 만약 모든 보살이 깨끗이 원만한 깨달음(圓覺)을 깨쳐서 깨끗한 깨달음의 마음(覺心)으로써 고요함(靜·至靜)을 취하여 수행을 삼으면 모든 생각(諸念)을 증득(證)함을 말미암아서 각식(覺識) 마음이 동(煩動)하는 정혜(靜慧)가 발생하고 몸(身·前五識)과 마음(心·六識)과 손님(客·七識)과 티끌(塵·八識)이 이로 좇아 영멸(永滅)하면 문득 능히 안으로 적적 고요하여 가벼웁고 편안함(寂靜輕安)을 발할 것이니, 적적 고요함을 말미암는 고로 시방세계 모든 여래의 마음이 그 가운데에 나타나 마치 거울 가운데 그림자와 같은 것이니 이 방편자는 이름이 사마타(奢摩他)요,

착한 남자야! 만약 모든 보살이 깨끗하고 원만한 깨달음(圓覺)을 깨달아서, 깨끗이 깨달은 마음으로써 마음의 성품과 더불어 육근 육진이 다 환이 화(化)한 것으로 원인이 됨을 깨달아 알아서, 곧 모든 환을 일으켜 환을 제거하는 자(初首 憶想·幻觀)로써 모든 환(諸幻·四識)을 변화시켜 환의 무리(幻衆·照)를 여나니, 환(照者)을 일으킴으로 말미암는 까닭에 문득 능히 안으로 대비의 가벼웁고 편안함(大悲輕安)을 발하나니, 일체 보살이 이것을 좇아 수행을 일으켜서 점차로 증진하되 저 환(幻)을 관(觀·照)하는 자는 환(幻)과 같지 아니한 연고며, 환과 같지 아니한 관(觀·觀照

者)도 다 이 환(幻·幻智)인 연고로 환(幻智)인 모양을 영원히 여의나니라. 이 모든 보살이 원만한 바의 오묘한 행은 흙에 이삭(新薰種子)이 자라나는 것 같으니, 이 방편자는 이름이 삼마발제(三摩鉢提)니라.

착한 남자야! 만약 모든 보살이 깨끗하고 원만한 깨달음을 깨달아, 깨끗이 깨달은 마음으로써 환(幻·憶想)으로 화(化·變化)하는 것과 모든 고요한 모양(靜相·至靜)을 취하지 아니하나니, 앎(知·六識悟)을 마침(了·七識)하는 몸(身·前五識)과 마음(心根·八識)은 다 걸림이 되고, 앎이 없는 깨달음(無知覺明·八識照覺)은 모든 걸림을 의지하지 아니하거든, 길이 걸림(四識)과 걸림이 없는 경계(照境界)를 초월함을 얻어서 세계와 더불어 몸과 마음을 초과하여 서로 티끌지역(塵域·世間)에 있음이 그릇 가운데 황황하는 소리가 밖으로 울려나옴과 같아(如器中鍠聲 出于外)서 번뇌와 열반이 서로 걸림이 없음이라야 문득 능히 안으로 적멸의 가볍고 편안함(寂滅輕安)을 발하는 것이다. 이 오묘한 깨달음이 순히 좇는 적멸(寂滅)의 경계는 나(自·我相·前五識)와 남(他·人相·六識)인 이 몸(身·我相)과 마음(心·人相)이 능히 미치지 못할 바요, 중생(衆生相·七識)과 수명(壽命相·八識)이 다 뜬 생각이리니, 이 방편자의 이름이 선나(禪那·寂觀)이니라.

<이하 생략(省略)>

(諸觀行人은 詳審此觀文하야 莫作說食飢夫하라.)

삼계(三界)가 곧 오음(五陰)이다

일개인(一個人)이 곧 삼계(三界)다. 한 사람에게 선(善)과 악(惡)이 있다. 악(惡)의 변(邊)에 큰 것만 추려 보면 탐심(貪心)·진심(瞋心)·치심(癡心)·만심(慢心)·의심(疑心)이 있다.

1. 지옥(地獄)은 탐심(貪心)의 지음(造)이오.
2. 아귀(餓鬼)는 만심(慢心)의 영향(影響)이오.
3. 축생(畜生)은 치심(癡心)의 결과(結果)요.
4. 방생(傍生)은 의심(疑心)의 소조(所造)요.
5. 아수라(阿修羅)는 진심(瞋心)의 현행(現行)이다.

선(善)의 변(邊)에 강령(綱領)만 들어보면 신삼(身三)·구사(口四)·의삼(意三)이니 합(合)하면 십개(十個)의 선(善)이다.

하늘은 삼층(三層)으로 배치(配置)되었으므로 삼계(三界)라 하고 십선(十善)을 지어서 얻은 과보(果報)다. 천(天)의 삼층(三層)은 욕계(欲界) 색계(色界) 무색계(無色界)다. 욕계(欲界)에는 육천(六天), 색계(色界)에 십팔천(十八天), 무색계(無色界)는 사천(四天)이니, 합(合)하면 삼계(三界) 이십팔층천(二十八層天)이 있다.

1. 욕계육천(欲界六天)은 사천왕천(四天王天)·도리천(忉利天)·야마천(夜摩天)·도솔천(兜率天)·화락천(化樂天)·타화자재천(他化自在天)이다. 사천왕천(四天王天)과 도리천(忉利天)은 지거천(地居天·身根)이요, 야마천(夜摩天)과 도솔천(兜率天)과 화락천(化樂天)과 타화자재천(他化自在天)은 공거천(空居天·識)이라고 한다.

(1)사천왕천(四天王天)은 인상욕(人相欲)의 표현(表現)이니 곧 사람의 면목(卽人之面目也)이니라. 이 천의(此天之) 동방 지국천(東方持國)은 입이요(口也), 남방 증장천(南方增長)은 코요(鼻也), 서방 광목천(西方廣目)은 눈이요(眼也), 북방 다문천(北方多聞)은 귀이니라(耳也).

(2) 도리천(忉利天)은 재욕(財欲)의 소현(所現)이니 곧 오욕 중의 하나(卽五欲之一也)라. 이 천(此天)은 신근이니(身根而) 곧 정상에 있는 뇌해(卽頂上之 腦海)라. 고(故)로 재어 수미산정(在於 須彌山頂)이오, 선지소감고(善之所感故)로 유선법고(有善法鼓)하고 상사사천왕(常使四天王)인 이목구비(耳目口鼻)하야 사찰일신지전후좌우(査察一身 之前後左右)인 사천하(四天下)하고, 재욕천(財欲天)인 고(故)로 재보(財寶)와 복록(福祿)을 관령(管領)하나니라.

이 삼십삼천의 뜻(此三十三天之義)은 뇌해(腦海)가 일신의 주인 고(爲一身之主故)로 제석천(帝釋天)이 주천(主天)이요, 사방각팔천(四方各八天)은 신이사대(身以四大)로 화합성체

(和合成體)요, 사대(四大)가 각유팔종작용(各有八種作用)하나
니,

　① 지대(地大)는 생촉진(生觸塵)인 바 위(違)·순(順)·
삽(澁)·활(滑)·냉(冷)·난(煖)·이(離)·합(合)의　팔촉
(八觸)이 있나니라.

　② 수대(水大)는 생미진(生味塵)인 바 산(酸)·함(醶)·
신(辛)·감(甘)·고(苦)·화합(和合)·구생(俱生)·변이(
變易)의 팔미(八味)가 있나니라.

　③ 화대(火大)는 생색진(生色塵)인 바 청(靑)·황(黃)·
적(赤)·백(白)·흑(黑)·괴색(壞色)·표색(表色)·형색(
形色)의 팔색(八色)이 있나니라.

　④ 풍대(風大)는 생성진(生聲塵)인 바 금(金)·석(石)·
사(絲)·죽(竹)·호(瓠)·토(土)·초(草)·목(木)의　팔음
(八音)이 있으니, 시고(是故)로 이 천(此天)이 삼십삼천의
뜻이 있는 것(有三十三之義)이니라.

　(3) 야마천(夜摩天)은 색욕소변(色欲所變)이니 무광명(無
光明)이요, 시분적(時分的) 창쾌제(唱快哉)요.

　(4) 도솔천(兜率天)은 식욕소변(食欲所變)이니 지족의 뜻
(知足之義)이고, 수유묘미(雖有妙味)나 만복이 기(滿服而己)
요.

　(5) 화락천(化樂天)은 수면욕 소감(睡眠欲所感)이요.

238

(6) 타화재재천(他化自在天)은 명리욕소위(名利欲所爲)니 명리(名利)는 반드시 타인이 흠앙칭예함이 있는 연고(必在他人之 欽仰稱譽故也)이니, 이 육욕(此六欲)은 곧 이 생사의 조인(卽是 生死之助因)이니라.

제석천(帝釋天)과 아수라(阿修羅)의 상쟁(常爭)은 선악불상용의 뜻(善惡不相容之義)이요, 아수라의 호투(修羅之好鬪)는 악변의 진에 연고(惡邊之 瞋故也)니라. 사주(四洲), 사악취(四惡趣), 육욕(六欲)의 조인(助因)을 제(除)하고 다음 색계(次色界)와 무색계(無色界), 이계(二界)에서 정성(正性)을 쪼개 놓고(剳) 현업(現業)을 위(違)하는 선정(禪定)으로 오음(五陰)을 수단(修斷)하나니라.

2. 색계 십팔천(色界十八天)은, 곧 초선 삼천(初禪三天)은 범천(梵天)이요, 이선 삼천(二禪三天)은 광천(光天)이요, 삼선 삼천(三禪三天)은 정천(淨天)이요, 사선 사천(四禪四天)은 복천(福天)이요, 이후 사선 중(此後 四禪中)에 불환오천이 있느니라(有不還五天).

(1) 초선 삼범천(初禪 三梵天)은
  ① 범중천(梵衆天)은 가견유대색(可見有對色)이니, 신근의 색(身根之色)이요.
  ② 범보천(梵補天)은 가견유대색(可見有對色)이니, 형색의 색(形色之色)이요.

③ 범왕천(梵王天)은　가견유대색(可見有對色)이니, 안근의 색(眼根之色)이요.

(2) 이선 삼광천(二禪 三光天)은
① 소광천(少光天)은　가견유대색(可見有對色)이니, 의근의 색(意根之色)이요.
② 무량광천(無量光天)은　가견유대색(可見有對色)이니, 현색의 색(顯色之色)이요.
③ 광음천(光音天)은　가견유대색(可見有對色)이니, 설근의 색(舌根之色)이요.

(3) 삼선 삼정천(三禪 三淨天)은
① 소정천(少淨天)은　가견유대색(可見有對色)이니, 비근의 색(鼻根之色)이요.
② 무량정천(無量淨天)은　가견유대색(可見有對色)이니, 표색의 색(表色之色)이요.
③ 변정천(遍淨天)은　가견유대색(可見有對色)이니, 이근의 색(耳根之色)이요.

이 삼선천(此三禪天)의 삼재분제(三災分齊)는 초선천(初禪天)에 안근의 화색이 있는 고(有眼根之 火色故)로 감화재(感火災)하고 이선천(二禪天)에 설근의 수색이 있는 고(有 舌根之水色故)로 감수재(感水災)하고 삼선천(三禪天)에 이근의 풍색이 있는 고(有 耳根之風色故)로 감풍재(感風災)하나니라.

(4) 사선 사복천(四禪 四福天)은

① 복생천(福生天)은 불가견유대색(不可見有對色)이
니 향진의 색(香塵之色)이요.

② 복애천(福愛天)은 불가견유대색(不可見有對色)이
니, 성진의 색(聲塵之色)이요.

③ 광과천(廣果天)은 불가견유대색(不可見有對色)이
니, 촉미 이진의 색(觸味二塵之色)이요.

④ 무상천(無想天)은 외도천(外道天)이니 제외도(諸
外道)가 색음(色陰)을 수단(修斷)하다가 이 촉미 이진
의 불가견 유대색 경계에 이르러(至此觸味二不可見 有
對色境)서 궁공(窮空)에 편중한 고(偏重故)로 비색이
된 것(以爲非色)이라. 닦아도 끊지 못해 낙을 버리고
고요에 체류함(不修斷而 樂捨滯寂)일새 무상에 돌아간
것(歸於無想)이니 이것이 이에 무기공(是乃無記空也)이
요. 광과천(廣果天)은 촉미 이진(觸味二塵)을 일시(一
時)에 동단 고(同斷故)로 이름이 광과(名廣果)니라.

이 사선천 중(此四禪天中)에 전사천(前四天)에서 불
가견 유대색의 사색을 끊고(斷不可見有對之 四色), 뒤
의 오불환천(後五不還天)에서 불가견무대의 오색을 끊
(斷不可見無對之五色)나니라.

(5) 불환천(不還天)은

① 무번천(無煩天)은 법진의 촉색을 끊는 것(斷法塵

之觸色)이고,

② 무열천(無熱天)은 법진의 미색을 끊는 것(斷法塵之味色)이고,

③ 선견천(善見天)은 법진의 향색을 끊는 것(斷法塵之香色)이고,

④ 선현천(善現天)은 법진의 성색을 끊는 것(斷法塵之聲色)이고,

⑤ 구경천(究竟天)은 법진의 색을 끊는 것(斷法塵之色)이니라.

이상(以上)의 범천(梵)·광천(光)·정천(淨) 삼개선천(三個禪天)은 가견유대색의 구색(可見有對色之九色)이요, 제 사선 사천(第 四禪 四天)은 불가견유대색의 사색(不可見有對之四色)이요, 오불환천(五不還天)은 불가견무대색의 오색(不可見無對之五色)이니 합하면 십팔색이니(合爲十八色) 곧 색계 십팔천(卽色界十八天)이니라.

또 이 사선 십팔색(又此四禪十八色)을 단(斷)하야 현업(現業)을 위려(違戾)코저 하는 자(者), 대개(大概)는 사마타관(奢摩他觀)으로 담색증공(淡色證空)코저 하다가 이 법진이 또한 없어진 곳에 이르러서(至此法塵亦無之處) 색이 공과 다르지 아니함(色不異空)과 공이 곧 색인 이 이치(空卽是色之理)를 활연대오(豁然大悟)하야 회심삼마지 환관하여서 대비행을 일으키면(回心三摩地幻觀而起大悲行) 이르되 회심라한(謂之回心羅漢)이요, 궁공불귀(窮空不歸)하야 공천에 들어

가면(入於空天) 이르되 둔심라한(謂之鈍心羅漢)이요, 혹은 듣지 못하는 비구가 되어(或爲無聞比丘) 다시 윤회를 짓나 (更作輪廻)니라.

3. 사공천(四空天)은 무색계(無色界)

(1)공무변처(空無邊處)는 수음(受陰)이니 허명망상(虛明妄想)인 전오식(前五識)이니라.

(2)식무변처(識無邊處)는 상음(想陰)이니 융통만상(融通妄想)인 제육식의 뜻(第六意之識也)이니, 유유뢰아(唯留賴耶)하고 전어말나반분미세고(全於末那半分微細故)로 명식천(名識天)이다.

(3)무소유처(無所有處)는 행음(行陰)이니 유은망상(幽隱妄想)인 제칠말나식(第七末邪識)이니 전상음중(前想陰中) 잔여 말나반분미세의 휴렬자(殘餘末那半分微細之隳裂者)요,

(4)비상비비상천(非想非非想天)은 식음(識陰)이니 망상망상(罔象妄想)인 제팔 아뢰야식(第八賴耶識)이니라.

이 관을 말미암은 즉(由此觀之則) 삼계(三界)가 곧 이 하나(卽是一) 오음중생(五陰衆生)이니 고(故)로 출오음(出五陰)이 곧 출삼계(卽出三界)니라.

학자는 마땅히 이(學者 當於此)에 분명결탁(分明決擇)하야 직단오음(直斷五陰)하고 막로왕반(莫勞往返)하라. 시지불법(始知佛法)이 비어아의(備於我矣)로다.

십이류생(十二類生 · 楞嚴經三無漏辨)

경에 이르되(經云) 섭심(攝心)이 위계(爲戒)니 인계생정(因戒生定)하고 인정발혜(因定發慧)라 하셨으니 삼무루(三無漏)는 곧(卽) 계(戒) · 정(定) · 혜(慧) 삼학(三學)이다. 경중(經中)에 계(戒)는 살(殺) · 도(盜) · 음(婬) · 망(妄) 사계(四戒)를 설(說)하셨고 정(定)은 능엄주도량(楞嚴呪道場)을 설(說)하시고 혜학(慧學)은 오십오위 위기현업(五十五位違其現業)을 설(說)하셨거늘 환소(環疏)에 도량장엄(道場莊嚴)과 오십오위(五十五位)가 정(定)과 혜(慧)임을 미심 고(未審故)로 경육권말(經六券末)에 운초표 삼학이 종지사계자(云初標三學而終止四戒者)는 정혜(定慧)는 기비전문(己備前文)이라 하다. 이 혜학중(此 慧學中) 삼점차문(三漸次文) 십이류생 전도의 유(十二類生顚倒之由)를 겸하여 밝히(兼明)리라.

1. 허망윤회(虛妄輪廻)와 동전도(動顚倒)로 화합기(和合氣)하야 성비침(成飛沈) 난상(亂想)은 시어조등(是魚鳥等) 난생의 유(卵生之類)요, 풍대기분(風大氣分)을 위주(爲主).

2. 잡염윤회(雜染輪廻)와 욕전도(欲顚倒)로 화합자(和合滋)하야, 성횡수란상(成橫竪亂想)은 시인축생 등 태생의 유(是人畜等胎生之類)요, 수대기분(水大氣分)을 위주(爲主).

3. 집착윤회(執着輪廻)와 취전도(趣顚倒)로 화합난(和合煖)하야 성번복난상(成飜覆亂想)은 시준윤 등 습생의 유(是蠢蝡

等 濕生之類)요, 화대기분(火大氣分)을 위주(爲主).

4. 변이윤회(變易輪廻)와 가전도(假顚倒)로 화합촉(和合觸)하야 성신고난상(成新古亂想)은 시전황비행 화생의 유(是轉況飛行 化生之類)요, 지대기분(地大氣分)을 위주(爲主).

5. 유애윤회(留礙輪廻)와 장전도(障顚倒)로 화합착(和合着)하야 성정요난상(成精耀亂想)은 시휴구정명 유색의 유(是休咎精明 有色之類)요, 지대기분(地大氣分)을 위주(爲主).

6. 소산윤회(消散輪廻)와 감전도(感顚倒)로 화합암(和合暗)하야 성음은난상(成陰隱亂想)은 시공산소침 무색의 유(是空散消沈 無色之類)요, 공대기분(空大氣分)을 위주(爲主).

7. 망상윤회(罔象輪廻)와 영전도(影顚倒)로 화합경(和合境)하야 성잠결난상(成潛結亂想)은 시귀신정령 등 유상의 유(是鬼神精靈等 有想之類)요, 식대기분(識大氣分)을 위주(爲主).

8. 우둔윤회(愚鈍輪廻)와 치전도(癡顚倒)로 화합완(和合頑)하야 성고고난상(成稿枯亂想)은 시토목금석 무상의 유(是土木金石 無想之類)요, 공대기분(空大氣分)을 위주(爲主).

9. 상대윤회(相對輪廻)와 위전도(僞顚倒)로 하합염(和合染)하야 성인의난상(成因依亂想)은 시수모 등 유색 비유색의 유(是水母等 有色 非有色之類)요, 수대기분(水大氣分)을 위주(爲主).

10. 상인윤회(相引輪廻)와 성전도(性顚倒)로 화합주(和合呪)하야 성호소난상(成呼召亂想)은 시주저염생 등 무색 비무색의 유(是呪咀厭生等 無色 非無色之類)요, 견대기분(見大氣分)을 위주(爲主).

11. 합망윤회(合妄輪廻)와 망전도(罔顚倒)로 화합이(和合異)하야 성회호난상(成廻互亂想)은 시포로 등 비유상의 유(是蒲盧等 非有想之類)요, 풍대기분(風大氣分)을 위주(爲主).

12. 원해윤회(冤害輪廻)와 살전도(殺顚倒)로 화합괴(和合怪)하야 성식부모난상(成食父母亂想)은 시토효 등 비무상의 유(是土梟等 非無想之類)요, 화대기분(火大氣分)을 위주(爲主).

이상(以上) 십이류생(十二類生)과 세계(世界)는 칠대소성(七大所成)이오, 칠대(七大)는 법신여래(法身如來)의 수연묘용(隨緣妙用)이니 법신여래(法身如來)의 불변진체(不變眞體)에 구복(求復)함이 혜학(慧學)이다. (이세간의 뜻(離世間之義) 하문(下文) 삼점차(三漸次)에 위기현업(違其現業)은 이이전도(離二顚倒)요, 정성(正性)은 사식(四識)이오, 조인(助因)은 오욕(五欲)이다.(七大性 가운데 五大에는 各 二類式이 있고 見大와 識大 二大에는 一類式 있다.)

246

불경바로보기요전 ④　　　五分解 金剛經 註解

바른 한글 금강경

발 행　불기 2546 · 단기 4335　서기 2002년 11월 25일
2 쇄　불기 2547 · 단기 4336　서기 2003년 8월 11일

구 성
기 획　사단법인 대한생활불교회장 / 金 德 洙

편 저 / 金大炫
발행인 / 李憲錫
발행인 / 오늘의문학사
300-706 대전광역시 동구 삼성1동 125-6
한밭오피스텔 401호
Tel(042)624-2980 Fax (042)628-2983

값 7,000원